KB070586

우울증의 행동활성화 치료

Behavioral Activation for Depression:

A Clinician's Guide

(원서 2판)

우울증의
행동활성화
치료

**Behavioral Activation for
Depression:**
A Clinician's Guide
(원서 2판)

Christopher R. Martell
Sona Dimidjian · Ruth Herman-Dunn 공저

김병수 · 노승선 · 서호준 공역

학지사

역자 서문

흔히 마음의 감기로 비유되는 우울증은 그만큼 유병률이 높고, 완치된 후에도 재발이 잦은 편으로 만성적인 경과를 밟는 경향이 있습니다. 상황이 심각해지기 전까진 그 모습이 잘 드러나지 않기에 가정, 사회, 학업, 직업적 기능의 누적된 저하를 초래하기도 쉽지요. 이런 면에서 우울증은 환자와 치료자 각각에게 좌절감을 주는 경우가 많습니다. 우리는 또한 다른 선진국에 비해서 유독 높다는 자살률과 최근 몇 년간 정신건강의학과 진료에 대한 수요가 폭발적으로 증가하고 있는 시대적 상황을 마주하고 있습니다.

치료자는 환자의 아픈 마음에 공감하며 지지를 보냅니다. 그리고 그런 아픔을 말로써 표현하도록 환기를 도울 때도 있습니다. 하지만 이는 순간의 지지가 될 수는 있어도, 환자의 입장에서는 한계가 명확한 일시적인 도움이라는 아쉬움이 남습니다. 그렇다고 수년의 시간을 할애해 상담 치료를 지속하기엔 비용적인 측면에서 부담이 큽니다. 약물 치료는 단기간에 효율적으로 우울증을 완화시키는 방법 중 하나일 수 있지만, 약을 중단하거나 열악한 외부의 환경이 그대로인 경우 재발을 막기 어렵다는 한계가 있습니다. 이와 같은 맥락에서 행동활성화는 다른 치료법들과 구분되는 고유의 강점을 지닙니다.

그렇다면 '행동활성화'는 과연 무엇을 뜻할까요? 어떤 이들은 이름에서 연상되듯 그저 많이 움직이고, 운동하며, 분주하게 생활하는 방법이라고 오해할지도 모르겠습니다. 심지어 치료자도 "많이 걷고, 햇빛 많이 보세요."라는 진부한 표현과 함께 행동활성화를 독려했다고 오인하는 경우도 있을 것입니다. 하지만 두 경우 모두 행동활성화 치료의 본질과는 상당한 거리가 있습니다.

'행동활성화'란 여러 걱정과 염려, 마음을 짓누르고 압도하는 상황을 회피/도피하거나 망각하지 않고, 있는 그대로 바라보고 마주하며, 문제점을 잘 이해하고 파악해서 이를 바탕으로 세운 실질적이고도 세심한 계획에 의거한 활동을 취해 적극적으로 대응해 가는 과정을 의미합니다. 그리고 이러한 과정이 반복될수록 마음의 근력이 강화되고 건강한 행동 양식이 습관화되어, 결과적으로 그 힘이 자연스럽게 내 것이 되도록 돕는 치료법입니다.

책의 초판을 한국에 소개한 지 어언 10년의 시간이 흘렀습니다. 그동안 행동활성화의 고유한 장점을 입증하는 많은 연구가 발표됐고, 이를 기반으로 정말 짧은 기간에 행동활성화는 우울증의 대표적인 심리 치료로 자리매김했습니다. 그리고 현재는 국내에서도 임상에서 쉽게 적용할 수 있는 치료 지침이 개발되어 있습니다. 이 책에서는 행동활성화의 초창기 개발 배경부터 근간이 되는 핵심원칙까지, 그리고 이를 어떻게 적용해야 하며 어떤 과정을 통해 변화가 유발되는지를 치료자와 환자 모두에게 따뜻하고 사려 깊은 시선으로 알기 쉽게 전달합니다. 이를 통해 치료 지침만으로는 체감하기 어려운 행동활성화의 깊은 맥락에 대해 이해할 수 있을 것입니다.

이 개정판을 다시 국내에 소개할 수 있어서 기쁩니다. 우울증을 극복하는 과정에서 부디 환자와 치료자의 손에 잘 맞는 도구로 쓰이길 바랍니다.

공동 역자 김병수, 노승선, 서호준 일동

저자 서문

    이 책의 초판이 나온 지 약 11년이 지났다. 약 20년 전 우리는 동료이자 친구이며 스승인 닐 제이콥슨(Neil Jacobson)과 사별했다. 만약에 닐이 계속해서 연구를 이어 갈 수 있었다면 행동활성화 치료가 오늘날 어디까지 발전했을지 가늠하기 어려울 것이다. 우리들은 지난 20년간 이 작업이 어떻게 이어져 왔는지 그 여정을 이야기하고자 한다. 세 명의 저자는 수년간 삶에서 많은 변화를 경험했지만 각자의 시점에서 다양한 측면을 바라보며 과학자이자 임상가로서 전문적 역할을 수행해 왔고, 한 팀으로서 연구, 임상, 수련을 담당해 왔다. 이러한 역할을 통해 터득한 지식과 현재 진행 중인 연구 결과를 이번 개정판에 반영했다.

    초판과 마찬가지로 바쁜 임상의와 연구자 모두에게 적합한 책을 집필하는 것이 저자들의 목표였다. 저자들 또한 비슷한 입장에서 전문가들이 직면한 다양한 현실과 그들에게 요구되는 역할을 인지하고 있으며, 이러한 작업을 수행하는 데 있어 현실적인 그림을 제시하고자 했다. 환자들은 다양한 문제를 가지고 내원하며, 이런 사례 중에는 행동활성화가 최선의 치료인 경우가 있다. 이번 개정판에서 우리는 행동활성화 자체를 경험적 기반을 지니는 치료법이자 동기강화나 대인관계 치료 등의 다른 전략과 함께 활용할 수 있는 근거 중심적 전략으로 소개했다. 초판에서 저자들이 직면했던 과제는 개별적인 고유의 특성으로 인해 환자에 따라 다르게 보일 수 있는 이 치료를 모두에게 적용 가능한 임상적 안내서를 만드는 일이었다. 그리고 그 결과물이 바로 행동활성화의 열 가지 핵심원칙이다. 비록 몇몇 용어의 수정이 있었지만 이번 개정판에서도 이 원칙의 본질은 동일하다. 열 가지 핵심원칙은 책의 내용을 인도하고 있으며, 치료적 상황에서도 마찬가지가 되어야 하겠다.

피터 르윈손(Lewinsohn, 2010)은 초판 서문에서 "행동활성화 치료는 여러 심리치료법 중 가장 구조화된 기법일 것이다……. 그럼에도 불구하고 이 치료는 환자의 개별적인 요구에 맞춰져야 하며, 치료자에겐 상당한 유연성과 창의성 및 실험적 적용을 요구한다(p. xi)."라고 언급했다. 이러한 측면에서 열 가지 핵심원칙은 유연한 틀 내에서 구조적 충실도를 유지하도록 치료자를 돕는다. 개정판은 또한 행동활성화 치료의 범진단적 활용법을 담고 있으며, 행동활성화 치료자가 어떻게 환자-치료자 특성을 이해하고 환자의 기대를 파악해서 치료적 동맹을 형성할 수 있는지 근거에 기반해 설명한다. 유연하고 주의 깊은 기능분석이 치료적 관계를 공고하게 만드는 데 도움이 된다는 부분도 강조했다.

저자들은 지난 10년간 지속적으로 성장하고 확장된 행동활성화 치료의 연구 결과에 주목했다. 이것은 임상시험을 비롯해 절차적 방법론 및 다양한 조건에서 진행된 여러 연구를 포함한다. 또한 행동활성화 치료의 적용에 애플리케이션이나 온라인 방식의 활용 및 전문적인 치료자와 일반 상담가 모두가 전달할 수 있는 다양한 형식에 대한 연구도 다루었다. 이 연구 결과들로 행동활성화 치료를 지속적으로 보급하기 위한 시사점들도 다루었다.

이 책은 주로 임상에서 근무하는 치료자를 고려하며 집필됐다. 저자들은 임상 현실을 반영한 안내서를 제공하고자 한다. 여러 연구와 수련 및 임상 경험을 바탕으로 행동활성화 치료가 적용되는 다양한 양상을 제시했고, 우울증을 포함한 정신질환이나 문제로 고통받는 환자들과 함께하는 치료적 작업의 현실을 반영하기 위해 노력했다. 초판에 포함됐던 것과 동일한 서식을 비롯해 치료자가 활용할 수 있는 추가적인 도구를 제공했다([부록] 참조).

친애했던 동료 닐과 함께했다면 이 모든 연구가 어디까지 발전했을지 짐작조차 할 수 없었겠지만, 저자들의 연구를 비롯한 많은 훌륭한 학자, 치료자, 환자의 협력으로 행동활성화 치료가 나날이 발전하고 있다는 사실에 크게 만족한다. 전 세계의 연구자와 임상가들이 행동활성화 치료를 우울증 치료법 중 하나로 인식하게 되었다. 시애틀의 작은 회의실에서 시작된 저자들의 행동활성화 치료에 대한 노력은 우울증의 행동치료를 부활하고 발전시킨 흥미로운 연구 프로그램들을 통해 20년 이 넘도록 활기차게 지속됐다. 세월이 흐르며 저자들의 삶에도 여러 변화가 있었지만, 가장 중요한 것은 행동활성화를 활용한 치료와 연구가 전 세계에서 동료들과 함께 계속되고 있다는 사실이다.

차례 >>>>>>>>

이 책의 구매자는 부록에 첨부된 각종 평가지의 양식을 개인적인 용도나 치료적 활용을 위해 www.guilford.com/martell2-materials에서 내려받을 수 있습니다.

제1장

서론

행동활성화 치료의
개발 배경

서론 제1장
행동활성화 치료의 개발 배경

"오늘의 우리는 선구자의 어깨 위에 서 있다."
—벤자민 E. 메이스(Benjamin E. Mays)

　이 책은 우울증에 대항하는 단순 명료하며 근거중심적 방법인 행동활성화 치료(Behavioral Activation: BA)를 소개하고 있다. 행동활성화 치료는 우울증 외의 다른 정신질환에도 효과가 입증됐다. 단독으로 시행할 수 있고, 인지행동치료(Cognitive-Behavioral Therapy: CBT)나 다른 치료법의 핵심 요소로도 활용할 수 있다. 이 책은 행동활성화의 핵심원칙과 기술을 바탕으로 환자를 돕기 위한 능력을 함양하고 싶은 치료자를 위해 작성됐다. 또한 인지행동치료라는 틀에서 작업하지만 특정 환자에게는 더 큰 구조적 접근이 필요하거나, 더 좋은 치료를 위해 다양한 치료자를 위한 것이다. 유연하고 개별적인 치료적 접근을 선호하는 치료자라면 이 책에서 귀중한 통찰과 조언을 얻을 수 있을 것이다. 간략한 구조적 틀을 활용한 치료를 선호하는 경우에도 이에 대한 구체적이고 명확한 안내를 받게 될 것이다. 아울러 지난 수십 년간 다양한 형태로 행동활성화 치료를 확장하고 적용시킨 많은 치료자와 상담가에게도 역시 유익할 것이다.

이 책은 행동활성화 치료의 원칙과 전략을 실제 임상에서 활용하는 방법에 대해 기술한다. 먼저 행동활성화 치료의 발전사와 현재 진행 중인 연구에 대해 공유하고 싶다. 모든 연구나 과학적 발견 뒤에는 숨겨진 이야기들이 있다. 학회지에 발표된 연구 문헌들이 중요한 자료를 제공함에도 불구하고, 치료를 개발한 사람들의 노력이나 실제로 연구가 어떻게 전개됐는지를 다 보여 주지는 못한다.

행동활성화 치료의 시작

이 이야기를 시작하고자 할 때 언급해야 할 중요한 여러 시기가 있었다. 우선 행동활성화 치료의 개발과 저자들의 삶에도 중요한 인물이었던 닐 S. 제이콥슨(Neil S. Jacobson)과 함께한 1997년의 어느 날로 돌아가 보자. 당시 닐은 획기적인 임상연구 과제의 수행을 위해 우리들은 크리스토퍼(Christopher R. Martell), 루스(Ruth Herman-Dunn), 워싱턴 대학의 대학원생 소나(Sona Dimidjian)를 불러모았다. 그는 저자들의 삶과 행동활성화 치료의 정립에 지대한 영향을 미쳤다. 50세의 이른 나이에 급작스럽게 유명을 달리했던 1999년에 우리는 그와 긴밀하게 협력하고 있었다. 다음은 닐의 사별 후 소나가 추모 문헌에 작성한 내용이다(Dimidjian, 2000).

"닐은 열정적인 회의론자였다. 철저하고 엄격한 경험주의적 분석 없이는 어떠한 변화 이론이나 치료 모델, 심지어 기본적인 가정조차 받아들이지 않았다. 그는 널리 알려져 있는 주장이나 특정 모델에 대해 자주 의문을 제기하고 도전했다……. 나는 닐의 회의론에 가장 영감을 준 요인이 열정이라고 생각한다……. 그는 빠르게 작용하고 오래 지속되며 비용 효율적으로 제공될 수 있는, 그래서 임상에서 널리 활용될 수 있는 보다 강력한 개입법을 찾아내려 했다. 이와 같은 닐의 회의론은 우리 모두가 그처럼 이 분야에서 계속 정진하고 노력해야 한다는 사명감으로 남아 있다." (pp. 1-2)

닐은 기존에 널리 퍼져 있던 치료법들이 우울증의 원인을 개개인의 내적 결핍
으로 귀속하기에 '결함이 있는 모델'이라고 비판했고, 기존 견해와는 달리 우울증
의 전체적 맥락 속에서 환자를 이해하고자 했다. 저자들에게도 우울증 환자를 이
해하고 치료함에 있어서 환자가 처한 외적 상황을 주시하도록 독려했다. 이러한
견해는 우울증의 치료가 환자가 처한 삶의 환경과 조건을 변화시키는 데 있다는
그의 신념에서 비롯된 것이다.

이처럼 과학적 회의론과 인류애에 기반한 행동활성화 치료에 대한 이야기를 지
금부터 시작하려고 한다. 이들은 과학이 임상 의학의 발전을 이끌어 내는 데 핵심
적 요소가 되며, 우울증이나 다른 정신건강적 문제를 앓고 있는 사람들을 위해 행
동활성화 치료를 수행하는 데 필수적인 요소이기도 하다.

우울증 치료의 유효 인자

행동활성화의 이론적 발달은 지난 50년간 축적된 우울증 치료에 대한 많은 연
구에 기반한다. 그런 연구는 대부분 인지치료(Cognitive Therapy: CT)에 집중되어
왔다. 아론 벡(Aaron T. Beck)과 그의 동료들이 개발한 인지치료는 사람들이 살
면서 겪게 되는 상황을 인식하는 방식이 감정과 행동에 영향을 준다고 가정한
다. 누군가 우울감을 느낄 때는, 그에게 우울감을 유발하는 비합리적인 사고방
식이 작동하고 있다는 것이다.

인지치료는 우울감을 유발하는 사고방식과 잘못된 믿음을 규명하고, 이러한
사고방식들이 기분과 행동에 어떤 영향을 주는지 이해를 높여 비합리적 사고
패턴을 변화시킬 수 있도록 돕는다. 인지치료의 주요 가설은 사람들이 보다 합
리적이고 현실적인 사고를 갖게 되면 기분이 나아진다는 것이다. 인지치료는
다음과 같은 세 가지 범주의 다면적 접근법을 활용한다. ① 현실에서 사람들이
행동하는 방식을 변화시키도록 고안된 행동치료 전략, ② 특정 상황에 대한 인

식을 변화시키고자 하는 인지치료 전략, ③ 자기 자신, 미래, 세상에 대해 갖고
있는 영구적이면서 지속적인 신념을 바꾸기 위한 인지치료 전략이 그것이다.
인지치료에서는 특히 인지적 전략들이 강조된다. 심한 우울증 환자의 치료에
서는 행동적 전략이 더 강조되기도 하지만, 인지치료의 최종 목표는 개인의 인
지 변화에 있음이 분명하다. 아론 벡과 그의 동료들은 인지치료에 대한 주요 저
술에서 행동적 전략에 대해 다음과 같이 설명하고 있다. "인지치료에서 행동적
기법을 활용하는 궁극적인 목적은 부정적인 사고의 변화를 이끌어 내기 위함이
다"(Beck, Rush, Shaw, & Emery, 1979, p. 118).

널리 인용된 여러 임상시험과 메타분석(Cuijpers et al., 2013; DeRubeis et al.,
2005; Hollon et al., 2005) 등을 포함한 많은 연구 결과가 인지치료의 효과를 증명
했다. 하지만 임상적으로 중요한 다음 질문에는 명확히 답하지 못했다. 치료
효과는 분명해 보이지만 그것이 과연 '어떻게' 작용하는가? 인지치료에서 효과
를 내는 실질적 '유효 인자'는 무엇인가? 치료가 효과적이기 위해 인지치료를
구성하는 모든 방법이 전부 필요한가? 행동치료적 기법 단독으로도 성공적인
인지치료가 될 수 있을까?

인지치료의 유효 인자를 확인하기 위한 연구 중 가장 영향력이 있는 것은 제이
콥슨(Jacobson)과 그의 동료들이 1996년에 발표한 구성성분 분석연구(Component
Analysis, Jacobson et al., 1996)다. 구성성분 분석연구는 치료 기법에 포함된 개별
적인 구성 요소들을 분리하고 비교해서 과연 어떤 인지가 실제로 치료적 효과
를 발휘하는지 밝혀내는 것이다. 이 연구에 150명의 성인 우울증 환자가 참여
했고, 이들은 ① 행동활성화 단독 치료, ② 행동활성화 치료와 자동적 사고에
대한 인지 재구조화 병행, ③ 행동활성화 치료와 자동적 사고에 대한 인지 재구
조화 및 핵심적 믿음에 대한 인지 재구조화를 모두 병행과 같은 세 가지 치료군
에 무작위 배정되었다.

첫 번째 그룹(행동활성화 단독)의 치료자에게는 활동 계획하기, 성취/만족도 점
수화, 점진적 과제수행과 같은 행동 기법만을 활용하도록 했다. 이러한 기법들에
대해서는 다음 장에서 자세하게 논의될 것이다. 두 번째 그룹(행동활성화 및 자동적

사고의 재구조화 병행)의 치료자는 특정 상황에서 개인이 어떻게 생각하는지를 변화시키기 위해 고안된 행동 전략과 인지 전략을 함께 활용하였다. 세 번째 그룹에서는 앞에서 언급된 기법 모두에 더해 자기 자신, 세상, 미래에 대한 신념을 바꾸기 위한 인지적 개입을 사용하는 것도 허용되었다. 이것은 벡과 그의 동료들이 (1979) 기술한 인지치료 기법의 모든 범주를 포괄하는 것이다(예: Beck, 1995).

연구에서는 동일한 치료자가 모든 그룹의 치료를 담당했다. 치료자들은 인지행동치료의 모든 기법을 활용할 수 있는 세 번째 접근법을 가장 선호했다. 인지행동치료의 다양한 기법을 두고 행동활성화 기법만을 사용하는 것은 한 손이 묶인 채로 치료하는 것과 유사하다고 믿었기에, 치료자들은 자신의 환자가 행동활성화 치료만 제공하는 첫 번째 그룹에 무작위로 배정됐을 때 낙담했다. 행동활성화만을 촉진하는 치료군에 배정된 환자들은 치료 성과가 좋지 않을 것으로 예상했기 때문이다.

그런데 실제로 벌어진 일은 많은 사람에게 놀라움을 주었다. 급성기(Jacobson et al., 1996)와 재발 방지를 위한 2년의 추적 관찰(Gortner, Gollan, Dobson, & Jacobson, 1998) 모두의 경우에서 세 그룹 간에 유의미한 차이가 없었기 때문이다. 이 결과는 큰 파장을 불러일으켰고 많은 논란이 제기되었다. 어떤 연구자들은 이 결과를 받아들이지 않았다. 그들은 이 연구에서 수행된 치료가 적절히 시행되지 않았고, 표준적인 수준에 미치지 못하는 인지치료가 행해졌기 때문에 이런 결과가 얻어진 것이라고 주장했다(Jacobson & Gortner, 2000). 다른 연구자들은 결과에 흥미를 표시했지만, 후속 연구에서도 동일한 결과가 재현되어야 이 결과를 받아들일 수 있다고 믿었다.

구성성분 분석연구를 수행한 연구자들은 이런 비판이 의미 있는 것이라고 판단했고, 반복 연구의 필요성과 최대한 높은 수준의 인지치료가 시행되어야 한다는 점에 대해서도 동의했다. 이 연구 결과는 저자들의 연구팀에게 몇 가지 중요한 질문을 제기했다. 저자들은 순수한 행동치료적 접근이 최근 수십 년간 간과되어 온 것은 아닌지, 우울증 치료에서 행동치료적 접근이 주는 중요한 부분들을 놓치고 있었던 것은 아닌지에 대한 의문을 품기 시작했다.

행동적 개입법의 뿌리로 회귀

구성성분 분석연구의 결과는 저자들을 다시 과거의 문헌으로 관심을 돌리게 만들었다. 저자들은 우울증에 대한 행동적 접근을 다룬 연구 결과들을 찾아서 검토했다. 관련 논문이 수십 년 전에 출판된 경우도 있어서 도서관에서 과거 학술지들을 다시 확인해 봤고, 책장에 잠들어 있던 오래된 서적을 찾아보기도 했다. 관련 문헌들을 읽고 검토할수록 행동활성화 치료에 대한 저자들의 믿음은 더욱 커졌다. 우리는 독립적인 치료의 일환으로 행동치료의 기초를 발전시켜 나갔다. 이것은 구성성분 분석연구의 결과에서 확인했던 것처럼 인지 개입과는 독립적으로 행동 개입이 효과적이라는 믿음에 근거한 것이었다(Jacobson, Martel, & Dimidjian, 2001; Martell, Addis, & Jacobson, 2001).

구성성분 분석연구로 우울증의 행동활성화 치료에 대한 관심이 되살아나면서, 이 치료의 발전이 오랜 전통을 지닌 행동주의 이론과 연구에 기반을 둔 것이라는 사실 또한 의외로 간과되고 있음을 자각했다. 행동주의 전통의 선구자 네 명이 이룩한 연구 성과들을 토대로 행동활성화 치료의 기초가 다져졌다. 그들은 바로 찰스 퍼스터(Charles B. Ferster), 피터 르윈손(Peter M. Lewinsohn), 린 렘(Lynn P. Rehm) 그리고 아론 벡(Aaron T. Beck)이다. 퍼스터가 우울증의 행동 분석과 관련된 이론에 집중했다면, 르윈손은 그 이론을 확장해서 행동치료적 방법들을 발전시켰다. 렘은 우울증 치료에서 보상 강화(reinforcement)의 중요성에 대해 역설했으며, 벡은 인지치료의 필수 요소에 행동활성화 치료를 포함시켜 임상에서 폭넓게 활용될 수 있도록 기여했다.

구성성분 분석연구의 경험적 토대

자이즈, 르윈손, 무노즈(Zeiss, Lewinsohn, & Muñoz, 1979) 등은 앞에 언급된 질문에 답하기 위한 초창기 연구들을 시행한 학자들로, 우울증 환자들의 호전 여부가 치료의 특정한 구성요소와는 무관하다는 것을 발견했다. 그들은 우울증 외래 환자들을 대상으로 인지 재구조화, 대인관계 기술 훈련, 즐거움을 주는 활동을 계획하고 실행하기(pleasant events scheduling) 중 하나를 시행했는데, 세 경우 모두에서 치료적 효과가 있었다. 제틀과 레인즈(Zettle & Rains, 1989)는 '완전히 인지적 개입으로만 이루어진' 인지치료(complete cognitive therapy), 부분적 인지치료(partial cognitive therapy), 포용적 거리 두기(comprehensive distancing)로 알려진 상황별 접근이라는 세 기법의 효과를 비교하는 연구를 시행했다. 12주간의 치료와 2개월간의 추적 관찰을 통해 세 경우 모두 동일한 치료 효과가 있음을 확인했다. 1989년에는 스코긴(Scogin), 제이미슨(Jamison), 고쉬니어(Gochneaur)가 인지적 개입에 초점을 둔 독서치료(bibliotherapy)와 행동적 개입에 중심을 둔 독서치료의 효과를 비교하는 연구를 시행했고, 두 치료군 모두 대조군에 비해 효과가 우월했으나 서로 간의 차이는 없음을 확인했다. 이러한 각각의 연구 결과들은 제이콥슨과 그의 동료들이 구성성분 분석연구에서 밝힌 결과에 힘을 실어 줬다(Gortner et al., 1998; Jacobson et al., 1996).

찰스 퍼스터

행동활성화 치료의 선구자 중 한 명인 퍼스터(Ferster, 1973)는 특정 유형의 행동이 증가하거나 감소하는 것이 우울증의 특징이라고 주장했다. 그는 특히 도피와 회피 행동(escape and avoidance behavior)에 초점을 맞췄는데, 우울증 환자들은 이러한 행동의 결과로 보상을 덜 받게 된다고 했다. 퍼스터는 다음과 같이 설명했다. 첫째, 우울한 사람들은 생산적인 활동에 충분히 참여하지 않으므로 이런 활동에서 주어지는 보상 강화 효과가 줄어든다고 했다. 둘째, 우울증 환자들은 불편한 감정에서 벗어나려는 동기로 활동하므로 "긍정 보상적 강화 행동 (positively reinforced behavior)"이 제한될 수밖에 없다고 했다(p. 859). 우울증 환자의 행동은 긍정적 보상 강화가 아닌, 주로 부정적 강화에 의해 조절된다는 것이 그의 주장이다. 자연적으로 보상이 수반되며 긍정적으로 강화되는 환경에 참여하기 위한 것이 아니라, 부정적인 상태를 감소시키고자 하는 목적에 따르게 된다는 것이다.

퍼스터(1973)는 또한 우울증 환자가 환경과의 상호작용이 제한되면서 행동 수반성을 통해 습득하게 되는 능력이 저하되어 있다고 강조했다. 모든 행동은 특정한 맥락에서 일어나며, 행동의 결과에 따라 강화된다. 이것을 행동 수반성 (contingencies of behavior)이라고 한다. 퍼스터에 따르면 "치료자가 우울증 환자의 환경을 관찰하기보다 내적 박탈 상태에 초점을 두면, 세상에 대한 환자의 관점을 긍정적으로 변화시키는 데 심각한 장애물이 된다. 우울증 환자는 행동에 따라 변화하는 환경의 반응을 체감할 만한 보상적인 강화 행동을 수행하기 어려울 것이다."라고 했다(p. 39).

행동활성화 치료의 상당 부분은 퍼스터의 초창기 아이디어에 기반을 둔다. 그의 업적은 단순히 행동의 형태만이 아닌 기능에 초점을 두는 행동-분석적 틀(behavior-analytic framework)을 제공했다. 여기에 착안해 행동활성화 치료는 제4장에서 논의될 행동 평가 또는 기능 분석을 활용하고 환자와 환경과의 상호작용에서 항우울 효과를 발휘할 잠재력이 큰 행동을 찾아 긍정 강화되도록 돕는다. 행동-분석적 틀은 개별 환자의 상황에 맞게 유연하게 적용될 수 있는 행동활성화 치료의 한 부분으로 작용하는 것이지, 특정한 종류의 행동이 환자에게 반드시 긍정적인 보상 강화로 작용한다고 가정하지는 않는다. 행동의 형태보다는 그것의 기능을 강조한 퍼스터의 초창기 작업은 행동활성화 치료에 큰 유산을 남겼다.

피터 르윈손

　피터 르윈손(Peter M. Lewinsohn)은 행동활성화 치료에 지대한 영향을 줬다. 그의 이론은 퍼스터의 주장과 많은 부분이 일치하며, 우울증 환자의 삶에서 긍정적인 강화의 결핍이 중요함을 마찬가지로 강조했다. 르윈손은 우울증을 '반응 수반성(response-contingent)' 긍정 강화가 부재하거나 드물 때 초래된 결과라고 개념화했다(Lewinsohn, 1974). 반응 수반성은 강화가 개인의 행동에 따라 좌우된다는 것을 말한다. 예를 들어, 어떤 관계에 있는 한 사람이 대화를 시작하는데 상대방이 이를 무시하거나(반응 수반성 긍정적 강화를 제공하지 않거나), 귀찮게 여기며 퇴짜를 놓아 버리면(처벌한다면), 그 사람은 결국 상대방과 대화하려는 노력을 중단하고 서글프게 받아들일 것이다. 시간이 지남에 따라 대화는 결국 단절된다. 이는 긍정적 강화의 부재로 인한 대화 행동의 '소거(extinguished)'를 의미한다. 이처럼 긍정 강화의 부재는 개인의 삶에서 보상으로 작용하는 전형적인 행동들을 제한하는데, 이것이 우울감을 유발하거나 지속시킨다고 했다.

　르윈손(1974)은 반응 수반성 긍정 강화가 드물게 발생할 때는 의외의 결과로 이어짐에 주목했다. 예를 들어, 승진이 사회적 강화의 상실로 이어질 수도 있고(관리자 지위로 승진하게 되어 동료들로부터 제공되던 사회적 지지를 잃게 되는), 개인이 장기간 열심히 노력해서 학위를 취득하는 것처럼 목표를 달성하는 것도 의외로 약한 강화 인자에 불과할 수 있다고 했다. 르윈손은 "중요한 것은 개인이 받는 관심이나 '좋은 일(goodies)'의 절대 양이 아니라, 환경이 개인의 행동을 유지시키기에 충분한 결과를 제공하는지 여부다(p. 180)."라고 했다. 그는 개인의 행동과 기분에 미치는 영향을 결정하는 데 있어서 환경적 보상에 대한 주관적 경험이 보상 자체의 액면가를 능가한다고 믿었다. 이는 행동활성화 치료에서 세심하고 주의 깊은 평가 없이 어떤 인자가 강화로 작용할지 단정하지 말고, 환자 개개인의 특별한 주관적 경험에 주의를 기울이는 것이 중요함을 알려 준다.

　르윈손과 동료들은 삶의 부정적인 사건들이 왜 어떤 사람들에게는 영향을 주지만 다른 사람들에게는 그렇지 않은지를 설명하는 종래의 모형을 수정하기에 이른다. 르윈손, 호버만, 테리, 호칭거(Lewinsohn, Hoberman, Teri, & Hautzinger, 1985) 등은 부정적 생활사건이 여기에 대응하는 기술이 부족하고 취약한 개인으로 하여금 적응적 행동을 일으킬 가능성을 떨어뜨린다고 제안한다. 행동과 보상 사이의 단절과 이에 따르는 불쾌감은 과도한 자기 몰입과 자책을 유발하게 된다. 이것은 동기의 감소로 이어져 취약한 개인을 사회적 교류로부터 더 고립되게 만든다. 결과적으로 행동-보상의 단절로 개인은 더욱 비활성화되는 악순환으로 우울증은 악화된다.

르윈손의 연구는 우울증 환자의 개별적 삶에서 행동 수반성을 이해하는 것이 중요하다는 점을 강조했다. 르윈손과 리벳(Lewinsohn & Libet, 1972)은 우울증 환자들이 일상의 스트레스에 취약함을 인지했다. 우울한 사람은 그렇지 않은 경우보다 혐오적 자극에 더 민감하게 반응한다. 마치 어떤 사람은 신체적 통증에 대한 저항력이 더 낮아서 같은 정도의 발목 부상일 때, 다른 사람들은 계속해서 걷더라도 그 사람에게는 생활에 심각한 영향을 주는 이치와 같다. 우울증 환자는 삶의 고통(신체적, 정신적 모두)에 더 민감하게 반응하는 경향을 보인다. 르윈손(1974)은 불편한 상황들에 대한 탈감작(desensitization)이 유용한 치료 수단이라고 제안했다.

르윈손과 그의 동료들(Lewinsohn, 1974; Lewinsohn, Biglan, & Zeiss, 1976)은 우울증의 행동치료법에 그들이 고안한 활동 계획(activity scheduling)을 처음으로 포함시켰다. 그들은 환자의 삶에서 즐거운 상황(pleasant event)의 발생 빈도와 범위를 평가했다. 활동 계획 목록을 개발했고, 환자들로 하여금 한 주를 시간 단위로 나누어 즐거운 활동을 계획하도록 했다. 시간이 지남에 따라 환자들은 점차 활동량을 늘려 나갔고, 우울증 때문에 중단됐던 활동과 희망했던 일에 다시 참여했다. 한 달간 개인의 생활에서 일어났던 긍정적 상황을 평가할 수 있는 자가 보고 척도인 '즐거운 상황의 일정(Pleasant Event Schedule: PES)'도 개발했다(Lewinsohn & Graf, 1973; Lewinsohn & Libet, 1972; MacPhillamy & Lewinsohn, 1982). PES도 320개의 상황 목록으로 구성되어 있으며, 각 상황이 얼마나 "유쾌하고, 즐거우며, 보상적이었는지"에 대한 빈도와 강도를 평가한다.

르윈손의 업적은 이 책에 서술된 행동활성화 치료의 접근법에 큰 영향을 주었다. 우울증에 대한 그의 행동 모형과 행동적 개입 방식은 행동활성화 치료의 기틀을 마련했다. 르윈손이 강화 수반성(reinforcement contingency)의 중요성을 역설한 점은 저자들에게 치료 계획과 목표를 구체화하기 위한 행동 평가의 활용을 강조하도록 인도했다. 행동활성화 치료의 목표는 환자의 행동이 긍정적으로 강화되도록 활성화시키는 데 있다. 르윈손은 혐오 조절(aversive control)에도 초점을 기울였다. 비록 부정적인 정서 상태에 놓여 있는 환자라도 풍족한 삶을 살 수 있도록 만드는 행동과 문제해결에 주안점을 뒀다. 우울증 환자의 과도한 자기 몰입에 대한 그의 이해는 저자들이 우울 반추(depressive rumination)에 대한 접근법을 개발하는 데 중요한 정보를 제공해 주었다. 그가 임상에서 활용했던 주간 활동 모니터링(weekly activity monitoring)이나 지속 가능한 활동 계획하기(scheduling ongoing activity)와 같은 전략들 또한 행동활성화 치료의 핵심을 이루고 있다.

🎯 아론 벡

1979년 아론 벡(Aaron T. Beck)과 동료들은 『우울증의 인지치료(Cognitive Therapy of Depression)』를 출간했다. 이를 필두로 이어진 인지치료의 폭넓은 확산은 우울증에 관한 정신보건 서비스 전달 체계를 근본적으로 변화시켰다. 인지치료와 인지행동치료는 경험적으로 증명된 치료법 중 가장 강력한 지지를 받았다. 인지치료는 우울증의 표준(gold standard)적 단기치료라고 할 수 있다. 벡은 행동활성화 치료 전략을 보다 큰 인지적 체계 안에 통합시켰다. 비록 이러한 인지행동적 접근법이 과거의 순수한 행동적 치료 방식을 퇴색시키기는 했지만, 결국에는 행동활성화 치료의 핵심 전략을 형식화해서 널리 활용될 수 있도록 했다. 이를 통해 벡은 순수 행동주의자보다 행동활성화 치료의 범주를 더 확장시켰다.

벡의 우울증 인지치료 모형은 심한 우울증 환자일수록 개인적 신념에 대한 모니터링과 교정을 시도하기 전에 활성화(activation)부터 시도하도록 명시하고 있다. 또한 치료 전반에 걸쳐서 환자의 인지를 탐색하고 평가하는 과정에 행동적 전략이 핵심이 되도록 적절하게 통합시켰다.

인지치료가 행동활성화 치료에 크게 기여한 점 중 하나가 인지치료 속에 활동 관찰과 활동 계획을 형식화해서 포함시킨 것이다. 인지치료에서 환자는 활동기록지를 작성하고, 어떤 활동이 즐거움이나 성취감을 얼마만큼 주었는지 명시하도록 되어 있다. 주디스 벡(Judith S. Beck, 2021)은 이를 0부터 10까지 평가하는 척도를 개발했고, 환자에게 성취감과 즐거움을 주는 구체적인 행동을 수치화해서 파악할 수 있게 했다. 환자는 어떤 활동이 얼마만큼의 즐거움과 성취감을 주었는지 이 척도를 참고하여 평가한다. 예를 들어, 환자는 자신에게 최적화된 척도에 맞추어 '칫솔질'은 0점, '침대 정리하기'는 5점, '잔디 깎기'는 10점의 성취감을 주는 활동으로 평가할 수 있다. 만약에 환자가 '서재의 가구를 청소'한다고 가정했을 때, 언급한 세 종류의 활동과 비교해서 성취감을 주는 정도가 '침대 정리하기(5점)'나 '잔디 깎기(10점)' 사이의 어디라면 이 중 가까운 점수를 정하면 된다. 즐거움 척도 또한 이와 비슷한 방식으로 만들 수 있다.

인지치료에서는 행동 또는 정서적인 문제를 지속적으로 호전시키는 데 있어 개인적인 신념의 변화를 필수로 여기고, 행동 기법은 목표를 달성하는 수단이라고 간주한다. 반면에 행동활성화 치료는 항우울 효과를 증진하고 지속시킬 긍정적인 강화에 기여할 수 있는 활동 자체를 목표로 한다는 차이가 있다. 인지치료와 행동활성화 치료 모두 환자의 행동적인 참여를 독려하지만, 행동활성화는 환자의 행동이 기분과 치료 성과에 미치는 영향을 평가하는 반면, 인지치료에서는 환자가 지닌 우울한 가정(depressive assumption)과 부정적 전망을 검증하기 위해 행동을 활용한다.

이러한 차이점에도 불구하고 인지치료의 발전은 현재의 행동활성화 치료 모형을 성립하는 데 필수적인 토대를 제공했다. 행동활성화 치료는 구체적인 기법 면에서 인지치료와 겹치는 부분이 많을 뿐 아니라, 인지치료의 특징이라 할 수 있는 구조화된 치료 회기를 강조하는 방식을 채택하고 있다. 행동활성화 치료 전략의 많은 부분은 아론 벡과 동료들의 기여로 이뤄졌으며, 그의 업적은 이 책에 기술된 작업에도 큰 영향을 주었다.

린 렘

린 렘(Lynn P. Rehm)의 우울증 모형은 '부정적인 상황에 대한 선택적 주의집중'이라는 인지적인 요소를 담고 있는데(Fuchs & Rehm, 1977), 행동주의적 형태 또한 분명히 확인할 수 있다. 렘은 우울증에서 강화의 중요성을 강조했고(1977), 우울증의 자기 조절 모형과 치료법을 제안했다. 렘의 모형은 캔퍼(Kanfer, 1970)의 자기 조절에 대한 정의, 즉 "즉각적인 외부의 도움이 상대적으로 부재한 상태에서 개인의 반응 확률을 변경시키는 과정(Rehm, 1977, p. 790)"을 활용한다. 자기 조절 모형은 자신에 대한 관찰, 평가, 강화의 되먹임 고리로 구성된다. 이에 의하면 우울증은 상대적으로 낮은 비율의 자기 강화와 높은 비율의 자기 처벌로 특징지어진다. 우울한 환자는 외적 상황과 무관하게 자기 보상적 행위를 꾸준히 지속하기가 어렵고, 외적 상황에서 비롯된 기분 변동성에 보다 취약하다. 자기 강화의 결핍은 꾸준한 노력을 감소시키고, 즉각적으로 강화될 수 있는 행위에 몰두하게 만든다. 지속성의 결핍과 즉각적인 보상에 강화되는 행동에 의존하는 경향은 이 책의 후반부에서 자세히 다룰 예정인 회피 행동(avoidance behaviors)의 빈도를 증가시킨다. 과도한 자기 처벌적 반응은 생각과 언행을 지나치게 억제하고 부정적인 자기 진술과 평가를 야기한다. 렘의 작업은 강화의 본질에 대한 이해를 넓혀 주었고, 우울증 환자의 단기 보상적(장기적 보상 대신) 행동을 잘 살펴야 함을 일깨웠다.

그 밖에도 인간의 행동을 이해하는 데 공헌을 했으며, 행동주의 및 행동치료의 정립에 기여했고, 행동활성화 치료의 발전에 영향을 준 인물들이 있다. 스키너(B. F. Skinner)의 저명한 업적 외에도, 마빈 골드프리드(Marvin Goldfried)와 제럴드 데이비슨(Gerald Davison)의 임상적 행동치료는 벡과 다른 연구자들에게 많은 영향을 주었다. 행동주의적 시각으로 정서적 기능과 기능부전의 연관성을 바라본 관점은 과거 달러드와 밀러(Dollard & Miller, 1950)의 기여가 컸다.

행동활성화 치료의 경험론적 근거

구성성분 분석연구가 제안한 논점과 그것이 유발한 논쟁으로 돌아가 보자. 그 연구의 남아 있는 질문에 대한 주요한 반응 중 하나는 워싱턴 대학에서 우리가 흔히 '시애틀 연구'라고 부르는 임상 실험을 시행한 것이었다. 이는 저자들을 협력자이자 친구로 처음 뭉치게 한 연구였다.

시애틀 연구는 종래의 구성성분 분석연구의 제한점을 다루었다. 이 연구에서는 행동활성화 치료를 인지치료 외에도 항우울제 치료와 비교했다. 이전 연구 결과에서는 정신치료, 특히 인지치료가 중등도 이상의 심각도를 가진 주요 우울장애 환자에게는 효과적이지 않은 것으로 나타났다(Elkin et al., 1989). 주요 우울장애의 일반적인 치료 지침은 심각도가 낮은 우울증 환자는 정신치료가 효과적이지만, 중등도나 중증의 경우 항우울제 치료를 권고하고 있었다(American Psychiatric Association Workgroup on Major Depressive Disorder, 2000). 이에 시애틀 연구는 가장 폭넓게 연구된 인지치료와 현행의 표준 치료법인 약물 치료 모두를 행동활성화 치료와 비교했다. 각각의 분야에서 인정받은 인지치료 및 정신약물 치료 전문가가 연구 계획부터 시행과 분석에 이르는 전 단계에 참여했다. 연구의 전 과정을 모니터링하며 각각의 치료가 일정한 수준에서 이뤄질 수 있도록 했다.

연구는 241명의 성인 우울증 환자를 대상으로 행동활성화 치료를 인지치료군, 항우울제인 파록세틴(paroxetine) 치료군, 위약 대조군과 비교했는데 그 결과는 놀라웠다. 결과 분석은 각 치료법이 우울증의 심각도가 높은 환자군과 낮은 환자군에서 어떻게 작용했는지에 초점을 맞췄다. 우울증의 급성기 치료에서 행동활성화 치료는 약물 치료군과 대등한 효과를 보였는데, 이는 중증 우울증 환자군에서도 동일했다. 행동활성화 치료에 배정된 환자들은 약물 치료에 배정된 환자들에 비해 더 오랜 기간 치료를 유지했다. 행동활성화 치료는 중증 우울증 환자의 급성기 치료에서도 인지치료에 비해 우월한 결과를 보였다. 심각도가 낮은 환자군에서는 각 치료법 간에 유의미한 차이가 없었다. 장기간 추적 관찰 자료를 분석했더니 재발 방지 측면에서도 행동활성화 치료가 인지치료만큼 효과적이었다. 항우울제 치료에 반응을 보인 환자 중에서 약물을 중단한 후 재발하는 비율이 행동활성화 치료나 인지치료를 받은 경우보다 높았다(Dimidjian et al., 2006; Dobson et al., 2008).

다른 모든 연구와 마찬가지로 시애틀 연구에도 제한점이 있다. 돌이켜보면 우울증 환자들이 항우울제 치료를 더 오랜 기간 지속할 수 있도록 항우울제를 변경할 필요가 있었는지 모른다. 또한 각 치료군에 대한 효과 차이를 통계적으로 유의미하도록 연구 참여 집단의 크기를 키워야 했을 수도 있다. 다른 지역에서 다른 대상자로 연구해도 동일한 결과가 재현돼야 한다. 그럼에도 불구하고 희망적인 소식은 행동활성화 치료에 관한 이야기는 현재 진행형이라는 점이다. 하나의 연구로 중요한 모든 의문을 해소할 수는 없지만, 시애틀 연구를 통해 행동활성화 치료가 우울증에 핵심적 치료라는 사실을 알게 되었다.

몇몇 소규모 연구들은 행동활성화 치료가 다른 치료법에 비해 상대적으로 배우기 용이하다는 저자들의 견해를 지지했다. 이란의 연구자들은(Moradveisi, Huibers, Renner, Arasteh, & Arntz, 2013) 자국에서 100명의 환자를 대상으로 행동활성화 치료를 항우울제 설트랄린(sertraline) 치료군과 비교했다. 환자들은 연구의 제1저자 한 명과 두 명의 임상심리사에게 총 16회기의 행동활성화 치료를 받았는데, 여기서 제1저자는 2주간 총 20시간에 걸쳐 임상심리사의 수련을 도왔다. 결과는 인상적이었다. 임상 시험을 끝낸 45명 중 41명(91.1%)이 13주 시점에서 관해(remission)에 도달했고, 44명(97.8%)은 치료에 반응(response)을 보였다. 약물 치료군에서는 35명 중 24명(68.6%)이 관해에 도달했고, 33명(94.3%)이 치료 반응군에 속했다. 저자들이 밝힌 연구의 제한점으로는 치료를 받지 않은 대조군의 부재와 약물 치료군에서 반응이 없을 때 약제 조정과 같은 개입이 이뤄지지 않았다는(실제의 임상 현장과 달리) 점이다. 또한 참가자는 3개월 후 처방된 약값을 지불해야만 했는데, 이것이 중도 이탈 비율을 높이는 원인으로 작용했을 수도 있다. 저자들은 49주 이후의 추적 관찰을 통해 두 그룹 간의 차이를 통계적으로 검증했는데, 행동활성화 치료군에서는 88.6%가 치료 반응이 있었고, 65.9%

에서 관해 상태를 유지했다(약물 치료군에서는 각각 46.5%, 27.9%). 연구를 수행한 치료자가 행동활성화 치료의 전문가로부터 훈련된 경우가 아님을 상기해 보면 (연구 저자들이 단점이자 장점이 될 수 있다고 한), 이는 행동활성화 치료가 보편적으로 활용될 수 있음을 보여 준다. 우리는 이것을 장점으로 여기며, 짧은 16회기의 프로토콜 또한 마찬가지라고 생각한다.

인도에서 시행된 건강증진 활동 프로그램에서도 유사한 발견이 있었다(Healthy Activity Program: HAP; Chowdhary et al., 2016; Patel et al., 2017). 이 연구에서 일반 상담자들은 속효성 행동활성화 치료(HAP)를 훈련받았고, 참가자들은 통상적인 치료법 또는 속효성 행동활성화 치료(HAP)군에 무작위로 배정되었다. 여기서 주목할 점은 일반 상담가에(전문적인 치료자가 아닌) 의해 인도의 문화와 맥락에 맞는 섬세한 응용(변용)을 거쳐 행동활성화 치료가 제공되었다는 점이다. 총 6~8회기의 프로토콜로 이뤄진 이 프로그램은 통계적으로 검증된 임상적 유용성 및 비용-효과적 측면 모두에서 우월성을 입증했다.

리차드(Richards, 2017)와 동료들이 시행한 비열등성 분석연구(noninferiority analysis)에서 행동활성화 치료는 인지치료와 견줄 만하고, 장기적인 관점에서는 비용-효과적으로 우월했다. 행동활성화 치료는 경험이 많지 않은 정신건강 관계자가 수행할 수 있었고, 그것의 수련 또한 인지치료에 비해 용이했다. 이것은 국가건강 서비스 차원에서 그런 수요가 증가할 때 중요한 부분이다. 이와 같은 최근의 임상 시험들은 다수에 적용될 수 있는 표준화, 구조화된 프로토콜을 사용했지만 환자의 개별적 상황에 맞춰 유연하게 적용할 수 있다.

칼 르주에와 동료들(Lejuez et al, 2011)의 작업도 행동활성화 치료의 경험론적 기초를 다지는 데 필수적인 역할을 했다. 그들은 우울증을 위한 행동활성화 치료(Behavioral Activation Treatment for Depression: BATD)에 대해 여러 연구를 수행했다. 짧은 형식의 행동활성화 치료는 대부분 활동 관찰하기, 활동 계획하기, 가치 지향적 활동(value-driven activities)에 집중하기로 구성된다. 환자들에게 한 주간의 활동 목표를 만들도록 독려하고, 날마다 그 활동을 시도했는지, 그 목표를 달성했는지 체크하게 한다. 이와 같은 방식은 행동활성화 치료와 상당히 유사하며, 우울증 환자에게 행동활성화가 얼마나 중요한지 보여 주는 공통된 근거를 제공한다. 관련된 연구의 한 예로 내과적 질환을 앓고 있는 우울증 환자에게 홉코(Hopko, 2011)와 동료들은 우울증을 위한 행동활성화 치료(BATD)와 문제해결 치료(problem solving)를 비교하는 무작위 대조연구를 수행했는데, 두 경우 모두 3/4의 환자가 우울 증상의 임상적 개선을 보였다.

문제해결 치료(problem solving)는 행동활성화 치료의 주된 구성요소로 우울증에서 그 효과가 입증되어 있다(Gotlib & Asarnow, 1979; Nezu, 1987; 2004). 문제해결적 접근법은 환자 개개인의 상황에 따라 문제를 정의하고 해결하며 부족한 대처 기술을 다루는 치료법이다(Biglan & Dow, 1981). 문제해결 치료(problem solving)는 일차 의료 환경에서 우울증을 치료하기 위한 매우 효과적인 방법이며, 훈련된 정신과 의사, 간호사, 일반 임상가에 의해 수행이 가능하다(Hopko et al., 2011; Mynors-Wallis, Gath, Davies, Gray, & Barbour, 1997).

비슷한 맥락의 다양한 활성화 기법

행동활성화 치료에 대한 새로운 관심은 인지행동치료가 변형되는 시기에 두드러졌다. 순수한 행동적 접근법이 각광받기 시작하면서, 벡 등이 제안했던 전통적인 인지치료와는 다른 방식으로 부적응적 인지를 다룬다. 저자들은 행동활성화 치료가 새로운 행동치료 기법들과 유사하다고 본다. 이런 접근법들에 대한 근거가 축적되면서 행동활성화가 임상적인 변화를 일으키는 핵심 인자로 작용한다는 목소리가 높아졌다. 행동활성화 치료는 최근 10년간 확장되어 온 행동주의적 뿌리로 회귀하려는 큰 움직임을 대표한다.

변증법적 행동치료(Dialectical Behavior Therapy: DBT)는 자살 위험성이 높은 경계선 인격장애 환자를 위해 고안되었다(Linehan, 1993). 치료는 환자의 기분 상태를 조절하기 위한 다양한 기술로 구성되고, 이들에 대한 교육을 포함한다. 변증법적 행동치료에서 활용되는 핵심적인 기술 중 하나는 "반대 행동(opposite action)"으로, 부정적인 정서를 행동화하려는 충동에 상반되는 행동을 환자가 습득하도록 돕는 것이다. 예를 들어, 주차장에서 굼뜨게 주차하는 사람에게 화가 나 욕설을 퍼붓고 싶은 강한 충동을 느낄 때, 이러한 마음과는 반대로 따뜻하고 친절한 어투로 웃으며 "감사합니다. 좋은 하루 되세요." 하는 것처럼 말이다. 행동활성화 치료는 많은 측면에서 우울증의 "반대 행동"에 해당한다. 우울증에서 일렁이는 충동은 주로 행동하지 않거나 회피하는 것인데, 행동의 활성화는 그런 충동에 반하는 움직임으로 작용하기 때문이다.

헤이즈(Hayes)와 동료들이 개발한 수용전념치료(Acceptance and Commitment Therapy: ACT)는 행동활성화 치료와 비슷한 치료적 지향점을 공유하는 또 다른 접근법으로 임상적 지지를 받고 있다(Hayes, Luoma, Bond, Masuda, & Lillis, 2006; Hayes, Strosahl, & Wilson, 2011). 환자가 경험적 회피(experiential avoidance)의 패턴으로부터 벗어나기를 강조하며, 그들 스스로 가치를 두는 행동에 전념하도록 돕는다. 이처럼 가치에 주목한다는 점은 행동활성화 치료의 경우에서도 활성화의 목표 대상을 찾는 과정에서 중요하다. 부정적인 생각과 정서 상태에서 활동에 집중하는 것은 수용전념치료의 초기 버전에 뿌리를 두고 있다. 제틀과 헤이즈(Zettle & Hayes, 1987)는 포용적 거리 두기(comprehensive distancing)와 인지치료를 비교하는 연구를 진행했는데, 여기에서도 희망적인 결과를 확인할 수 있다. 포용적 거리 두기는 환자 스스로 부정적인 생각을 변화시키려는 노력을 중단하고, 그런 상태에서도 효율적인 행동을 추구하는 것에 초점을 둔다.

데이비드 바로우(David H. Barlow)는 20세기 후반의 영향력 있는 심리학자 중 하나로 여러 정신장애 치료의 유사점에 대해 보고했다(Barlow, Allen, & Choate, 2004). 바로우와 동료들(2004)은 다양한 치료에서 공통적으로 활용하는 전략이 감정조절의 어려움에서 비롯된 행동을 수정하는 것이라고 말했다.

"내재된 정서에 의해 유발된 행동 경향을 변경하고자 할 때 첫 단계는 감정을 최대한 촉발시키는 것이다……. 연관된 행동 경향에 연루되지 않는 틀에서 정서적 경험을 촉진시키는 방식(감정의 수용)이 가장 기본적인 전략이다. 정서와 행동의 활성화는 특정 질환에서, 특히 어떤 상황적 맥락에서는 매우 강력한 치료 도구다." (pp. 223-224)

바로우와 동료들(2004)은 기분장애나 불안장애를 치료할 때 "통합적(unified)" 접근 방식(중요성)을 강조했다. 행동활성화 치료는 여러 효과적인 치료법들의 핵심 인자일 가능성이 크고, 범진단적인 접근 방식으로도 가치가 있다. 이런 범진단적인 잠재성에 대한 견해는 제10장에서 다시 언급하겠다.

요약

행동활성화 치료는 학습이론 원칙을 임상에 적용하기 시작한 초기 행동주의자들의 영향으로부터 시작된 긴 역사를 지닌다. 이 이론들은 여러 경험적인 시도를 거쳐 우울증에서 행동활성화 치료가 갖는 가치를 꾸준히 입증해 왔다. 행동활성화 치료는 긍정 강화를 증진시킬 잠재력이 있는 계획된 활동의 고취로 우울증을 개선시켰고, 삶에서 마주하는 처벌적인 장애물을 극복할 수 있도록 도왔다. 행동치료적 전략들은 인지치료 등의 다른 치료들과 마찬가지로 효과적이었으며, 특히 재발을 방지하는 측면에서는 항우울제 치료보다 효과적이었다. 지금까지 행동활성화 치료가 어떻게 발달했는지 살펴보았고, 임상적 유용성의 근거에 대해 검토했으며, 현대의 행동치료와 어떻게 연관되는지도 알아보았다. 이제 설레는 마음으로 행동활성화 치료의 핵심 원칙과 전략에 대해 다루어 보겠다.

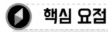

◆ 행동활성화 치료의 역사는 약 50년 전 학습이론을 임상에 적용한 행동주의자들의 업적으로부터 시작됐다.

◆ 행동활성화 치료의 역사는 현재 진행형이다. 우울증에 대한 초기 행동주의적, 인지행동적 치료의 발달은 현대의 연구에도 지속적으로 영향을 주고 있다. 1990년대에 닐(Neil S. Jacobson)과 동료들(저자들을 포함한)은 인지치료의 실질적인 치료 인자를 밝히려는 실험을 계속했고, 행동활성화 전략이 다른 인지기법과 마찬가지로 우울증의 성공적인 치료법이 될 수 있다는 사실을 밝혔다.

◆ 행동활성화 치료를 위한 초창기 저자들의 작업은 이라크, 인도와 같은 다른 문화권과 영국에서 진행된 최근의 연구들로 범주를 넓혀 가고 있다. 여기서 사용된 프로토콜은 기존에 닐이 수행했던 연구에 비해 간소화됐다.

제2장

행동활성화 치료의 핵심원칙

행동활성화 치료의 핵심원칙   제2장

> "우리는 우리가 기다려 왔던 그 자신이고,
> 찾으러 했던 변화 그 자체다."
> —버락 오바마(Barack Obama)

애딜린(Addilyn)은 매일 아침 침대에서 일어나는 것을 두려워했다. 주변에 이미 이혼한 친구들이 여럿 있는데도 불구하고 그녀의 결혼 생활이 4년 만에 끝난 것을 자책했으며, 남편처럼 힘든 사람을 만나고 그를 선택한 자신을 비난했다. 그녀는 직장에서 해고된 뒤 전 남편에게 경제적으로 의지하는 상황이었다. 결국 이혼 6개월 만에 기존의 집을 팔고 더 작은 아파트에 세를 들어가야만 했다. 한 달 전쯤 이사를 마무리한 애딜린은 새 집에 잘 정착하고 보수가 좋은 직장을 구하면 더 많은 에너지와 희망을 가질 수 있을 것이라고 믿었다. 하지만 그런 일은 일어나지 않았다. 좋은 직장을 꿈꿨던 소망과는 달리 그녀는 작은 회사의 웹 사이트를 업데이트하는 임시직을 얻었다. 회사는 보수가 좋지 않았고, 애딜린은 그 일에 완전히 싫증이 났다. 상사는 그녀의 업무나 스케줄에 관심이 없는 것처럼 보였고, 2시간이나 늦게 출근해도 별다른 조치가 없었기 때문에 그녀는 침대에 누워서 지내는 날이 많아졌다.

문제는 고된 일만이 아니었다. 애딜린은 엄청난 걱정과 불안을 경험하고 있었다. 그녀는 해고되기 전에도 그런 감정을 경험했었다. 결혼 생활에 대한 걱정으로 잠을 이루지 못한 후 일을 쉬는 날이 많았고, 이것이 해고로 이어질 수 있다고 생각했다. 이제는 더 많은 밤을 걱정하면서 자신의 기분이 얼마나 악화됐는지, 각종 청구서를 지불할 수 있을지, 과연 인생에서 성공할 수 있을지에 몰두했다. 무엇보다 자신의 감정이 친구나 가족 관계를 얼마나 해칠지, 그래서 결국 혼자가 되는 것은 아닐지 걱정했다.

애딜린의 삶은 변해 갔고, 생활에 즐거움과 자극을 주던 사람들과의 만남이나 활동에서 멀어지면서 기분은 더 악화되었다. 작은 아파트로 이사 온 뒤 그녀는 어떤 친구도 초대하지 않았다. 비좁고 부실한 건물을 마주하며 당혹감이 들었고, 치안은 괜찮았지만 공항 근처에 위치해 '활주로'로 불리는, 과거에 자신이 업신여기던 마을의 낙후된 지역에 살게 되었다. 대학교를 졸업한 후 1년간 이 동네에서 살았던 적이 있는데, 되돌아갈 생각은 꿈에도 없었던 작고 음침한 집으로 결국 회귀하게 된 것이다. 애딜린은 직업과 관련된 대화를 두려워했고, 자신보다 경제적으로 여유 있는 친구를 질투하며 연락을 피했다. 만나기로 했던 약속을 몇 차례나 취소하면서, 이에 서운했던 친구들은 더 이상 애딜린에게 연락하지 않았다. 친구들이 그리웠지만 그녀는 자신의 사정을 설명할 용기가 나지 않았다.

애딜린이 친구들에게 경험한 거절은 파탄 나 버린 결혼 생활과 어린 시절 가족 문제를 겪었던 애딜린에게 특히나 견디기 어려운 부분이었다. 그녀의 어머니는 애딜린의 17번째 생일 두 달 후에 그녀를 집 밖으로 내쫓았다. 그 당시 애딜린은 친구들과 함께 살면서 3년 넘게 어머니와 대화하지 않았다. 그녀는 이것을 자신의 인생에서 매우 슬펐던, 신경이 만신창이가 됐던 시간이라고 묘사했다. 그녀는 종종 전 남편과 어머니가 못되게 굴었던 이유가 자신에게 무언가 결함이 있기 때문이라고 생각했다. 자신의 그런 결점이 그들을 최악의 상태로 이끈 것이라고 여겼으며, 이제는 친구들도 그럴 것이라고 걱정했다.

비록 우울증으로 향하는 여러 갈래의 길이 있지만, 애딜린에게 벌어진 상황들은 다른 우울증 환자의 삶에서도 흔히 관찰된다. 실제로 애딜린의 우울감은 점차 악화되어 주요우울장애의 진단기준을 충족하는 수준에 이르렀다. 주치의는 우울과 불안을 다스리기 위해 항우울제를 복용하도록 권고했다. 애딜린은 '멋지군. 난 이제 돈도 없고 미치기까지 했네.'라고 생각했다. 그녀가 '미친 약'의 복용을 격렬히 거부하자 주치의는 최소한 몇 번쯤 상담 치료자를 만나 보도록 권했다. 건강보험 없이는 치료비를 감당하기 어려워서 애딜린은 단지 몇 회기 이내의 치료만 받기로 했다. 주치의는 단기 개입법으로 유명한 치료자에게 그녀를 의뢰했다.

애딜린은 첫 번째 회기에서 치료자가 자신과 소통하는 방식에 놀랐다. 그녀는 자신의 인생사를 쏟아 낼 때 치료자는 조용히 앉아서 고개를 끄덕일 것이라고 예상했기 때문이다. 하지만 치료자인 메이(Mei)는 수면과 식습관, 기분, 즐거운 활동의 정도, 술이나 약물의 사용, 사회적 상호작용 등에 대해 물었다. 메이는 또한 직업적 위기 이전의 삶이 어땠는지 '과거에는 애딜린의 삶에 대한 계획이 무엇이었는지?' '당시에는 지금 이 시점에 어떤 삶이 펼쳐질 것이라고 예상했는지?'에 초점을 맞췄다.

애딜린은 그런 질문에 답하기 고통스러웠다. 원래 살던 집을 팔고 더 나은 주택을 구입할 거라 기대했지, 지금처럼 형편없는 집을 임대할 생각은 없었기 때문이다. 자신에게 헌신적인 소수의 친구들을 간신히 붙잡으려는 지금의 처지와는 달리 좋은 사람을 만나 안정적인 관계를 이어 갈 것이라고 생각했었다. 메이가 그녀의 삶에서 얼마나 보상이 부족했는지를 지적했을 때 그녀는 전적으로 동의했다. 메이는 슬프고 무력하고 희망이 없는 감정들은 삶이 보상받지 못할 때 경험하게 되는 자연스러운 현상이라고 설명했다. 이러한 감정들은 불안하고 걱정스러운 시기에 자주 나타나며, 실직 후에는 충분히 그럴 만하다고 했다. 침대에 머물게 되는 행동도 납득된다고 했다. 애딜린은 궁금했다. 그녀는 종종 자신의 행동이 전혀 말이 되지 않는다고 스스로에게 말해 왔고, 가족들도 그녀에게 늘 그렇게 충고했기 때문이다. 힘든 시간을 보내고 있을 때 그녀는 오전 내내 침대에 늘어져 있지 말고 왜 조금 더 노력하지 않았는지 자문했다. 그러면 새 직장을 구하는 것이 그렇게 힘들지 않을 거라고 하루에도 수없이 자신에게 말했다.

메이는 그녀에게 행동활성화 치료를 제안했다. "비록 현재의 환경이 달라졌더라도, 한때 당신에게 즐거움과 만족감을 주었던 행동에 다시 참여하게 만드는 것이 치료 목표입니다. 이것은 잠을 설치며 걱정하는 문제 상황을 해결하는 데 도움이 될 수 있습니다."라고 했다. 애딜린은 '나는 어떤 상황에서도 즐거움이나 만족감을 느낄 수 없을 것이고, 걱정하지 않는 것 또한 불가능한 일이야.'라고 생각했다. 본격적인 치료에 앞서 이 방법이 도움이 될지 평가하기 위해 여섯 번의 회기를 시도해 볼 의향이 있는지 메이가 제안했을 때, 애딜린은 이런 시도로 손해 볼 것은 없으므로 그렇게 하기로 결정했다.

서론

메이는 우울증을 위한 행동치료의 기본적인 개념을 소개했다. 그리고 최근 수십 년간 우울증의 행동치료나 인지행동치료에서 핵심 요소로 작용했고 독립적인 개입법으로도 강력한 근거를 지닌 행동치료적 기법을 애딜린의 치료로 설정했다. 메이를 비롯한 여러 치료자들이 행동활성화 치료법을 선호하는 경향은 무엇 때문일까? 저자들이 제1장에서 언급했듯이 여기에는 두 가지 이유가 있다. 첫째, 행동활성화 치료의 기본원칙과 치료 과정이 단순 명료하고, 둘째로 지금까지 수행된 여러 경험적 연구를 통해 이 치료가 효과적이라는 사실이 입증됐기 때문이다.

이 책은 임상에서 접하는 우울증 환자들에게 행동활성화 치료를 잘 적용할 수 있는 방향을 제시한다. 다른 지침서들이 행동활성화 치료의 이론적 배경과 개념적 모형에 대한 설명 위주인 반면에(Martell et al., 2001), 여기서는 치료의 핵심원칙을 규명하고 실제 임상에서 활용하는 방법에 초점 맞출 것이다. 우선 치료자가 행동활성화 치료를 어떻게 구조화하고, 형식을 구성하는지 논의하겠다. 이어서 행동 평가 및 사례 개념화를 통해 행동활성화 치료의 목표를 설정하는 방법에 대해 이야기하겠다. 다음으로 활동의 증가, 회피의 감소, 반추사고에 대한 접근법과 같은 주된 치료 절차를 살펴보겠다. 저자들은 우울증 환자의 행동을 활성화하여 삶에 적극적으로 참여할 수 있도록 돕는 다양한 기법에 대한 포괄적 지침을 제공하려 한다.

　　연구와 실제 임상에서 접했던 환자들에게 적용했던 치료 사례를 활용해 설명할 것이다. 또한 행동치료의 발전 과정과 연구를 통해 얻어진 과학적 증거들, 이와 연관된 심리학적 영역들에 대해 논의할 것이다. 이러한 지식들을 견고히 하면 과학자 그리고 임상가로서 환자에게 치료적 근거를 충분히 설명해 줄 수 있을 것이다. 궁극적으로는 환자의 문제를 개념화하고, 치료 계획을 수립하며, 효과적으로 전략을 실행하는 데 도움이 되기를 바란다.

우울증 치료에서 행동활성화의 의미

　　행동활성화 치료는 우울증의 체계화된 단기치료법 중 하나로, 환자를 활성화시켜 일상에서 보상 경험을 증가시키는 것이 목표다. 기본적으로 행동활성화에 사용되는 모든 기법은 환자의 활동량을 증가시키고 삶에 적극적으로 참여할 수 있도록 고안됐다. 이러한 목표를 달성하기 위해 활성화를 방해하는 도피 및 회피 행동에도 초점을 둔다. 삶에서 벌어지는 난관들은 환자가 긍정적인 보상을 경험할 수 있는 능력을 저하시켜 우리가 우울증이라고 정의하는 증상과 행동을 유발한다는 것이 행동활성화의 기본 전제다. 우울증을 개선시키기 위해서는 즐거우면서도 생산적인 행위나 삶을 개선시킬 더 큰 보상으로 작용할 행동에 참여하도록 환자를 도와줘야 한다고 가정한다. 행동활성화 치료의 회기들은 행동 중심적이며 문제해결에 초점 맞춰져 있다. 실제로 치료 중 많은 부분이 상담실 밖에서 일어난다. 매주 치료자와 환자는 회기 사이에 완수할 행동과제와 이를 방해할 수 있는 문제에 대한 해결 방안을 함께 논의한다.

행동활성화 치료는 체계화된 치료의 틀 안에서도 매우 개별화되어 있다. 치료 초기에는 환자와 치료자가 함께 우울증과 관련된 행동 양식을 규명하는데, 이것은 환자마다 큰 차이를 보인다. 이 책에서는 이러한 행동 양식을 어떻게 정의하고, 효과적인 활동 계획을 어떻게 수립해 나갈지 배우게 될 것이다. 예를 들어, 어떤 환자들은 부정적인 감정을 무디게 만들기 위해 과도한 수면이나 TV 시청, 음주 같은 수동적 행동에 많은 시간을 쓴다. 다른 환자는 활동적으로 일상생활을 수행하지, 끊임없이 반추사고에 빠져 활동에서 즐거움을 느끼지 못한다. 이런 행동 양식에 대한 분석으로 치료 목표가 정해지면, 이후 회기에서는 행동을 변화시켜 나가는 과정에 초점을 둔다.

행동활성화 치료는 개별 환자의 필요에 따라 치료 목표를 다양하게 설정한다. 어떤 남성 환자의 행동활성화 치료에서는 자녀들과 보내는 시간을 늘리고, 같이하는 시간 동안 참여의 밀도를 증진시키는 것이 목표다. 양육에 활용되는 시간을 체계화하고, 반추사고에서 벗어나 부성 경험에 집중하는 데 활동의 초점을 맞췄다. 다른 여성 환자는 부정적인 감정을 받아들이고, 소중했던 관계의 상실을 애도할 수 있도록 했다. 이 환자에게 활동은 슬픔에 다가가고 과거의 관계를 다시 시작하며 새로운 관계를 형성하기 위한 단계를 밟아 가는 것이었다. 또 다른 환자는 이력서를 갱신하고, 전 동료에게 구직을 부탁하며, 새로운 직업을 찾기 위해 면접을 준비했다. 운동 계획도 세우고, 매일 일정한 시간에 기상하기로 했다.

행동활성화 치료의 열 가지 핵심원칙

　환자들이 행동활성화로 도움받는 방법은 다양하다. 치료 과정을 압축해서 표현한다면 '활동의 증진과 삶에 대한 적극적인 참여'라고 할 수 있다. 우울증을 지속시키는 행동 양식을 찾아내고, 환자의 기분을 개선할 수 있는 영역을 확인해서 지속적인 변화를 유도하는 데 치료의 초점을 맞춘다. 이런 기본적인 틀 안에서 행동활성화 치료자들은 몇 가지 간략한 원칙들을 활용한다(〈표 2-1〉 참조).

〈표 2-1〉 행동활성화 치료의 열 가지 핵심원칙

> **원칙 1:** 사람들의 기분을 변화시키는 열쇠는 그들의 행동이 달라지도록 돕는 데 있다.
> **원칙 2:** 우울증은 삶의 변화와 관련이 있고, 이에 대한 단기적인 적응법들이 의도치 않게 우울증을 지속시킬 수 있다.
> **원칙 3:** 특정 환자에게 어떤 행동이 항우울 효과로 작용할지는 'ABC(Antecedents: 선행인자, Behavior: 행동, Consequences: 행동의 결과)'에서 단서를 찾을 수 있다.
> **원칙 4:** 기분이 아닌 계획에 의거하여 활동을 구조화하고 편성한다.
> **원칙 5:** 작은 일부터 시작할 때 변화는 쉽게 일어난다.
> **원칙 6:** 자연히 강화될 수 있는 활동을 강조한다.
> **원칙 7:** 자애로운 코치(조력자)가 된다.
> **원칙 8:** 문제해결을 위한 경험적 접근을 강조하고, 이에 따른 모든 결과가 유용하다는 점을 인지한다.
> **원칙 9:** 경청하고, 이해하고, 행동지향적 접근을 고수한다.
> **원칙 10:** 활동을 방해하는 잠재적 또는 실질적 장애물을 해결하라.

 원칙 1: 사람들의 기분을 변화시키는 열쇠는 그들의 행동이 달라지도록 돕는 데 있다

　일반적으로 사람들은 내부에서 동기를 느낄 때까지 활동을 미루던가, 적어도 활동하고자 하는 의향은 느껴져야 특정한 일을 하게 된다. 주말에 무엇을 할지에 관해 어떤 사람은 재밌을 것 같아 영화를 보러 가고, 어떤 사람은 모험을 즐기기 때문에 등산을 간다. 행동을 유발하는 동기가 내부에서 기원했을 때 저자들은 이것을 '안에서부터 밖으로(inside-out)' 유발된 행동이라고 정의한다. 하지만 우리가 겪는 대부분의 일상은 매일 아침 직장에 가거나 가족들을 돌보거나 집안일을 하는 등 선택의 여지가 별로 없는 활동들로 구성되어 있다. 우울하지 않은 사람들은 하고 싶은 마음의 여부와 무관하게 이런 일들을 처리하며 살아간다. 춥고 음산한 아침에 옷을 차려 입고 직장에 가고 싶은 동기를 전혀 느끼지 못할 수 있지만, 그래도 출근해서 필수 업무를 한다. 일단 출근해서 일을 하면 흥미나 성취감을 느끼게 된다. 먼저 활동에 참여하고, 이후에 감정이 생기는 현상을 저자들은 '밖에서부터 안으로(outside-in)' 유발된 행동이라고 정의한다(Martell et al., 2001). 이러한 개념을 워크숍에서 발표하였을 때 한 참가자는 이것을 변화를 향한 '꿈의 영역' 접근법('field of dreams' approach)이라고 표현했다. 삶을 풍요롭고 보람되게 구성하면 긍정적인 기분도 따라오게 된다.

사람들은 삶에서 중요도와 가치에 따라 일관되게 행동한다. 환자에게 삶에서 어떤 부분이 중요한지 또는 중요했는지 물어볼 수 있고, 이런 과정을 통해 궁극적으로 그들이 무엇을 소중하게 여기는지 이해할 수 있다. 최근에는 정신치료에서 가치의 개념이 주목받고 있다(Plumb, Stewart, Dahl, & Lundgren, 2009). 어떤 사람이 자신의 가치관에 따라 일관되게 행동할 때 그들이 하는 일이 괜찮게 '느껴지면서' 반복될 가능성은 높아진다. 한편에서는 '가치'라는 개념 자체를 강조하다 보면 환자에게 혼란을 줄 수 있고, 비서구권의 문화에서는 개인주의라고 간주될 수도 있다. "당신의 삶에서 중요했던 것은 무엇이었습니까?"라는 간단한 질문으로도 환자가 어디에 가치를 두는지 알 수 있다. 환자가 어떤 사람이 되기를 바라는지, 또는 어떤 방향의 삶을 원하는지에 대한 이해는 기분을 개선시킬 수 있는 활동 변화의 지침이 된다.

원칙 2: 우울증은 삶의 변화와 관련이 있고, 이에 대한 단기적인 적응법들이 의도치 않게 우울증을 지속시킬 수 있다

행동활성화 치료는 무엇이 사람들을 우울증의 덫에 갇히게 만들고, 반대로 무엇이 사람들을 만족스럽고 보람된 삶으로 이끄는지에 대한 가정에 기초한다. 특히 생활 속의 여러 상황(일상의 어려움 및 지속되는 가벼운 스트레스에서 중대한 삶의 변화를 아우르는)이 어떻게 긍정적인 강화를 감소시키고 자책과 불쾌감을 유발시켜 일상적인 활동을 위축시키는지에 초점을 둔다. 이와 같은 상황은 환자의 삶에서 일차적인 문제로 분류된다. 열악한 주거환경, 불행한 관계, 힘든 직장생활과 그렇게 계속 이어지는 모든 종류의 실망이 긍정적 강화를 감소시키고 자책을 증가시키는 일차적인 문제의 대표적 예다. 사람들은 대개 이러한 일차적인 문제들에 자신의 행동을 제한하는 방식으로 대응한다. 즐거웠던 활동에 더 이상 참여하지 않거나 회피·도피 행동 또는 부정적인 결과로 이어질 수 있는 일시적 위안을 주는 행위에 몰두한다. 이렇게 해서 이차적인 문제가 발생하는 것이다(Jacobson et al., 2001; Martell et al., 2001). 우울한 기분 속에서 삶으로부터 동떨어지고 그 결과 더 우울해지는 악순환으로 우울증이 지속된다. 이 악순환의 고리에 갇힌 사람들은 항우울 효과로 작용할 강화 행동을 외면하게 된다. 회피나 위축, 포기와 같은 단기적 대응에 비해 고통스럽고 어렵게 느껴지기 때문이다. 회피적 적응은 결국 우울증을 지속시킨다. 단기간 위안이 될 수는 있어도 장기적으로는 우울증이 지속되는데, 이는 보상적 경험의 부재에 기인하며 삶의 스트레스 또한 시간이 갈수록 누적되기 때문이다.

행동활성화 치료자는 치료 초반에 '2번 원칙'을 이용해 환자에게 우울증을 설명한다. 일부 환자는 이전에 들었을 수도 있고, 과거 치료자를 통해 경험했던 우울증에 대한 정보에 의문을 갖고 있을 것이다. 환자의 문제를 행동활성화 원칙을 이용해 개념화하는 과정은 치료에서 진행될 개입을 명료화하고 강화할 것이다. 치료자는 행동활성화 치료의 원칙들이 우울증을 설명하는 인지적·대인관계적·생물학적인 다른 접근법을 대체하려는 것이 아님을 명심해야 한다. 다른 치료법들의 근거를 지지하는 신뢰도 높은 많은 임상연구 결과가 있고

(Clark & Beck, 2010; Hames, Hagan, & Joiner, 2013; Hollon, Thase, & Markowitz, 2002), 행동활성화 치료자라도 환자와 논의할 수 있도록 그런 영역을 이해하고 있어야 한다. 또한 행동활성화 치료의 개념과 전략을 모든 환자에게 적용하는 것은 아니며, 때로는 환자가 다른 치료법을 원할 수도 있다. 행동활성화 치료의 모형을 적용하는 과정이 다른 치료법이나 환자의 견해에 반해서는 안 된다. 이것은 치료를 위한 틀을 제공하고, 환자와 치료자가 함께 사용할 수 있는 여러 치료법 중에서 하나의 합리적인 선택지일 뿐이다.

환자들은 약물 치료에 관심을 보이는 경우가 많다. 행동활성화 치료에서도 생화학적 또는 유전적 요인이 우울증 발병의 취약성을 증가시키며, 생물학적 변화가 증상 개선에 필수적인 요소임을 인정하고 있다. 행동활성화 치료는 우울증을 완화하고 재발 위험을 최소화하는 방법들을 가지고 있다. 저자들은 환자에게 행동활성화 치료는 기분 개선에 있어 항우울제만큼 효과적인, '행동적 항우울제' 찾기를 목표로 한다고 이야기하곤 한다. 이 책에 언급된 많은 연구결과(행동활성화 치료가 항우울제만큼 효과적이면서도 약물학적 부작용에서 자유로운)를 보여 주기도 한다. 행동활성화 치료는 약물 치료와 달리 우울증의 악영향으로부터 환자가 자신을 스스로 보호할 수 있는 기술을 교육한다.

환자들은 행동활성화 치료와 인지치료 간의 유사점과 차이점에 대해 의문을 갖기도 한다. 두 치료법이 비슷한 구조를 공유하지만 우울증을 변화시키기 위해 다른 방법을 강조한다고 설명한다. 어느 날 저자 중 하나(S. Dimidjian)가 이런 차이를 설명했을 때 한 환자가 "그러니까 인지치료에서는 머리가 손을 지시하고, 행동활성화 치료에서는 손이 머리를 지시한다는 말씀인가요?"라고 되물었다. 저자들은 이 비유를 두 치료의 기본적인 차이를 설명하는 완벽한 정리로 여기고, 비슷한 질문을 하는 다른 환자들에게 설명할 때도 자주 이용한다.

원칙 3: 특정 환자에게 어떤 행동이 항우울 효과로 작용할지는 'ABC(선행 인자-행동-결과)'에서 단서를 찾을 수 있다

　치료를 시작할 때 환자들은 우울증에서 벗어날 희망이 없다고 느끼며 의기소 침한 모습을 보이는 경우가 많다. 행동활성화 치료자의 역할은 이런 환자들로 하여금 어떤 행동이 우울감을 유발했으며, 그런 행동이 있기 전후로 어떤 일이 있었는지 자세하고 주의 깊게 파악하도록 돕는 것이다. 이것이 우울증에서 벗 어나는 길을 찾는 열쇠가 된다. 애딜린의 고민을 예로 살펴보자.

　이혼, 실직, 작은 집으로의 이사 같은 열악한 상황들은 애딜린에게 부정적인 영향을 끼쳤고, 그 후부터 그녀의 삶에서 보상이 감소했다. 열악한 상황에 대 한 그녀의 대응 과정에는 우울증을 호전 또는 악화시킬 가능성이 있었던 행동 에 대한 많은 중요한 단서가 있다. 그녀는 자주 피로하고 기분도 언짢아서 강아 지와 산책하기를 중단했다. 이는 반추사고와 죄책감을 유발한 선행사건이 되 었고, 애딜린은 결국 친구들도 피하게 됐다. 고립된 생활로 짜증스러운 감정은 늘었고, 걱정거리에 압도되어 불면에 시달리게 되었다. 결과적으로 그녀는 늦 게까지 침대에 누워 있거나, 불편한 마음을 잊으려고 게임에 몰두했다. 피로감 에 휩싸인 채로 강아지와 산책할 때는 강아지를 대하는 마음도 짜증스러워졌 고, 이것이 더 큰 죄책감으로 작용해 산책을 덜하게 만들었다. 친구와의 연락도 더 뜸해졌다. 이런 연결고리는 그녀가 불안한 상황에 직면하거나 강아지와 산 책하기보다는, 친구를 피하고 수동적으로 게임에 몰두했던 행동이 변화 계획을 세울 때 항우울제로 작용할 가능성이 있는 요소임을 시사한다.

　그렇다면 여기서 'ABC'는 어디에서 도출될까? 제4장에서 논의될 부분으로, 행동활성화 치료는 사례 구조화를 통해 기능적 행동을 평가한다. 치료의 전 과 정에서 'ABC'를 통해 항우울제로 작용할 가능성이 있거나 반대로 우울증을 악 화시킬 수 있는 행동과 상황을 파악한다. 전형적인 기능 평가에서는 선행인자 (Antecedents), 행동(Behavior), 결과(Consequences) 이렇게 세 요소를 고려한다. 이것을 바로 'ABC'라 한다. 선행사건은 광범위하거나 하나일 수도 있고, 오래 된 과거나 최근 일일 수도 있으며, 외적인 환경 변화나 기억과 감정의 반응처럼 내적인 요인일 수도 있다. 애딜린의 사례에서 부정적인 반추사고의 'ABC'는 '강아지와 산책하는 대신 집에 머물렀던 점(선행인자)-삶의 문제를 계속 곱씹게 됨(행동)-죄책감을 느낌(결과)'과 같다. 이 연결고리를 따라가 보자. 죄책감이라는 선행사건은 친구들과 연락을 멀리하는 행동으로 이어지고, 그 결과는 슬픔과 외로움의 감정으로 연결된다. 행동은 내적(생각)이거나 외적(연락하지 않는 것)일 수 있고, 결과 또한 내적(슬픔의 증가) 및 외적(친구를 멀리해 화나게 만든) 형태로 나타날 수 있다. 'ABC'는 치료 시작부터 끝까지 모든 과정을 인도하는 지침이 된다.

🎯 원칙 4: 기분이 아닌 계획에 의거하여 활동을 구조화하고 편성한다

안에서부터 밖으로(inside-out) 유발된 행동은 여러 상황에서 효과적이지만, 우울증에서는 그렇지 않다. 우울할 때 사람들의 자연스러운 느낌은 아무것도 하고 싶지 않다는 것이다. 환자에게 최근에 무슨 일에 흥미를 느끼는지 물어보면 분명히 "우울할 때 하고 싶은 단 하나의 일은 아무것도 하지 않는 것이에요!"라고 대답할 것이다. 문제는 우울할 때 활동하지 않는 것이 더욱더 활동하기 싫은 상태를 만든다는 점이다. 이는 악순환의 고리로 이어진다. 시간이 갈수록 동기와 에너지가 고갈되며, 삶의 과제는 더 버겁게 느껴진다.

행동활성화 치료자들은 밖에서부터 안으로(outside-in) 유발된 행동을 시작하도록 격려한다. 기분에 따라 행동하는 대신, 목표에 따라 행동하는 실험을 해 보도록 권한다. 과거에 즐거움이나 성취감을 주었던 활동이나 문제를 해결했던 행동이 기분을 개선시키고 스트레스를 줄여 준다. 행동활성화 치료의 핵심 요소는 기분이 저하됐거나 동기가 별로 없을 때라도, 활동에 참여할 만큼 기분이 올라오길 기다리는 대신 바로 활동을 시작하라는 것이다.

행동활성화 치료에선 밖에서부터 안으로 유발된 활동을 돕기 위해 활동 구조화와 계획지를 이용한다. 이때는 각각의 과제나 구체적인 시간과 장소가 자세히 적힌 일정표를 활용할 수 있다. 활동에 명확하게 초점을 맞추고, 한 주의 특정 시간에 그것을 수행하겠다는 약속을 지키는 방식을 사용할 수도 있다. 활동 구조화 및 계획은 행동활성화 치료의 중추이며, 모든 다른 전략은 이러한 원칙을 중심으로 합쳐진다.

원칙 5: 작은 일부터 시작할 때 변화는 쉽게 일어난다

환자와 치료자 모두 성급히 큰 변화를 기대할지 모른다. 하지만 기분이 좋은 최적의 시기라도 변화는 매우 힘든 일이다. 무망감을 경험하고 있는 사람의 행동을 변화시키는 작업은 엄청난 도전이다. 환자들은 완벽한 변화가 생기지 않았을 때에도 좌절한다. 인지치료자들이 '이분법적 사고(all-or-nothing thinking)'를 정의하는 것처럼, 행동활성화 치료자들은 '이분법적 행동(all-or-nothing behaving)'을 마주한다. 환자들은 "나이키(Nike, 스포츠 용품 업체)"의 "Just do it!" 방식으로 행동하고도 실패하면 또 자책에 빠진다. 행동활성화 치료는 환자들이 단계적 접근을 통해 변화를 만들어 나갈 수 있도록 돕는 과정이다. 행동활성화 치료자의 역할은 행동을 구성하는 작은 단위의 행동 요소(component behavior)로 잘게 쪼개어 나누는 것이다. 환자가 한 번에 너무 성급하게 행동을 변화시키려 할 때 치료자가 이를 인식하지 못하면 환자를 낙담에 빠트릴 수 있으므로 주의해야 한다.

행동활성화 치료의 묘미는 환자에게 격려가 필요한 시기와 자제를 시켜야 하는 시기를 정확하게 구별하는 데 있다. 발병 전에 마라톤을 즐겨 했던 환자가 운동으로 우울감이 호전될 것이라는 기대를 안고 내원한 사례를 보자. 치료자는 계획을 지지했지만, 환자가 일주일에 며칠을 45분씩 달린다는 계획을 언급했을 때 걱정이 됐다. 그래서 치료자와 환자는 이 야심 찬 목표를 세분화했다. 의도치 않게 좌절을 유발할 위험성을 줄이는 효과적인 시작 방법에 초점을 맞추었다. 두 사람은 다음 치료 회기 전까지 운동화와 반바지를 구입하는 것부터 시작하기로 했다. 이렇게 행동 과제는 작은 구성 요소로 세분화하고, 다음 단계로 넘어가기 전에 성공적으로 이행돼야 한다.

원칙 6: 자연히 강화될 수 있는 활동을 강조한다

행동활성화 치료에서 행동 수정의 목표는 자연적으로 강화되는 항우울 행동에 환자가 참여하도록 돕는 것이다. 행동주의자들은 '자연적 강화(natural reinforcement)'와 '인위적 강화(arbitrary reinforcement)'의 차이에 대해 언급한다. 행동활성화 치료에서는 자연히 강화되는 항우울 행동을 최대화하려고 한다. 그러나 경우에 따라서는 인위적인 강화를 이용하기도 한다. 예를 들면, 우울감에 사회적 접촉을 피해 왔던 환자가 직장 동료들과 대화하는 연습을 시작했다. 동료가 미소와 함께 대화에 관심을 보인다면 환자는 이야기를 계속 나눌 것이다. 이러한 방식으로 환자는 삶에서 자연적으로 강화를 획득한다. 동료의 행동(관심을 표하고 이야기를 지속하게 된)은 환자의 행동에 의해 자연히 수반됐으므로 자연적 강화다. 반대로 1시간의 집안일을 마치면 스스로에게 초콜릿을 허락하는 것과 같은 행위는 인위적 강화에 해당한다. 이것은 삶에서 자연히 발생되는 즉각적인 보상이 아니기 때문이다(집을 청소한 후 성취감을 느낀다면 이것은 자연적인 보상이다).

어떤 행동이 강화로 작용하거나 그렇지 못할지에 대한 답은 'ABC'에 있다. 강화는 개인마다 다르다. 어떤 사람은 신선한 과일 디저트에 반색하지만, 다른 사람은 끈끈한 당분 가루가 잔뜩 덮인 케이크에서 즐거움을 느낀다. 환자에게 자연적인 강화로 작용할 가능성 있는 요소를 찾을 수 있는 방법은, 비록 지금은 아닐지라도 과거에 즐거움이나 성취감으로 작용했던 경험들에 대해 질문하는 것이다. 제5장에서 학습하겠지만, 활동 관찰하기(activity monitoring)는 환자의 삶에서 자연적인 강화 행동을 찾아내는 핵심 전략이다.

단기간의 목표를 완수한 뒤 환자 스스로 행동을 강화할 수 있는 방법을 배우는 것도 중요하다. 행동 전부가 즉각적으로 강화되지는 않으며 환경 또한 항상 우호적이지는 않기 때문이다. 환자들이 활동을 시작할 때, 주변 환경이 그들을 좌절하게 만드는 경우가 빈번하다. 직장 동료와 소통하려는 환자의 노력이 묵살될 수 있고, 이로 인해 위축된 삶으로 회귀하게 될지도 모른다. 이런 경우에 환자는 당면한 불쾌한 결과를 마주하며 행동을 지속할 수 있도록 스스로를 강화할 필요가 있다. 다이어트는 초기에 실망스러운 결과를 마주하기 쉬운 행동 중 하나다. 한 주간 건강한 식생활을 유지하기 위해 열심히 노력해도 아주 작은 변화만을 경험하게 된다. 다이어트를 계속하기 위해서는 체중계 숫자가 줄어 드는 것 외에도 다른 강화가 필요하다. 매주마다 노력이 달성되면 20달러를 병 속에 넣고 특별한 옷을 구입하기 위해 저축하는 것도 하나의 방법이 될 수 있 다. 식이 조절을 계속하면 궁극적으로 체중 감소라는 보상을 획득할 수 있지만, 이렇게 인위적인 자기 강화가 필요할 수도 있다. 수개월 동안 실직 상태인 우울 증 환자는 구인광고를 찾는 활동이나 이력서를 제출하는 일의 시작을 괴로워할 지 모른다. 이런 경우에도 구직을 위한 행동만큼 자신이 좋아하는 TV 프로그램 을 볼 수 있도록 스스로에게 보상을 제공하는 방법이 효과적일 수 있다.

인위적인 자기 강화 과정은 우울증의 몇몇 치료법에서 중요한 부분을 차지해 왔다(Rehm, 1977). 행동활성화 치료에서도 마찬가지다. 그런데 행동활성화 치 료자로서 강조되는 부분은 삶에서 자연히 수반될 수 있는 강화 인자에 환자가 접촉할 수 있도록 돕는 것이다. 자연적인 강화가 인위적인 강화에 비해 갖는 장 점은, 강화가 자동적으로 행동에 수반되므로 환자의 일상에서 그런 행동이 지 속될 가능성이 높다는 것이다(Sulzer-Azaroff & Mayer, 1991).

🎯 원칙 7: 자애로운 코치(조력자)가 된다

행동활성화에서 치료자는 조력자 역할을 하는 코치(Coach)에 비유할 수 있 다. 훌륭한 코치는 팀 구성원들의 전략을 짜는 데 도움을 주고 조언이나 지시 를 하며 사기를 북돋지만, 선수를 대신해서 경기에 참여하지는 않는다. 행동활 성화 치료자의 임무는 효과적인 문제해결자가 되는 것이며, 환자가 스스로 보 상 행동을 선택하고 문제를 해결할 수 있도록 격려하는 것이다. 우울한 환자를 변화시키는 과정은 어려운 일이 아니므로 치료자는 행동 변화의 원칙에 능숙 해야 된다. 수동적인 태도는 우울증의 고유한 특성이고, 만성적인 우울증에선 삶에 만연해 있다. 코칭은 환자를 변화의 과정으로 인도하고 필요할 때 적절한 조언을 해 주는 작업이다. 때로는 조력자로서 거리를 유지하기보다 환자의 문제를 직접 해결해 주고 싶은 마음이 들 수 있겠지만, 인생이라는 경기에서 자신감을 갖고 스스로 참여하도록 격려해야 한다. 행동활성화 치료자는 코칭에 있어 특히 자애로워야 한다. 스포츠처럼 코치가 선수의 최고 능력을 끌어내기 위해 분투하는 것과는 다르다. 행동활성화 치료자로서 자애로움은 우울증에서 회복하려는 환자의 역경을 깊은 존경심과 함께 이해하며 격려하고 지지하는 것을 뜻한다.

치료자는 자애로운 코치로서 치료가 일정한 궤도에 오를 수 있도록 치료 회기를 구조화해야 한다. 회기는 시간을 효율적으로 사용할 수 있는 방향으로, 환자와 협력해 안건(agenda)을 따르도록 구성한다. 처음 몇 주는 환자의 문제와 기능을 평가하고 사례 개념화와 치료 계획을 제시하는 것이 필수적이므로, 환자보다는 치료자 주도로 안건을 설정할 수 있다. 자애로운 조력자로서 치료자는 상담 초기부터 다른 중요한 주제를 안건에 추가할 부분이 없을지 반복해 질문하며 환자의 적극적인 참여를 촉진한다. 나중 회기에서는 매 주간 경험을 바탕으로 환자가 직접 안건을 설정하도록 한다. 매 회기마다 이전 회기의 과제 수행에 대해 논의하고, 다음 회기의 새로운 과제를 배정한다.

🎯 원칙 8: 문제해결을 위한 경험적 접근을 강조하고, 이에 따른 모든 결과가 유용하다는 점을 인지한다

활동적으로 삶에 참여하는 것이 쉬웠으면 환자 스스로 그렇게 했을 것이다. 치료자가 단순히 "영화를 보러 가세요. 기분이 좋아질 겁니다."라고 말하는 것은 환자에게 도움이 되지 않는다. 우울증 환자가 그런 말을 얼마나 많이 들었겠으며, 또 스스로를 얼마나 많이 다그쳐 봤겠는가? 행동활성화 치료가 효과적이기 위해서는 잠재적인 해결책을 지속적으로 개발하고 평가하며 시도해 보는 과정이 요구된다. 그러기 위해서는 지속적인 문제해결을 위한 경험적 접근법이 필요하다. 저자들은 어떤 행동을 시도한 뒤, 그 결과를 관찰하는 데 초점을 두는 실험적 방식을 권장한다. 행동활성화 치료에서 그런 실험은 각 환자마다 과거의 행동을 평가하고 강화로 작용할 잠재적 행동에 대한 가설을 세워 검토하는 과정이 된다.

어떤 환자가 우울해지기 전부터 대인관계를 어려워했지만 자동차에 관심이 많았다면, 그에게는 사교 모임에 참석하는 것보다 모터쇼에 가거나 잔디깎이를 수리하는 것이 더 큰 보상으로 작용할 것이라고 가정할 수 있다. 무엇이 특정 행동을 강화할 것인지 또는 환경이 어떤 행위에 대해 적절한 보상으로 작용할지 정확히 예측할 수 없으므로 이러한 가정은 결국 실험을 거쳐야 한다. 이런 시도는 한 번 이상 평가해 보는 것이 좋다. 실험이 수행된 뒤 다른 연구에서도 재현돼야 하는 확인 절차가 필요한 것과 같다. 치료자와 환자는 어떤 행동이 지속할 가치가 있는지 결정하기 전, 여러 경우에 대한 활동계획을 세우고 다양한 활동을 시도하며 환자의 기분과 생산성 및 삶의 만족도에 미치는 영향을 평가한다.

치료 과정에서 계획을 세우고 활동을 시도해 봐도 여전히 기분이 호전되지 않아 환자가 실망했을 때, 치료자는 긍정적이고 희망적인 태도를 꾸준히 유지하는 것이 중요하다. 성공한 사례가 아니더라도 실패에서 배우는 부분이 있다. 환자가 계획을 실행하는 것이 도움이 안 됐다고 불평한다면, 치료자는 문제해결을 위한 다른 접근법을 제시해 주어야 한다. 치료자는 "우리는 지금 새로운 배움을 얻었습니다. 우리는 어떤 활동의 변화가 꼭 도움으로 작용할지 확신할 수 없다는 것을, 그리고 이번에 시도한 활동이 당신에게는 성공적이지 못했다는 것을 알게 되었습니다. 그렇다면 이제는 다음 주를 위한 다른 대안들을 같이 생각해 봅시다."와 같이 말할 수 있다. 치료자는 이어서 실제 어떤 일이 일어났는지에 대한 논의를 지속할 수 있을 것이다. 어떤 경우 환자는 정말 열심히 노력했다고 보고하지만 실제로는 진심을 다하지 않았을 수도 있다. 다른 경우에선 활동이 유용했지만, 결과적으로 기분을 바꿀 수 있을 정도로 효과적이지는 못할 때도 있다. 또는 행동이 적절한 보상을 이끌어 내지 못할 수도 있다. 친구와 20분간 대화한다는 계획을 세운 환자가 하필 친구가 두통과 감기에 시달리고 있을 때 시도해 실패하는 것처럼 말이다. 환자가 시도한 모든 행동 속에는 배울 점이 있다. 즉각적인 성공보다는 이런 경험을 통해 얻을 수 있는 모든 부분에 관심을 기울이고 문제해결적 태도를 유지하는 치료자의 자세가 환자의 삶을 변화시킬 희망으로 작용하고 치료를 전진하게 하는 열쇠다.

🎯 원칙 9: 경청하고, 이해하고, 행동지향적 접근을 고수한다

활동은 행동활성화 치료의 심장이다. 따라서 매 회기마다 숙제가 주어진다. 이것은 모든 치료 전략의 핵심이지만, 치료자와 환자 모두에게 골칫거리를 안겨 주기도 한다. 우선 단어가 주는 부정적인 어감 때문에 다른 용어가 더 유용할 수 있다. 예를 들어, '회기 간 과제(between-session assignment; Martell et al., 2001)'나 '가정 연습(home practice)'처럼 말이다. 이런 눈 가리고 아웅 하는 방식은 근본적인 조치가 될 수 없다. 과제는 매 회기 사이에 환자의 적극적인 참여를 요구하지만, 우울증을 앓고 있는 경우에는 어려운 일이 된다. 환자와 함께 협력해서 과제를 설정하는 그래서 중요하다. 과제 수행률을 높일 수 있는 몇 가지 지침을 소개하면 다음과 같다.

환자와 과제를 설정할 때는 반드시 현실성을 따져야 한다. 단순히 환자의 의지력에 기댈 수는 없다. 과제를 어떻게 잘 이행할 수 있을지 환자와 논의하는 시간을 갖는 것이 중요하다. 계획은 구체적이고 세밀할수록 좋다. 과제의 실행력을 높이기 위해 필요한 요소는 무엇일까? 애딜린의 사례에서 강아지 산책을 예로 든다면, 훌륭한 과제는 하루 중 언제 산책할지, 얼마만큼의 시간을 할애할지 같은 내용이 포함될 것이다. 산책을 시작하는 시점과 할애할 시간은 그녀가 처한 현재의 스케줄을 고려해 합리적으로 정해야 한다. 활동기록지나 달력에 계획을 기록해 두는 것도 도움이 된다. 실용적인 자원을 쉽게 활용할 수 있도록 환경을 조성해 두는 것도 필수다. 애딜린의 경우는 걷기 편한 신발이 구비되어 있는지, 강아지 끈은 사용하기 편리한지 미리 확인해 둘 필요가 있다. 마찬가지로 날씨에 적합한 편안한 옷을 깨끗이 준비해서 가까이 둔다면 좋을 것이다. 주변 사람들에게 이런 활동 계획에 대해 미리 언급해 놓는 것도 과제를 성공적으로 수행할 가능성을 높이는 방법이다. 친구에게 특정한 날 아침에 산책을 계획했는데 끝나고 전화하겠다고 약속하거나, 친구와 함께 산책할 날짜를 잡을 수도 있다. 이렇게 스스로 의무감을 부여해 궁극적으로 과제를 실천할 수 있는 가능성을 높인다.

치료 회기 사이의 활동과제를 부여할 때 치료자가 범하기 쉬운 기본적인 오류는 다음 회기에서 이전 활동에 대한 검토를 소홀히 하는 것이다. 충실한 과제 수행은 보상이 없다면 지속되기 어렵다. 부과된 과제에 대한 검토는 필수적이다. 환자가 과제를 완수하지 못했을 때, 치료자와 환자는 그 이유에 대해 분석할 필요가 있다. 반대로 환자가 성공적으로 과제를 수행했다면, 이것은 다음 주 활동의 빈도와 강도를 늘리는 논의를 하기에 좋은 기회가 된다.

🎯 원칙 10: 활동을 방해하는 잠재적 또는 실질적 장애물을 해결하라

모든 환자에게 동기를 유발할 수 있는 방법을 찾아낼 수 있다면 이보다 멋진 일은 없을 것이다. 하지만 모든 우울증 환자가 치료에서 주어진 과제물을 완수하고 전적으로 참여하게 만드는 100%의 방법은 없다. 다른 치료법들과 마찬가지로 행동활성화 치료도 치료자와 환자 모두에게 끈기와 창의력을 요구한다. 실제로 문제가 발생할 것이라는 전제하에, 잠재적인 또는 실질적인 장애물을 해결해 나가는 것이 행동활성화 치료의 기본 원칙이다. 치료자는 환자가 과제를 완수하는 데 방해로 작용할 요인을 예측하고, 문제를 마주했을 때 향후 같은 문제가 재현되지 않도록 해결해야 한다.

요약

지금까지 열거한 열 가지 핵심원칙은 행동활성화 치료의 기본 지침이다. 행동활성화 치료자는 환자의 행동 변화가 기분에 긍정적인 영향으로 작용한다는 원칙을 고수한다(원칙 1). 치료자는 삶의 변화가 우울감을 유발할 수 있고, 변화에 수반되는 적응을 위한 일차적인 노력이 환자를 우울증의 덫에 가둔다는 가설에 근거해 증례를 개념화하고 치료 동기를 파악한다(원칙 2). 환자의 행동과 기분의 상관성을 면밀히 관찰하는 방식으로 행동 전후의 중요한 상황을 규명해 변화에 초점을 맞추고(원칙 3), 적절한 활동을 구조화 및 계획하며(원칙 4), 작은 변화로부터 시작해 쌓아 가고(원칙 5), 환자의 삶에서 보상이 자연히 뒤따를 수 있는 행동의 강화를 목표로 한다(원칙 6). 행동활성화 치료자는 환자 스스로 주도하는 경기에서 환자를 돕는 코치 역할을 하고(원칙 7), 궁극적으로는 환자 자신이 그 역할을 수행할 수 있기를 바란다. 행동활성화 치료는 해결책에 초점을 둔 치료법으로, 치료자는 문제해결 방식의 관점을 유지한다. 치료자와 환자는 함께 협력해 새로운 행동을 실험적으로 시도해 보고, 변화의 중요한 결과물을 찾아내려고 노력한다(원칙 8). 행동활성화 치료는 적극적인 치료법이다. 치료 회기 사이에 일어나는 일들이 실제 회기의 시간보다 여러 의미에서 더 중요하다. 행동활성화 치료는 문제에 대해 말로 논하는 것이 아닌, 현실의 삶에서 기분과 상태를 호전시키는 활동을 이행하는 치료다(원칙 9). 마지막으로, 행동활성화 치료자와 환자는 활동에 방해가 될 수 있는 잠재적인 장애물이나 실제로 일어난 문제점을 찾아내고 해결할 방법을 찾기 위해 지속적으로 협력한다(원칙 10).

원칙을 실전에 적용시키기

이 책은 책상에 두고 매 회기에 앞서 치료 계획을 세울 때 편리하게 참조할 수 있도록 집필됐다. 이어질 차례의 내용들은 치료 목표를 규명하고, 평가와 치료의 일환으로 기능적 분석을 수행해, 결과적으로 원칙 1~3을 견고히 진행할 수 있도록 도울 것이다. 저자들은 책의 전반에 걸쳐 애딜린과 다른 환자들의 간단한 증례를 활용했다. 애딜린의 이야기와 다른 사례에 대한 언급은 치료의 시작부터 끝까지 회기마다 정해진 절차를 제시하려는 의도가 아닌, 상황에 따른 다양한 개입법을 묘사하기 위함이다. 치료의 시작부터 종결까지의 전반적인 과정을 보여 주는 사례는 다른 책에서 다루고 있다(Dimidjian, Martell, Addis, & Herman-Dunn, 2008; Martell et al., 2001). 저자들은 책의 상당 부분을 원칙 3, 4, 5, 6, 9에서 언급되었던 활동 평가 및 계획과 같은 행동 전략에 할애했다. 또한 문제해결 지향적 관점을 취하고, 치료가 계획대로 진행되지 않을 경우 주요 원칙 7, 8, 10에 따라 문제 해결방법을 제시한다. 우울증에서 만연한 회피행동의 교정은 행동활성화 치료에서 핵심이 되는 부분으로, 이런 회피반응에 대한 수정 전략을 계속해서 다룰 것이다. 그리고 부정적인 생각에 갇힌 환자의 치료를 돕기 위해 사고방식 자체를 문제행동으로 간주하는 행동적 관점으로 풀어 갈 것이다. 이후 저자들은 제7장 전체를 할애하여 중요한 치료적 개입의 목표인 반추사고에 대한 치료법을 설명할 것이다. 제8장에서는 지난 십 년간 우울증 외의 다른 영역에서도 치료 전략으로 그 가치를 입증한 행동활성화 치료에 대한 논의를 하겠다. 마지막으로, 제9장은 치료 종결과 관련된 부분을 언급하겠으며, 제10장에서는 행동활성화 치료의 과정에서 마주할 수 있는 문제점과 가능한 해결책에 대해 논의하려 한다.

핵심 요점   >>>>>>

◆ 행동활성화 치료는 우울증에 특화된 단순 명료한 치료법으로, 환자들의 삶에서 보상
적 경험을 증가시킬 수 있는 방법들을 활성화하는 데 주안점을 둔다.

◆ 행동활성화 치료는 환자 개개인의 경험에 대한 이해를 바탕으로 하기에 환자마다
다른 전략이 강조된다. 저자들은 각자의 모습이 다를 수밖에 없는 치료를 수행함
에 있어 치료자가 길을 잃지 않도록 행동활성화의 기본적인 열 가지 핵심원칙을
제시했다.

◆ 처음의 세 가지 원칙은 환자에 대한 평가 및 치료 계획의 수립과 관련된 부분으로, 환
자의 기분 저하와 어려움에 기여한 특정한 환경적 요인을 파악한다.

◆ 이후의 일곱 가지 원칙은 치료 과정 전반에 걸친 치료적 전략을 안내한다.

제**3**장

행동활성화 치료의
구조와 방식

행동활성화 치료의 구조와 방식 — 제3장

"당신이 얼마나 관심 있는지 알기 전에는,
당신이 얼마나 아는지에 대해 누구도 관심을 주지 않는다."

―시어도어 루스벨트(Theodore Roosevelt)

치료의 두 번째 회기를 마주한 애딜린은 진료실에 들어서며 걱정했다. 그녀는 첫 번째 회기가 끝날 때 메이가 권한 행동활성화 치료 책자를 읽어 봤다['행동활성화를 위한 환자용 지침서'의 사본을 이 책의 부속 웹 사이트에 첨부했다(차례 하단에 위치한 박스를 참조)]. 이것은 호기심과 함께 좌절감을 주었다. 애딜린은 우울증 치료법을 알아 가며 흥미로움을 느낌과 동시에 의기소침해졌다. 이 치료가 과연 자신에게 적합할지 확신할 수 없었기 때문이다. 그녀는 '모두 이해는 되는데 그것이 과연 내게 어떤 변화를 줄지 상상이 안 돼.'라고 생각했다. 기분은 더 나빠졌고, 다른 생각으로 이어졌다. '정말 전형적인 내 모습이군. 아직 문 앞에 서지도 않았는데 벌써 포기할 생각이라니. 참 한심하다.'

애딜린이 진료실에 들어서자 메이가 기쁘게 맞이했다. 메이는 따뜻한 분위기에서 지난 회기에 수행했던 우울증 평가척도 작성을 요청했다. 그리고 그녀가 어떻게 지냈는지, 치료가 얼마만큼 효과적이었는지 알기 위해 매 회기마다 동일한 평가지 작성을 요청할 것이라고 설명해 주었다. 메이는 다음과 같이 언급했다. "설문에 답한 이번 주의 내용을 보면 기분 상태는 지난주와 비슷했지만 불면증은 더 심했던 것 같군요. 실제로 그렇게 느끼셨나요?" 애딜린은 메이가 자신의 상태에 세심한 관심을 보이는 데 놀랐다. 그녀는 지난 2주간을 돌이켜 봤다. "예, 그런 것 같아요. 전반적으로 별로 좋진 않았어요. 침대에서 많은 시간을 보냈지만 휴식이 될 만한 수면을 취하고 있었는지 모르겠네요. 항상 비참한 마음이 들어요. 제가 파산하고 삶에 아무도 남지 않을까 걱정되고요."

메이가 설문지에 메모를 기입하는 동안 애딜린은 자신이 치료를 통해 무엇을 기대하는지, 어떤 이야기를 할지, 그리고 지금 무엇을 해야 하는지 등에 대해서 잘 모르고 있다는 점을 깨닫게 되었다. 애딜린은 메이가 "먼저 이 치료가 어떻게 도움이 될 수 있을지 이야기를 나눠 보면 좋을 것 같아요."라는 설명을 시작하자 비로소 마음이 놓였다. 그녀는 알겠다고 답하면서도 약간의 망설임과 함께 말을 이어 갔다. "사실 저는 치료를 받고 싶지 않았어요. 이게 어떻게 돌아가는 건지 짐작도 못했어요." 메이는 애딜린의 발언에 개의치 않는 듯 온화한 목소리로 답했다. "그 점을 충분히 이해해요. 많은 분이 치료의 시작을 어려워하죠. 당신에게 백만 개의 질문이 있더라도 하나도 꺼내기 쉽지 않다는 점을 잘 알아요." 애딜린은 자신의 마음을 정확히 이해받았다고 느끼며 조용히 고개를 끄덕였다.

"책자에도 비슷한 내용이 언급되어 있지만 우리가 치료를 시작하는 데 있어서 알아야 할 중요한 부분이 있어요. 이 치료는 환자와 치료자 공동의 노력이 필요하고 구조화된 형식이 있다는 점을 강조하고 싶어요. 이것은 우리가 만날 때마다 회기에 대해 같이 치료 계획을 세우는 것으로 시작함을 의미해요. 저는 이를 각 회기의 '의제 또는 안건(agenda)'이라고 부릅니다. 함께 의제를 정하는 이유는 당신에게 가장 중요한 문제를 다루는 데 있어 우리가 일관된 방향을 유지할 수 있기 때문이에요. 괜찮겠습니까?" 애딜린은 충분히 납득했다. "오늘 치료에서 저는 두 가지 부분을 다루었으면 해요. 먼저 행동활성화 치료의 일반적인 절차를 조금 더 설명드리고, 이것이 당신에게 어떻게 적용될 수 있을지 이야기를 나누고 싶어요. 그리고 우리가 어떻게 같이 잘 협업할 수 있을지에 대해서도 상의하고 싶습니다."라고 메이는 말했다.

치료 회기의 목표에 대한 설명을 마치고 메이는 다음과 같이 덧붙였다. "우리가 오늘 다룬 내용에 대해 추가로 문의하실 부분이 있을까요?" 애딜린은 메이가 자신에게 진정으로 몰두하는 모습에 다시 한번 놀랐다. "혹시 책자에서 언급된 피로감을 덜 느낄 수 있는 활동을 이야기해 보면 어떨까 했어요. 잘 이해가안 됐거든요. 저는 항상 피곤해요. 이렇게 지친 상태에서 활동적일 수 있다는것이 비현실적으로 다가와요." "물론이죠!"라고 메이가 말했다. "이것을 우리의안건에 추가해 오늘 회기에서 다루도록 하죠. 훌륭한 주제 같아요."

서론

애딜린의 사례와 마찬가지로 치료를 시작하며 환자들은 자신이 무엇을 기대하는지 불분명하게 느끼는 경우가 많다. 대부분 행동활성화의 개념을 낯설어하고, 활성화하려는 동기를 갖고 치료에 임하는 경우는 실제로 드물다. 환경으로부터 사람을 고립시키고 활동성을 떨어트린다는 점은 우울증의 자연스러운특성이다. 애딜린의 언급처럼 늘 지친 마음을 안고 활동적으로 움직인다는 것은 상상하기 어렵다. 많은 우울증 환자는 활동적으로 그들의 삶을 변화시키기전에 기분부터 개선되길 바라며 치료에 임하고는 한다. 이렇듯 행동에 앞선 동기가 필요하다면 과연 치료는 어떻게 적용될 수 있을까? 메이가 보여 준 것처럼 치료를 시작할 때 환자가 제기하는 여러 의문과 우려에 대해 즉각적으로 대응하는 것이 중요하다.

행동활성화 치료는 구조화된 치료법으로 초반의 회기에서 구조를 이루는 몇가지 핵심 요소를 설명하는 것이 중요하다. 이 장에서는 치료적 변화를 인도할행동활성화 모형을 비롯해 핵심적인 구성 요소에 대해 검토할 것이다. 치료자와 환자의 역할을 설명하는 방법과 활동과제의 중요성에 대해서도 다룰 것이다. 마지막으로 지난 회기 이후의 활동 검토, 의제 설정, 새로운 치료 절차에 대한 안내, 전 과정에서 활동성에 초점 맞추기와 같은 행동활성화 치료 각 회기의 구조에 대해 논의할 것이다. 치료 후반부 회기는 회복된 상태를 공고히 하고 재발을 방지하는 계획에 초점을 맞춘다. 행동활성화 치료 후 치료자와 환자는 우울증을 촉발시킬 행동 인자를 예상할 수 있고, 이러한 상황에 대응하기 위한 대안적 활동을 계획할 수 있을 것이다. 치료자가 환자를 대하는 방식도 매우 중요하다. 이것은 치료법을 막론하고 모든 경우에서 효과를 얻기 위한 공통요소이며(Castonguay, Goldfried, Wiser, Raue, & Hayes, 1996; Drisko, 2004) 온정, 진정한 공감, 환자에 대한 관심은 우울증 환자를 치료하는 데 필수적이다.

행동활성화 치료에는 다양한 핵심 구조와 전략적 유형이 있다. 인지행동치료의 회기와 유사한 일반적인 구조하에서 메이는 회기마다 애딜린과 협력적으로 안건을 설정했고, 회기 사이의 활동과제에 대해서도 항상 논의했다. 행동활성화 치료의 구조는 치료자마다 개별적으로 선호하는 치료 형식에 의해 그 모양을 달리하는 경우가 많다. 이렇게 모든 치료자마다 각자의 '스타일'이 있지만, 앞에서 언급했던 것처럼 행동활성화 치료에서는 필요에 의해 의도적으로 사용할 수 있는 몇 가지 전략적인 형식도 있다. 예들 들어, 두 번째 회기에서 메이는 애딜린의 경험에 대해 진실된 온정과 관심을 보였다. 애딜린이 치료를 주저했을 때 메이는 사실적이고 비판단적으로 반응했다. 그녀는 애딜린의 의문과 격정을 격려와 함께 편안히 표현할 수 있도록 했으며, 치료에서 능동적인 참여자가 되도록 인도했다. 이 장에서 저자들은 행동활성화 치료에서 필수 요소가 되는 이러한 치료 형식을 다루려고 한다.

행동활성화 치료의 구조:
행동활성화 모형의 소개

행동활성화 치료의 바탕이 되는 구조는 근본적으로 활성화에 집중하는 것과 개별적인 사례 개념화로 결정된다. 행동활성화 치료의 핵심원칙 1, 2는 활성화의 중요성을 담고 있다. 원칙 1은 행동활성화 치료의 변화 모형을 잘 요약한다. 사람들의 기분을 변화시키는 열쇠는 그들의 행동이 달라지도록 돕는 데 있다. 이 원칙은 만약 환자의 동기가 생길 때까지 기다릴 경우, 헤어나기 어려운 우울증의 악순환 속에 머무르게 된다고 전제한다. 이러한 딜레마를 감안해 저자들은 '안에서부터 밖으로(inside-out)' 행동하기보다는 '밖에서부터 안으로(outside-in)' 행동하도록 요청한다(Martell et al., 2001). 환자의 내적 의향과는 별개로 활동의 이행을 돕는 데 주안점을 두고, 이어서 동기가 뒤따를 것으로 기대한다. 치료자는 이렇게 '밖에서부터 안으로' 행동하려는 매우 어려운 과정에서 조력자 역할을 한다. 치료자는 동기가 거의 없는 악조건에서도 환자가 행동할 가능성을 높이기 위해 활동을 세분화하도록 돕는다. 또한 환자의 일상을 구조화해 목표에 따라 행동할 가능성을 높이도록 돕는다.

행동활성화 치료의 핵심원칙 2는 활성화에 주안점을 둔 우울증의 치료 모형을 요약하고 있다. 우울증은 삶의 변화와 관련이 있고, 이에 대한 단기적인 적응법들이 의도치 않게 우울증을 지속시킬 수 있다. 이 원칙은 치료에서 무엇을 평가하고, 무엇을 목표로 할지 알아내기 위한 구조를 수립하도록 돕는다. 치료의 시작에 앞서 다양한 사례 개념화 접근법(예: Persons, 2008)을 활용하도록 권장되지만, 일단 그 사례에 행동활성화를 적용할 때는 각 환자의 개별적인 상황에 맞춰 치료를 인도한다. 이질적인 요소를 내포하는 우울증이라는 진단명의 특성을 설명하는 많은 이론이 있다. 행동활성화 치료와 관련된 우울증 모형은 환자의 삶에서 환경의 역할과 우울증을 촉발하고 지속시키는 개인의 상호작용을 강조하는 행동주의 모형에 뿌리를 둔다(예: Lewinsohn, 1974). 이 모형은 치료에 임하는 치료자와 환자에게 공통된 언어를 제공한다.

초기 행동주의 모형에서는 삶에서 긍정적인 강화가 적거나 부정적인 경험, 즉 처벌(punishment)이 많을수록 우울증이 호발된다고 강조했다. 이러한 조건에서 사람들은 그 어떤 활동도 좋은 결과로 이어지지 못함을 학습하고, 열악한 환경으로부터 도망치거나 회피하는 방법에 집중하게 된다. 결과적으로 삶에서 한 걸음 물러나 더 이상 참여하지 않는 법을 학습한다. 삶으로부터의 후퇴가 비록 자연스럽고 이해되는 과정이라 할지라도, 이는 결국 사람을 우울증의 틀에 갇히도록 만든다. 행동이 감소할수록 하고 싶은 것은 줄어들고, 그럴수록 인생의 문제들은 더 쌓인다. 긍정적 강화 행동(지속할 의향이 자연 발생적으로 뒤따르는)이 감소하고 처벌적 경험이 증가할 때 우울증의 악순환 고리가 형성된다. 이러한 하향식 순환 고리의 구성 요소는 르윈손(Lewinsohn, 1974; Lewinsohn & Graf, 1973)과 다른 학자들(예: Beck et al., 1979)에 의해 제시되었다.

[그림 3-1]은 증례 개념화와 환자들에게 행동활성화의 우울증 모형을 설명할 때 사용할 수 있도록 개발되었다. 치료자가 던지는 첫 번째 질문은 "환자가 처한 삶의 맥락에서 볼 때 우울증을 촉발시켰을 법한 상황은 무엇인가?"이다. 행동활성화의 핵심원칙 3(특정 환자에게 어떤 행동이 항우울 효과로 작용할지는 ABC에서 단서를 찾을 수 있다.)은 과거에 강화된 행동과 그렇지 못했던 처벌적 행동을 이해하는 열쇠가 된다. 환자들은 종종 이별, 실직, 경제적 어려움, 출산, 연로한 가족의 부양이나 심지어 반복되는 일상의 잡일까지, 삶에서 벌어진 다양한 일을 이야기할 것이다. 환자들은 생물학적 요인을 언급하기도 하는데, 저자들은 생물학적 요인과 환경적 요인 모두가 생활 사건들을 이해함에 있어 중요하다고 설명한다. 비록 사람들이 보편적으로 생각하는 방식은 아니겠지만, 행동활성화 치료에서 '생활 사건(life events)'의 개념은 내적 경험과 외적 경험 모두를 아우른다. 저자들이 강조하는 바는 환경에서 무엇이 발생됐고, 개인에게는 무슨 일이 일어났는지를 포함한다. 생물학적 소인은 개인을 우울증이나 다른 정신적 문제에 더 혹은 덜 취약하게 하며, 이것은 환경적 사건과의 상호작용을 통해 우울증에 영향을 준다. 시간에 따른 스트레스 요인들이 증가하는 방식이나, 보상에 대한 접근이 제한되는 방식에 초점을 두고 생활 사건의 영향을 검토한다.

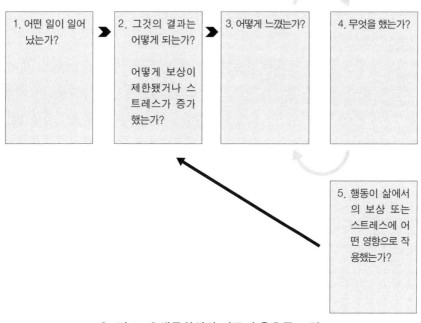

[그림 3-1] 행동활성화 치료의 우울증 모형

그런 뒤 저자들은 이러한 맥락에서 살아가며 영향을 받은 환자의 기분에 주목한다. 우울증 환자들은 종종 "정말 끔찍해요. 슬프고 외로워요. 낙심이 크네요. 희망이 없어요."라고 말한다. 다시 한번 강조한다. 이 모형을 설명하는 데 있어 핵심은 우울증은 개인의 잘못에 기인하지 않고, 환자의 우울감은 주어진 상황에서 충분히 납득되는 부분임을 전달하는 것이다.

다음으로는 환자들이 느끼는 기분의 맥락에서 어느 정도 참여할 가능성이 있는 활동으로 넘어간다. 환자들이 우울감에 대응하기 위해 취하는 전략이 불행히도 우울증의 악순환 고리를 만들고, 시간이 갈수록 기분은 저하되며 우울증을 더욱 악화시킴을 강조한다. 그 예로 애딜린은 이혼 후 우울감을 느껴 다른 활동을 그만뒀다. 체중이 증가하기 시작했고, 반려견을 방임하는 데 자책했으며, 그럴수록 집에서 보내는 시간이 늘어 친구들로부터 소외되었다. 우울감은 더 심해졌고, 그녀는 스스로를 더욱 고립시켰다.

환자와 함께 사용할 수 있으며 주석을 위한 공간이 있는 [그림 3-1]의 복사 가능한 버전을 [부록 1a]와 이 책의 부속 웹 사이트에 첨부했다(차례 하단에 위치한 박스 참조).

환자들이 행동활성화 치료에 관해서 흔히 하는 질문들이 있다. 〈표 3-1〉은 그런 질문과 표준 답안을 정리해 놓은 것이다. 때로는 환자가 행동활성화 치료의 기능에 의문을 제기할 수 있다. 우울증의 행동활성화 치료 모형에서 생물학적 역할이 충분히 강조되지 않았다는 의문이 있을 수도 있다. 앞에서 언급했듯이 행동활성화 치료에서는 우울증의 유전-생물학적 요인을 규명이 가능한 다른 모든 생활 사건과 마찬가지로 논의에 포함시킨다. "저는 우울증이 화학적 불균형 때문인 줄 알았는데요. 우울증을 극복하려면 약이 필요하지 않나요?"는 행동활성화 치료에서 마주하는 흔한 질문 중 하나다. 여기에 대한 답은 다양한 측면에서 생각해 볼 수 있다. 항우울제는 다수의 환자에게 유용한 치료적 선택지다. 약은 생물학적 기전으로 작용하는 반면, 행동활성화 치료가 행동적 기전으로 작용한다는 믿음은 임의적인 구분이다. 사람의 모든 행동에는 생물학적 요인이 내재하며(Linehan, 2006), 약물을 통해 신경전달물질 활성도를 변화시키는 것이 정서적인 반응과 행동을 변화시키는 것처럼, 행동이 변하면 생물학적 요소 또한 변한다.

행동활성화 치료에 대한 또 다른 반대 의견은 이 모형이 너무 단순하다는 것이다. 저자들은 이러한 견해에 대해 행동활성화 치료 모형이 상대적으로 간단하고 직관적이나, 우울증의 극복은 종종 어려운 일이라는 점에 대해 이해하도록 충분히 설명한다. 환자들이 때로는 활성화에 대한 요구를 거의 불가능하다고 받아들인다는 점을 충분히 알고 있다. 변화의 과정을 단순화한다는 걱정에 대해서는 행동활성화 치료가 비록 간단하지만 결코 쉽지는 않다고 이야기한다. 치료자의 핵심적인 역할은 앞서 언급했듯이 조력자나 코치의 역할을 잘 수행하는 것임을 강조한다. 이러한 반론은 행동활성화 치료가 그냥 활동을 더 많이 하게 만드는 치료라는 잘못된 이해에서 비롯된다. 그렇다면 치료는 정말로 단순해질 것이고, 이는 오히려 행동활성화의 참여로부터 이탈하게 만들 것이다. 이와 같은 반론을 온화함과 능숙함으로 잘 대응하는 것이 중요하다.

〈표 3-1〉 흔히 제기되는 질문과 응답의 예시

- **우울증의 원인은 뇌의 화학적 불균형 때문이 아닌가요?**

  우울증의 발생에 생물학적 요인이 관련된 점은 잘 알려진 사실이며, 행동의 변화 또한 신체에 생물학적 영향을 미칩니다. 우울증은 다양한 원인이 관여하는 복잡한 문제입니다. 다행히도 우울증은 치료가 가능한 문제로, 다양한 치료법이 도움이 된다고 알려져 있습니다.

- **약물 치료는 어떻게 생각하세요?**

  항우울제는 많은 우울증 환자의 치료에 효과적입니다. 그런데 여기서 제안을 드리는 정신치료의 한 종류인 행동활성화 치료 또한 우울증의 치료에 그 효과가 입증되었습니다. 최근의 연구 결과들은 행동활성화 치료가 종결 후에도 효과가 지속되는 것이라고 알려져 있습니다. 치료에서 배운 내용을 잘 활용하게 되면 우울증의 재발 방지에도 도움이 됩니다.

- **치료법이 너무 단순한 것은 아닌가요?**

  행동활성화 치료의 개념은 단순하면서도 분명하지만 이를 실제에서 적용하는 일에서는 그렇지 않습니다. 치료자로서 저의 역할은 변화의 과정에서 코치로 당신을 돕는 것입니다. 저는 우리가 함께 치료적 작업을 수행해 가며 적극적으로 변화하고 삶의 문제들을 해결하며 더 나은 기분이 될 수 있도록 당신을 인도할 것입니다. 이것은 강력한 치료법이지만, 이것이 그렇게 쉽고 단순했다면 당신이 이미 했을 것이라고 봅니다.

- **'활성화'는 불가능하게만 보여요. 나는 침대에서 나오는 것조차 쉽지 않거든요. 이것이 정말로 도움이 될까요?**

  당신이 우울할 때 활성화란 불가능하게만 여겨지고, 그 어떤 방법도 과연 효과가 있을지 의문이 들 수 있음을 이해합니다. 많은 사람이 그런 질문을 하지만 보다 활동적으로 개입하기를 다시 시작하면서 당시에는 불가능해 보였던 일들이 점점 수월해지는 자신을 발견합니다. 이런 개입은 매우 실용적인 방법으로, 제 역할은 그것을 어떻게 가능하도록 할지, 당신이 지금 시작할 만한 활성화의 방법과 적당한 장소를 찾도록 돕는 것입니다. 이 방법이 다른 많은 우울증 환자에게 효과적이었음을 말씀드리고 싶습니다. 제가 치료의 성공을 보장할 수 있다고 한다면 그것은 정직하지 못한 언급이 되겠으나, 저는 당신과 함께 최선의 노력을 다할 것이며, 당신이 지금 수행할 수 있는 지점에서부터 시작해서 점점 더 활성화될 수 있도록 돕겠습니다. 우리가 함께 전진해 가면서 이 치료는 실현 가능한 모습으로 다가올 것입니다. 당신에게 그럴 의향이 있다면 몇 가지의 가벼운 단계로부터 시작해서 그 성과를 확인하고 거기서부터 나아가면 되겠습니다.

● **이 치료법은 내가 우울할 때도 그렇지 않은 것처럼 행동하도록 속이는 것이 아닌가요?**

이런 질문을 자주 받습니다. 이상하게 느껴질 수 있겠으나, 당신이 우울할 때에도 삶에 보다 적극적으로 참여하는 행동을 선택하는 것은 속임수나 모순이 아닙니다. 마치 우울하지 않을 때처럼 활동함으로써 당신의 기분을 더 낫게 하며, 보다 나은 삶을 지탱하는 바로 그런 행동에 참여할 수 있습니다.

● **저는 이미 너무나 바쁘고 이렇게 우울한데, 여기서 어떻게 더 많은 활동을 할 수 있을까요?**

당신의 삶이라는 접시에는 실제로 많은 음식이 놓여 있을지 모르겠습니다. 우리는 이런 활동들을 자세히 들여다보고 당신에게 어떤 영향을 주는지 살펴볼 것입니다. 저는 당신이 문제를 해결할 수 있도록, 활동에 적극적으로 참여할 수 있도록, 압도되지 않도록 도울 것입니다.

● **다른 치료가 효과가 없을 때에도 행동활성화 치료가 효과적일 수 있을까요?**

물론 행동활성화 치료법이 모든 환자를 다 치료하지는 못합니다. 하지만 저는 많은 연구를 통해서 이 방법이 우울한 사람을 도울 수 있음을 압니다. 가끔씩 저는 제 환자에게 이것을 실험해 보면 어떨지 물어봅니다. 우리가 당분간 함께 치료에 참여해서 이것이 당신에게 잘 듣는지 지켜보도록 말입니다. 100%의 성공을 보장할 수는 없으니 아마도 대략 4~5회기 이후에 상황이 어떻게 흘러가고 있는지 확인하는 시간을 가져 볼까요? 그 시간 동안 우리는 무엇이 효과적이고, 무엇이 그렇지 못한지 이야기해 보려고 합니다. 어떻게 생각하시나요?

*참고: 이 표는 행동활성화 치료자가 임상에서 자주 받는 질문의 몇 가지 예시와 함께 행동활성화 치료자가 답할 수 있는 핵심적이고 전형적인 반응을 담고 있으며, 온전히 따라야 할 의도로 제공한 것은 아니다.

어떤 환자들은 행동활성화 치료가 왜 어렵거나 싫어하는 일을 하도록 요구하는지 이해하지 못한다. 여기서 저자들이 언급한 "밖에서부터 안으로"의 개념이 유용한데, 환자들에게 단순히 어렵고 즐거움이 없는 활동에 스스로를 몰아붙이

며 고군분투하기를 기대하지는 않는다. 그것은 환자의 낮은 동기, 두려움, 불쾌
감 등을 간과하는 일이며, 그들에게 '어찌됐건 그냥 하기를' 기대하는 것과 다를
바 없을 것이다. 이와는 대조적으로 행동활성화 치료는 기분의 변화를 유발할
수 있는, 비유하자면 '밖'의 활동으로부터 '안'의 감정을 개선하는 활동을 찾는
작업이 된다. 치료자들은 이러한 환자들의 우려와 의구심을 직접적으로 다룰
준비가 되어 있어야 한다. 그렇지 못할 경우 행동활성화 치료가 그들의 걱정과
어려움을 얼마나 잘 해결해 줄 수 있을지 우려하는 결과로 이어질 수 있기 때문
이다.

　치료자가 행동활성화 모형을 환자에게 잘 전달하면 치료적 관계도 발전한다.
초기 면담에서 알게 된 세부 사항을 반영한 치료 모형이 삶에 적용되면, 치료자
는 환자가 자신의 상황에 관심을 갖고 이해하기 시작한 것으로 확신할 수 있다.
사례 개념화는 가설로 시작한다. 치료자가 우울증이 무엇으로부터 기인했고
지속되는지 속단하는 것은 어리석은 일이다. 가설을 세우고 실험하며, 행동활
성화 치료에 사용되는 다양한 전략을 뼈대로 하는 치료 모형을 만드는 것이 중
요하다. 이때 환자가 처한 상황과 선행요인을 고려하고(A), 그에 따른 행동(B)
과, 이어진 결과물(C)을 확인하는 기능적 분석이 도움된다. 우울증을 지속시키
는 행동에 대한 가설을 세우려면 행동의 기능과 환자에 대한 작용을 함께 살펴
봐야 한다. 낡은 운동복 차림으로 가게에 들르는 행위는 편안히 볼일을 빨리 마
무리할 수 있는 순기능이 되기도 하고, 세련된 의상을 갖추는 데 필요한 시간과
관심으로부터 회피를 유발하는 역기능적 작용을 갖고 있을 수도 있다.

　표준적인 기능 평가는 환자가 참여하는 다양한 활동과 함께 그 전후를 살펴
보는 작업이다. [그림 3-2]와 같이 간단한 도식을 사용해 행동활성화 치료 모형
을 설명할 수 있다. "어떤 일이 일어났습니까(A, 선행사건)? 무엇을 했습니까(B,
행동)? 어떤 기분이 들었으며 결과는 어땠습니까(C, 행동의 결과)?"와 같이 질문할
수 있다. 행동의 결과는 즉각적이면서도 장기간 지속된다. 그것은 안도와 같은
정서적인 부분일 수도, 원하지 않는 일을 없애는 것과 같은 물리적인 부분일 수
도 있다. 반대로 더 큰 슬픔이나 공포와 같은 정서적인 반응일 때도, 추가로 대

두된 삶의 어려움과 같은 물리적으로 유해한 결과일 때도 있다. 도식은 환자가 우울증의 악순환 고리를 살펴볼 수 있는 간단한 방법이며, 행동을 평가할 때 쉽게 떠올릴 수 있는 단순한 장치다. 환자들은 ABC를 잘 관찰하도록 학습하며, 행동의 맥락과 결과를 상세히 바라볼 수 있도록 돕는다. 이를 통해 환자들은 행동이 그들의 기분과 삶에 주는 영향을 연결 짓기 시작한다.

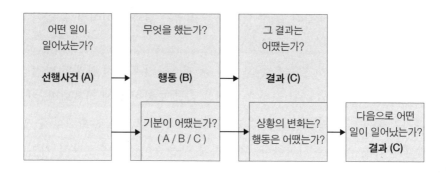

[그림 3-2] 행동활성화 치료 방식의 ABC 모형

*커다란 상자 세 개는 선행인자(A), 행동(B), 행동의 결과(C)를 나타낸다. 이들은 단지 한 차례의 사건으로 끝나는 것은 아니기에, 작은 세 개의 상자는 새로운 행동의 선행요인으로 작용한 기분이나 그에 따른 행동 및 기존의 선행요인에 대한 직접적인 결과를 나타낸다. 이는 다시 연속된 변화의 맥락에서 새로운 행동과 결과로 이어지는 것을 반복한다.

마지막으로, 환자를 변화의 과정에 참여시키려면 환자가 활동을 실천할 준비가 됐는지 고려해야 한다. 행동활성화 치료를 수년간 시행해 본 저자들의 경험에 비춰 볼 때, 다수의 환자들이 기분이 개선되길 바라면서도 정작 그런 변화를 위한 행동을 실천할 준비가 덜 된 경우가 많았다. 그들은 고집스럽거나 '비협조적'인 것이 아닌, 단지 확신이 없을 뿐이다. 우울증은 사람의 에너지와 동기를 약화시켜 행위에 적극적으로 참여하기 어렵게 만든다. 다행히도 이 문제를 다룰 수 있는 근거기반 치료법이 존재한다(동기강화 면담, Motivational Interviewing; Miller & Rollnick, 2013). 원래는 중독 행위를 돕기 위해 고안된 이 방법은 다양한 정신치료에서 환자들을 변화로 이끌고 치료적 난관을 타개하는 데 이용되어 왔다(Constantino, Bosswell, Bernecker, & Castonguay, 2013; Lundahl & Burke, 2009). 동기강화 면담은 '공감을 표현하기, 차이를 만들기, 논쟁을 피하기, 저항에 맞서기, 자기효능감 돕기'와 같은 다섯 가지 원칙에 기반한다(Miller & Rollnick, 2013). 치료자는 개방형 질문과 함께 온화하며 수용적인 어투를 사용하고, 환자의 참여를 촉진하기 위해 과정을 잘 요약한 정보와 조언을 제공한다. 또한 치료 목표에 명확히 집중하며, 변화에 대한 전망을 제시하고, 변화를 마주한 시점에 맞춰 계획을 세운다(Naar & Safren, 2017). 동기강화 면담은 우울감이라는 강력한 힘의 작용하에서 환자에게 항우울제로 작용할 행동적 변화가 가능하도록 돕고, 장기적으로는 환자의 기분과 삶을 개선시킨다.

개별 회기의 구조

행동활성화 치료의 각 회기마다 일반적인 구조가 있다. 구조의 기본 요소는 '지난 회기 이후의 경과 검토하기, 의제 설정하기, 환자의 이해도에 주의를 기울이기, 피드백 청취하기, 과제 활용하기' 등을 포함한다. 여기서 치료자는 활성화에 초점을 두고 회기를 구성한다. 기본 요소들은 회기마다, 환자마다, 치료자마다 다를 수 있고, 각 회기에 할당된 세부적인 내용 또한 달라진다. 이런 유연성에도 불구하고 회기마다 잘 구조화된 전략의 활용은 치료자-환자 모두에게 활성화 및 삶에 대한 적극적인 참여를 돕는 과정에서 일관성을 보장한다.

근거 기반 임상연구에 의하면 경과를 검토하는 작업에 있어서 객관적인 측정 지표를 활용하도록 권한다(Boswell, Kraus, Miller, & Lambert, 2015). 메이가 두 번째 회기부터 매 회기의 시작에 앞서 애딜린에게 요청한 활동 중 하나가 우울증 선별도구(Patient Health Questionnaire-9: PHQ-9; Kroenke, Spitzer, & Williams, 2001)의 작성이었는데, 이것은 우울증이 일차적인 치료 목표였기 때문이다. 그렇게 메이는 행동활성화 치료의 구조에서 핵심전략 중 하나(지난 회기 이후의 경과 검토하기)를 이행했다. 많은 치료자가 우울증 환자의 치료경과를 모니터링하기 위해 벡 우울척도(Beck Depression Inventory-II: BDI-II)와 같은 자가보고식 평가척도를 활용한다. 다른 치료자들은 매 회기마다 환자에게 우울감의 정도나 주요 증상들을 1~10점의 선상에 어디쯤 해당되는지 구두로 질문한다. 이런 방식을 통해 치료자는 치료의 진전이나 부족함을 정량화한다.

치료자는 동반 질환을 평가하기 위해 범불안장애 7항목 척도(Generalized Anxiety Disorder 7-item: GAD-7; Spitzer, Kroenke, Williams, & Löwe, 2006)와 같은 불안감에 대한 자가보고식 설문지를 활용한다. 다른 형식의 평가도구를 활용하는 방법은 환자의 기분 상태나 우울증과 함께 추가적인 치료 목표를 확인할 수 있는 수단이다. 우울증(Nezu, Ronan, Meadows, & McClure, 2000)과 불안증(Antony, Orsillo, & Roemer, 2001)에 대한 정량적인 평가척도는 실증적 근거를 갖춘 측정을 가능하게 하고, 반복된 평가에서도 재현성이 보장되는 공식적인 측정법이다. 이들의 활용은 환자의 호전 경과를 세부적인 부분까지 잘 이해할 수 있도록 돕는다. 하지만 임상정보를 가능한 많이 획득하고 싶은 치료자의 마음과 달리, 과도한 평가척도가 환자에게 부담이 된다는 점 사이에서 균형을 맞추어야 한다.

평가 결과의 변화를 시간에 따른 그래프 형식으로 정리하는 것도 치료자와 환자 모두에게 도움이 된다. 이를 통해 기분의 변화가 언제쯤 일어났는지 쉽게 확인할 수 있고, 치료가 효과적으로 진행되고 있는지 인지할 수 있다. 환자가 점차 호전되는 과정에서 그래프의 객관적인 수치는 희망을 주는 시각적 자료로 작용한다. 반대의 경과에서 이런 모니터링 작업은 평가, 사례 개념화, 활동 계획 등의 재검토가 필요함을 일깨운다.

매 회기의 객관적인 측정법을 사용하는 방식이 지난 회기 이후로 환자의 삶에 어떠한 진전이 있었나 확인하려는 치료자의 노력을 대신할 수는 없다. 치료자는 환자에게 지난주나 일정한 기간의 전반적인 기분 상태를 평가해 보도록 요청할 수 있고, 활성화 수준에 관한 세부적인 상황을 물어볼 수도 있다. 이러한 정보 중 일부는 수행 과제를 검토하는 과정에서 확인이 가능하지만 매 회기의 시작 시점에서 확인하는 것이 좋다. 이것은 치료자가 환자를 상담하는 시간 외에도 환자의 삶에 진실된 관심이 있다는 것을 암시하기 때문이다. 증상의 뚜렷한 호전이나 악화가 감지될 때 해당 회기의 의제를 재설정하는 데도 도움이 된다.

치료 성과 척도(Outcomes Questionnaire: OQ; Lambert et al., 1996)는 환자의 경과를 평가하기에 유용한 포괄적인 척도이다. 이 척도는 임상적으로 경과의 호전이나 악화가 있었는지 여부를 측정한다(Ellsworth, Lambert, & Johnson, 2006). 회기 중 주의를 요하는 환자의 자해나 기타 필수적인 확인점을 내포해 치료자에게 위험을 알린다. 웹 사이트에 전자 버전이 있어서 환자가 작성을 완료하면 치료자에게 즉각적인 피드백을 제공한다. 치료 성과 척도를 활용하면 치료의 방향성을 유지하고 정기적으로 경과를 논의하는 데 도움이 된다.

치료적 형식과 구조화의 핵심 요소

치료적 형식과 구조적 전략을 적용하는 데 있어 치료자는 'ENLIVEN'이라는 약어를 기억해서 활용할 수 있다(〈표 3-2〉 참조). 이것은 구조화되어 있지만 완고하지는 않은, 원칙에 기반한 치료적 과정을 유지하는 데 도움을 준다. 행동활성화 치료는 보다 형식적인 치료절차를 준수하는 과정 속에서도(Richards et al., 2017), 열 가지 원칙에 기반한 환자의 개별적 상황에 맞춘 전략을 활용하는 늘 환자-중심적인 치료법이다. 'ENLIVEN'을 활용한 치료 형식과 구조적 전략에 대한 논의를 이 장에서 이어 가도록 하겠다.

〈표 3-2〉 효과적인 행동활성화 치료를 위해 치료자가 따라야 할 형식과 자세: NLIVEN과
　　　　연계된 핵심원칙

- **Establishes and follows an agenda(의제를 수립하고 이행)**
  "기분이 아닌, 계획에 의거하여 활동을 구조화하고 편성한다."라는 원칙 4를 치료
  자 스스로도 감안한다. 환자의 고민을 경청하고 함께 협력하는 과정에서 이러한 구
  조를 염두에 두면 "지난 한 주의 위기"에 너무 몰두해 치료가 방향성을 잃게 될 위험
  을 방지할 수 있다.

- **Nurtures activation(활성화를 지향)**
  "경청하고, 이해하고, 행동지향적 접근을 고수한다."라는 원칙 9를 고려한다.

- **Learns together(함께 알아가기)**
  "자애로운 조력자이자 코치가 된다."라는 원칙 7을 감안한다.

- **Interacts nonjudgmentally(비판단적인 상호작용)**
  "문제해결을 위한 경험적 접근을 강조하고, 이에 따른 모든 결과가 유용하다는 점
  을 인지한다."라는 원칙 8을 염두에 둔다.

- **Validates clients' experiences(환자의 경험을 타당화)**
  원칙 6~9가 여기에 적용된다.

- **Encourages(격려)**

- **Naturally engages(자연스러운 참여)**
  환자를 격려하며 자연스러운 치료적 개입을 이루는 과정은 "자애로운 코치가 된
  다."라는 원칙 7에 요약되어 있다.

 E: Establishes and Follows an Agenda(의제를 수립하고 이행)

치료자가 지난 만남 후의 경과를 검토하고 나면 의제 설정이 전형적인 첫 작
업이 된다. 의제 설정은 보통 짧은 시간에 이뤄지지만 각 항목마다 얼마만큼의
시간을 할애할 것인지와, 그것의 우선순위가 어떻게 되는지 면밀히 검토할수록
효과적이다. 이 과정에서 가장 중요한 부분은 환자 스스로 중요하다고 여기는

주제를 제안할 수 있도록 격려해야 하고, 치료자 입장에서는 환자의 목표를 달성하기 위해 활성화를 염두에 두어야 한다는 점이다. 따라서 의제 설정은 다른 대부분의 인지행동치료와 유사하게 환자로 하여금 개별 항목을 제안하도록 격려하고, 우선순위를 정하며, 회기가 진행될수록 대두되는 변화에 발맞춰 협력해 가는 과정이다.

　의제 설정 이후로는 그것을 잘 이행하는 것이 중요하다. 이는 경험이 부족한 치료자가 범하기 쉬운 실수로, 환자들은 종종 주의를 이끄는 새로운 주제를 갖고 나타나고는 한다. 만약 처음에 설정된 의제로부터 치료의 방향이 점차 이탈한다면, 치료 목표와 우선순위에 부합하는 범주하에서 치료자는 환자와 함께 변화의 방향이 과연 적합한지 여부와 이를 치료 당사자 모두가 동의하는지 확인해야 한다.

N: Nurtures Activation(활성화를 지향)

　활성화를 지향한다는 것은 환자의 삶이 처한 상황 또는 기분을 개선하기 위해 그들이 해야 할 행동을 논의한다는 의미다. 치료자는 지금-여기(here and now)에서의 작업으로 대화의 방향을 재조정하고, "환자가 무엇을 할 수 있는가?"의 질문을 염두에 두고 잠재적인 활동 계획을 논의한다. 이러한 맥락에서 행동활성화 치료의 개별 회기는 활동 과제에 비중을 둔 구조를 취하고 있다. 매 회기마다 행동활성화 치료자는 지난 회기에서 할당되었던 과제 이행을 검토하고, 다음 회기까지 수행할 새로운 과제를 부여한다. 그 어떤 행동치료나 인지행동치료에서도 핵심은 할당된 과제가 다음 회기에서 검토되어야 한다는 점이다. 활동 과제는 환자를 다시 삶에 참여하도록 돕고, 행동활성화의 치료적 경험을 활동 지향적으로 강화한다. 과제의 여러 가지 유형은 다음과 같다.

● **활동 및 기분 모니터링**　행동활성화 치료의 필수적인 부분으로 제4장에서 보다 자세히 다루게 될 것이다. 할당된 과제에 대한 모니터링은 치료 초반부

회기의 표준적인 업무로, 후반부에서는 변형된 형식으로도 활용이 가능하다.

● **활동 계획하기**   이 과제는 제5장에서 상세히 언급할 예정으로, 행동활성화 치료에서 완성되어야 할 작업의 상당 부분을 차지한다.

● **활동 구성하기 / 과제 분할하기**   큰 과제들은 쉽게 수행할 수 있을 정도로 세분화하는 것이 좋은데, 우울증 환자에게는 특히 그렇다. 우울 삽화 시기에는 간단해 보이는 일이라도 매우 어렵게 느껴진다. 그러므로 작고 쉬워 보이는 과업을 세분화하는 작업에는 숙련된 기술이 필요하다. 이는 제5장에서 더 논의하겠다.

● **회피를 극복하기**   이 부분은 제6장에서 다룰 예정이다.

● **경험에 집중하는 훈련**   이런 활동들은 환자가 반추사고에 많은 시간을 소모할 때 필요하다. 반추는 활동에 몰두하고 참여하는 데 방해가 되는 내적 행동이다. 경험에 집중하는 연습은 제7장에서 더 논의하겠다(책 후반부의 마지막 세 개의 장에선 활성화 전략보다는 넓은 범위의 치료적 맥락에 더 비중을 뒀다. 제8장에서는 행동활성화의 치료적 여정에서 마주할 수 있는 난제의 해결, 제9장은 치료 경과의 평가와 종결의 계획, 제10장에서는 행동활성화 치료 범주의 확장가능성 및 범진단적 활용법을 기술한다).

활성화에 초점을 유지한다고 해서 치료자가 환자의 내적 경험이나 과거의 문제에 무관심하다는 것을 의미하지는 않는다. 제4장에서 더 논의하겠지만 환자의 과거 경험을 다루거나 평가할 때도 활성화에 꾸준히 초점을 맞춘다. 행동활성화 치료자가 환자의 과거에 대해 이야기를 나눌 때는 사례 개념화의 맥락으로 접근한다. 이런 정보는 환자의 삶에서 강화나 처벌이 어떻게 수반됐는지에 대한 가설을 제공한다. 또한 환자가 현 시점에서 무엇을 할 수 있는지, 그들의 삶에 다시 적극적으로 참여할 수 있는 잠재적 방법이 무엇인지 안내한다.

메이와 애딜린의 회기가 진행되면서 애딜린은 과거에 남편이 했던 말에 매우 마음이 아팠고, 이혼이 그들의 우정까지 앗아갔다고 말했다. 그녀는 친구들로부터 동떨어진 삶을 지속해 갔다. 치료에서 애딜린은 이것이 매우 슬펐으며 생생한 고통이 지금까지도 느껴진다고 말했다. 심지어 이를 치료자인 메이에게조차 꺼내기 어려워했다. 대화가 과거의 상황에 대한 슬픔, 화, 죄책감, 수치심과 같은 감정에 도달했을 때 메이는 애딜린이 회피하기보다는 다뤄 볼 수 있도록, 그리고 중요한 목표를 향해 활성화될 수 있도록 상담을 구성해 나갔다. 치료에서 힘겨웠던 감정을 말하고 느낄 수 있도록 하면서, 그녀가 강렬히 원했지만 두려워했던 친구들과의 관계를 재정립할 방법에 대해 생각할 기회를 만들어 갔다.

애딜린: 작년에 남편과의 상황이 최악이던 그때를 잊을 수가 없어요. 남편은 저를 마치 인간 이하의 존재로 느껴질 법한 끔찍한 이야기들을 자주 했어요. 때로는 그게 사실이라는 생각이 들어 스스로 너무 비참하게 느껴져요. 만약 그게 사실이 아니었다면 그가 그렇게 잔인하게 굴지는 않았을지도 몰라요. 머리로는 남편이 문제임을 알아도 그런 말들은 마음 깊이 상처로 남았어요.

메이: 애딜린, 그 기억은 정말 고통스럽게 들리는군요. 당신은 그가 했던 말에서 벗어나 더 좋은 기분을 향해 전진하고 싶지만, 그런 생각에 사로잡혀 어려움을 겪고 계시는 것 같네요. 지난 한 주간 이런 생각들로 많은 시간을 소모했나요?

애딜린: 주로 일요일에 그랬어요. 제 친구이자 남편의 친구였던 도린에게 전화해서 그냥 안부 인사나 해 보려 했는데 그녀가 마치 남편처럼 나를 패배자로 여길까 두려웠어요. 그녀는 그동안 남편이 얼마나 못된 사람인지 몰랐었고, 친구를 선택하긴 싫지만 저를 지지한다고 했으며, 남편이 정말 나쁜 짓을 했음을 충분히 안다며 저에게 공감한다고 했어요. 하지만 도린이 남편의 말에 귀를 기울일지도 모른다는 생각에 차마 연락을 못했네요. 제 잘못으로 남편이 그럴 수밖에 없었다고 생각할까 봐 걱정됐어요.

메이: 그러니까 일요일에 이런 고민으로 전화하지 않기로 했다는 말씀이지요?

애딜린: 맞아요. 사실 그런 생각이 정말 많이 들어요. 특히 제가 친구에게 자주 했던 남편에 대한 험담을 포함해서요. 전남편이 다른 여자들과 어울렸던 일들도 이야기했는데, 그녀 또한 남편의 친구였기에 좀 지나쳤던 것 같아요. 언급하지 말았어야 했는데 말이죠.

메이: 아마도 수치심이나 당혹스러운 마음을 느끼고 있는 것 같고, 당신이 친구에게 연락했
을 때 그 이야기가 나오길 원치 않는 상황이 충분히 이해돼요. 혹시 도린과 나누고
싶었던 다른 이야기는 없었을까요?

애딜린: 친구가 고양이를 키우게 됐는데 그 소식이 궁금해요. 그리고 아마도 제 업무에 대
해서도 조언을 구할 수 있을 것 같아요. 그녀는 정말 현명해서 도움이 필요할 때 자
주 의지할 수 있었어요. 저는 단지 전화를 안 했을 뿐인데 친구는 아마도 놀랐을 것
이고, 제가 더 일찍 연락을 못했던 부분에 대해선 사과를 해야 할 것 같은 기분이 들
어요.

메이: 그러니까 애딜린은 기분이 상하지 않기 위해서, 이혼에 대한 끔찍한 기억을 상기하기
싫어서, 친구가 나를 나쁜 사람으로 간주할까 두려워 회피했던 것이군요. 하지만 친
구와 대화하며 얻을 수 있던 좋은 점들도 잃게 됐네요. 이것은 우리가 논의했던 우울
증의 행동활성화 모형과 맞아떨어지는 상황 같은데 어떻게 생각하세요?

애딜린: 전적으로 동의해요. 전에는 깨닫지 못했는데 그런 것 같아요.

메이: 어려운 상황으로부터 배우고 자괴감을 덜 수 있는 활동을 찾는 데 도움이 될 만한 몇
가지 전략에 대해 이야기해 볼 수 있을까요?

사례를 통해 메이가 대화의 초점을 현재에 유지하면서도 애딜린의 병력을 탐
색하고 적절한 논의가 이어질 수 있도록 참여를 유도한 방식을 볼 수 있다. 메
이의 도움을 통해 그들은 바로 행동활성화 모형에 대한 논의로 복귀했고, 중요
한 삶의 목표를 향해 애딜린이 지금과는 다른 방식으로 활성화되기 위한 발판
을 마련했다.

요약하면 행동활성화 치료의 회기 구성은 목표 지향적이고, 회기마다 치료
자-환자가 협력해 선정한 의제를 따른다는 점에서 다른 행동치료 및 인지행동
치료와 동일한 형태를 띤다. 이러한 행동활성화 치료의 기본적인 구조 안에서
환자에 따라 치료가 상당히 다르게 보일 수도 있다. 지침이 되는 원칙들을 통해
치료자는 회기를 구조할 수 있고, 활성화를 도와 긍정적인 강화를 접촉할 기회
와 항우울적 행동의 가능성을 높이도록 환자 개개인에게 치료방식을 맞춰 갈 수

있다. 'ENLIVEN'에서 E와 N을 상기해 의제를 수립하고 이행하며, 활성화를 지향하도록 한다. 나머지 LIVEN은 치료의 전 과정에서 치료적 형식을 인도한다.

치료자의 태도와 자세

행동활성화 치료는 활동 지향적인 치료이고, 치료의 구조와 마찬가지로 활동을 증진시키기 위한 치료자의 태도 또한 중요하게 여긴다. 다음에 이어서는 치료적 자세에 관련된 핵심 인자를(함께 알아가는 협력적 자세, 비판단적 태도, 타당화, 격려, 자연스러움과 진정성) 논의하겠다. 이러한 다수의 형식적 전략은 다른 정신치료의 그것과 일치하며 행동활성화 치료만의 고유 인자는 아니다. 하지만 이는 행동활성화 치료에서 마찬가지로 중요한 요소이기도 하다. 행동활성화 치료에서 치료자와 환자가 상호작용하는 방식은 치료적 변화의 과정에서 핵심적인 부분이 된다.

 L: Learns Together(함께 알아가기)

협력의 중요성, 즉 '함께 알아가기'는 행동활성화 치료 전반에 스며들어 있다. 치료자가 행하는 모든 부분(치료 모형의 제시부터 시작해 환자의 행동을 모니터링하며 활성화 전략을 수립하는 과정)은 환자와의 협력하에 이뤄진다. 행동활성화 치료자는 회기에서 하나의 '팀'이 되어 환자가 적극적인 역할을 취하도록 격려하고 책임감을 공유한다. 매 회기에서 치료자는 의제 선정 시 환자의 참여를 독려하며 시작하고, 회기의 끝에서는 적절한 활동 과제를 환자와 협력적으로 동의해 정한다.

각 회기마다 치료자가 환자와 협력하는 또 다른 방법으로는 '방향성 정하기(orienting)'와 '피드백 요청하기(soliciting feedback)'가 있다. 방향성의 정립은 저자들의 친구이자 동료인 마샤 린네한(Marsha Linehan)이 언급한 것처럼 '치료에서 모호함을 없애는' 과정이고, 환자에게 앞으로 활용될 치료적 기법에 대한 안내를 제공한다. 피드백 요청은 환자가 치료 과정을 충실히 이해할 수 있도록 돕는다. 앞에서 언급한 바와 같이 행동활성화 치료 모형에 대한 설명은 보통 치료의 첫째나 둘째 회기에서 이뤄진다(하지만 치료의 모든 과정에서 논의가 가능하며, 실제로도 자주 그렇다). 그리고 치료자는 사용되고 있는 치료적 기법을 매 회기마다 올바른 방향으로 인도한다. 환자들에게 활동을 모니터링할 때 특정한 목표를 갖도록 한다. 이런 방식의 관찰을 통해 환자와 치료자는 행동 양식과 활동-기분의 연결고리에 대한 정보를 얻을 수 있다. 행동활성화 치료에서 환자에게 활동기록지를 부여하기 전, 이것의 필요성과 작동 원리를 잘 설명하는 것이 중요하다. 환자가 이를 얼마만큼 이해하고 있으며 동의하는지 피드백을 구한다.

사례의 세 번째 회기에서 메이가 애딜린과 함께 활동 과제를 탐색할 때 협력적인 자세로 세심한 주의를 기울였던 것처럼 말이다.

애딜린: 도린에게 온라인으로 영상통화를 해서 고양이를 보고 싶다고 말할까 생각했어요. 아마 아기 고양이일 것 같아요. 제 강아지가 고양이를 보고 흥분할 장면을 생각하니 웃겨요. 그런데 제게 그럴 힘이 남아 있나 모르겠고, 도린이 아직 전남편과 친구라는 사실을 상기하기도 싫어요. 남편이 저를 비난했던 끔찍한 이야기들이 떠오르거든요.

메이: 애딜린이 그런 기억이나 감정을 피하고 싶은 마음은 정말로 공감돼요. 그런데 애딜린은 친구와 함께할 때의 좋은 점 또한 이야기하고 있어요. 도린에게 한번 영상통화로 고양이를 보고 싶다고 이야기하면 어떨까요?

애딜린: 그래요. 그건 할 수 있어요.

메이: 그녀와 연락할 가능성은 얼마만큼 되죠?

애딜린: 이게 치료의 일환이라고 하면 아마 90% 정도 될 것 같아요. 선생님이 요청하시면 제가 하고 싶어 한다는 마음을 선생님도 아시잖아요.

메이: 그렇군요. 정말 감사한 마음이에요. 하지만 단순히 치료자가 제안하는 것을 수행하겠

다고 하기보다는 그 제안에 대해 저와 같이 이야기해 보면 좋을 것 같아요. 애딜린 스스로가 자신의 삶에 대한 전문가라는 사실과 제가 어떤 부분에서는 틀릴 수도 있음을 기억해 주세요. 이런 활동들이 쉽지 않다는 것을 잘 알아요. 저는 우리가 함께 작업하길 희망해요. 치료적으로 도린과 연락해 보는 활동 과제는 어떻게 생각하세요?

애딜린: 도움이 될 것 같아요. 계획을 세우면 제가 보다 잘 행동할 수 있겠고, 힘들겠지만 그녀와 연락한 뒤로는 이전과 비교해 큰 차이를 만든다는 점에서 위험을 감수할 가치가 있다고 느껴져요.

메이: 저도 그렇게 생각해요. 연락을 미루기보다는 아마도 이른 시기에 하는 것이 더 편하겠죠?

애딜린: 물론이죠.

메이: 당장 다음 주에 연락해 보기 위한 구체적 계획을 논의해 볼까요?

메이와 애딜린은 사회로부터의 고립을 피한다는 중요한 목표를 향해, 현재의 단계에서 수행이 가능한 명확한 부분에 집중할 수 있도록 협력했다. 메이의 질문과 반응은 항상 애딜린과 함께 알아가기에 주안점을 뒀다. 행동활성화 치료에서 협력의 반명제는 치료자가 회기를 독점하고 의제를 강요하거나, 환자에게 철저히 수동적인 태도를 취하는 것이다. 치료자는 활성화 치료의 전문가인 반면, 환자는 스스로의 경험에 대한 전문가라 할 수 있다. 협력적이지 못한 치료자는 이 견해를 허용하지 않는다. 이런 치료자는 회기에서 중요한 시점에 보이는 환자의 영향을 열린 자세로 받아들이지 못한다. 협력적인 치료자는 환자의 행동에 따라 의제를 수정하고 적절히 개입할 수 있다.

I: Interacts Nonjudgmentally(비판단적인 상호작용)

우울증을 치료하는 작업은 쉽지 않은 과정으로, 환자가 계획된 활동에 참여하지 않거나 기분의 변화가 거의 없었다고 보고할 때 더욱 그렇다. 이런 경우에서 변화가 없다고 환자를 비난하거나, 더 빨리 혹은 수월히 변화를 만들어 내지 못했다며 좌절감을 표현하기 쉽다. 행동활성화 치료에서는 이런 상황에 무덤 덤한 비판단적 태도로 응해야 하며, 환자의 행동에 과민반응을 보이거나 과소 평가하지 않아야 한다.

애딜린과의 네 번째 회기에서 메이는 그녀의 한 주가 어땠는지 물어봤다. 애 딜린은 그저 평범한 한 주였다고 했으며, 활성화에 대한 노력을 별로 못했다고 했다. 여기에 메이는 다음과 같이 비판단적으로 응수했다.

메이: 그 부분을 더 듣고 싶어요. 일단 지난주가 비교적 무난했다는 소식에 기쁘군요. 활성 화의 과정이 순조롭게 진행됐다는 소식은 늘 반갑지만, 이처럼 당신이 거기에 많은 노력을 쏟지 못했던 순간을 아는 것도 마찬가지로 중요합니다. 함께 지난 한 주를 돌이켜 보면서 애딜린이 무엇을 했고, 무엇은 못했는지 상의해 보도록 하지요.

비판단적 태도는 환자로 하여금 반감이나 무시당하고 비난받는 느낌이 들 가 능성을 줄여 준다. 그 대신 치료자는 변화를 가로막는 장애물이 무엇인지 이해 하고 환자와 협력하는 데 초점을 유지해 보다 효과적인 활동 계획으로 발전시 킨다. 제8장에서는 이처럼 활성화를 방해하는 도전에 앞서 치료자가 비판단적 으로 대응할 수 있는 방법을 집중해 다룰 것이다.

V: Validates clients' experiences(환자의 경험을 타당화)

타당화는 환자의 경험에 대한 이해를 표명한다는 의미다. 이는 행동치료와 관 련된 문헌에서 광범위하게 언급되었고(예: Linehan, 1993), 행동활성화 치료에서 중대한 역할을 한다. 타당화는 여러 임상 문헌에서 다루고 있는 기본적인 경청 과 관련된 모든 기술을 필요로 한다. 환자의 '마음을 읽는' 데 능숙해지는 부분이 치료의 핵심이다. 치료자는 다르게 표현하기(rephrasing) 또는 반영하기(reflection) 와 같은 기술을 활용한다. 미묘하거나 비언어적인 환자의 표현에 적절히 반응하 는 것도 타당화의 핵심 요소다. 애딜린이 수행했던 사회적 활동을 이야기하면서 시선을 발 아래로 떨구었다. 이런 변화가 감지된 몇 분이 지나자 메이는 "도린과 점심 식사를 했다는 이야기 도중에 저를 바라보지 못하더군요. 우리의 상담에서 뭐가 달라진 부분이 있나요?" 메이의 이런 언급에 애딜린이 울면서 말했다. "사실 도린과 보낸 시간은 끔찍했어요. 물론 우리는 점심도 같이 먹었고, 저는 성취감을 느낄 수 있었다고 말했죠. 사실 저는 도린에게 너무 질투가 났고, 그런 생각을 하는 내 자신이 너무 바보같이 느껴졌어요. 그녀는 전남편과 같은 분야에서 일하며 승진을 했고, 저를 그냥 불쌍한 친구로 여기면서 전남편과 함께 보내는 시간을 선호할 것 같다는 생각이 들었어요." 만약 메이가 이런 미묘한 변화에 주의를 기울이지 못했더라면, 애딜린의 과제는 질투심과 죄책감이 간과된 채로 그저 성취감을 준 활동으로 간주됐을 것이다.

효과적인 타당화를 위해서는 과거와 현재의 맥락에 비추어 환자의 경험을 이해하고 소통하는 것이 중요하다. 첫 상담에서 치료자는 환자의 삶에 영향을 주었던 과거력을 귀 기울여 청취한다. 그러고는 환자의 증상에 영향을 주었을 수 있는 과거 경험들을 우울증 모형에 반영한다. 이때가 바로 환자의 이야기를 치료자가 충분히 이해했는지 확인하기 좋은 기회다. 치료자는 또한 환자가 쓰는 표현을 활용해서 우울증 증상을 이야기해 줄 수 있다. 마지막으로 치료자는 환자가 살아온 환경과 현재 기분을 고려했을 때 이해할 수 있지만, 궁극적으로는 우울증을 악화시키고 긍정적인 강화의 접촉을 줄이며 삶을 어렵게 만드는 환자의 반응들을 목록화한다. 우울증에 대응한 그런 반응들을 이차적 문제라고 부른다(Jacobson et al., 2001; Martell et al., 2001). 대부분의 환자는 이렇게 치료자와 함께 우울증 모형을 논의하는 과정이 그들의 경험을 타당하고 정확하게 반영한다고 느낀다. 그렇지 않은 경우라도 치료자는 열린 자세로 환자의 경험을 수용할 수 있어야 하고, 이에 적합하도록 우울증 모형을 교정해 나가야 한다. 환자의 경험을 타당화하지 못한 것은 환자와의 상호작용에서 '핵심을 놓치고 있다'는 의미이므로 주의를 기울여야 한다.

적절한 타당화 사례로 메이와 애딜린의 상호작용을 살펴보자.

애딜린: 방금 막 생각이 났는데 도린과의 점심 식사가 그렇게 어려웠던 이유가 다른 친구들과 연락을 늘려 가는 데 자신이 없어서 그랬던 것 같아요.

메이: 질투심을 말씀하셨는데 그것 때문이었을까요?

애딜린: 질투심도 그렇고 당시 두통으로 고생하고 있었어요. 그래서 전적으로 대화에 집중하기 어려웠고 제가 무례했다는 생각이 들어요.

메이: 대화에 몰입하기 어려웠던 몇 가지 이유들이 있었네요. 두통으로 힘들었고, 도린의 이야기에서 강한 감정 반응을 겪었고요.

애딜린: 아마도 그랬나 봐요.

메이: 당신은 전남편의 말에 얼마나 마음이 아팠는지 이야기했지요. 특히 전남편은 직업이 자신에게 정말 중요한데 당신이 도움이 되지 못한다고 했어요. 제 생각엔 전남편과 같은 직종에서 일하는 도린이 승진으로 기뻐하자 마음이 불편했던 것 같아요.

애딜린: 하지만 그래서는 안됐죠. 저는 좋은 친구여야 했으니까요. 도린은 커피와 디저트도 함께하려고 했지만, 저는 이제 가야 할 시간이라고 말하고 얼마 지나지 않아 도망치듯이 나와 버렸어요. 제가 무례했던 것 같아요. 점심 식사 약속을 잡은 것이 후회되네요.

메이: 작은 난관을 대비한다는 일환에서 사람들과 만날 때 도움이 될 만한 방법들을 찾아보면 좋을 것 같아요. 오늘은 이 부분을 더 이야기해 보면 어떨까요?

애딜린: 좋습니다. 제 생각에는 점심 식사보다 간단히 커피를 마시거나 다른 형태의 가벼운 만남이 괜찮을 것 같아요.

메이: 연락이 끊긴 친구들과의 관계를 회복하는 데 그런 활동이 도움이 될까요?

애딜린: 네. 그리고 만약 대화가 잘 풀리면 다음에 식사 약속도 할 수 있겠죠.

메이: 그렇군요. 당신의 계획과 함께 과연 어떤 활동이 더 긴 시간 동안의 만남을 가능하게 할지 이야기해 보도록 하죠. 이처럼 '작은' 활동을 생각해서 그 위로 쌓아 가는 방식이 정말 마음에 듭니다.

메이는 애딜린의 어려움을 환자가 처한 경험적 맥락에서 타당화했다. 이것은 메이가 그녀의 입장을 이해하고 있으며, 애딜린의 경험이 충분히 납득 가능한 상황으로 여겨지도록 작용했다. 동시에 메이는 이전에 논의했던 덜 어려운 방법을 이용해 활성화 계획을 진행할 수 있도록 애딜린을 격려했다. 이렇게 메이는 애딜린의 관점에서 타당성을 제공했고, 문제를 풀어 갈 대안으로 부담이 덜한 방식을 선택해 친구들과의 재회를 이어 갈 수 있도록 도왔다.

🎯 E: Encourages(격려)

행동활성화 치료자는 환자를 격려해야 하며, 환자의 적응적 행동을 강화하기 위해 이를 활용한다. 환자들은 회기 중 다양한 방식으로 적응적 행동의 증거를 제시한다. 몇몇 환자들은 지난 회기 이후 자신이 취했던 적극적인 행동을 정리해 보고한다. 과제 일지, 사람들과 함께했던 대화, 가정과 직장에서 수행한 활동 과제 등이 그 예다. 다른 환자들은 실제 회기의 진행 도중에 높은 활성도와 적극적인 참여로 적응적 행동이 증진된 모습을 보여 주기도 한다. 치료 초반에는 시선을 주로 바닥에 뒀던 소극적인 모습의 환자가 점점 허리를 곧게 펴고 치료자와 눈 맞춤을 보다 수월히 하는 변화처럼 말이다.

성공적인 적응 행동을 강화할 수 있는 정해진 방법은 따로 없다. 강화라는 것은 미묘한 작업이다. 어떤 결과나 보상이 실질적인 행동의 증가로 이어져야 진정한 강화로 작용했다는 것을 알 수 있다. 따라서 치료자는 전문적인 임상경험과 환자에 대한 이해를 바탕으로 긍정적인 변화를 위해 무엇이 강화로 작용할지 예측할 필요가 있다. 치료자의 칭찬, 진심 어린 열정과 관심은 좋은 강화제다. 환자가 작성한 활동기록지를 검토하며 "와 정말 대단하네요!"처럼 우호적인 반응을 보이는 것은 강화의 좋은 예다. 활동성이 떨어지는 환자가 신선 식품을 사러 마트에 다녀왔다고 했을 때, 치료자는 "이건 정말 대단한 변화인데요. 어려운 점은 없었나요? 어떻게 그렇게 할 수 있었나요?"라고 진정한 관심과 흥미를 보이며 반응한다. 치료자는 환자와 함께 변화를 관찰했고, 환자의 노력을 인지했으며, 이러한 행동의 중요성을 개방형 질문을 활용해 소통했다.

핵심은 환자의 적응적 행동에 대해 치료자가 지속해서 주의를 기울이고, 환자가 긍정적인 변화를 유지해 갈 수 있도록 적절하게 반응하는 것이다. 노련한 치료자는 사소한 변화도 그냥 지나치지 않는다. 모든 적응적 행동의 보고나 표현은 치료자의 격려를 통해 선택적으로 강화할 수 있는 기회다.

치료자는 앞으로 나아가는 데 어려움을 겪는 환자를 잘 격려해야 한다. 과거에 달성했던 성공이나 목표와 가치를 상기시키도록 하며, 타당화의 맥락에서 고려한다. 성난 이웃을 마주하는 두려움이 있는 환자에게 "하지만 당신은 할 수 있어요. 삶에서 이미 많은 어려움을 마주해 왔던 것처럼 말이죠."라는 피드백은 격려가 될 수는 있어도 환자의 공포심은 고려하지 않은 것이다. 격려는 타당화와 함께 이뤄지는 것이 좋다. "정말 힘든 문제로 보이네요. 그 누구도 성난 이웃을 곁에 두고 싶어 하지는 않겠죠. 하지만 제가 듣기로는 이 문제가 사소한 오해에서 비롯됐고, 그것이 해결되면 당신의 마음이 좀 더 편해지지 않을까 생각돼요. 너무 부담되지 않는 손쉬운 첫 단계 접근법은 무엇일까요?"

격려할 때는 진심 어린 온정을 표현하는 것이 핵심이다. 환자와 공감대를 형성하지 못한 치료자는 차갑고 무심하게 보이고는 한다. 매우 난해한 대인관계 문제를 토로하는 환자의 상황을 가정해 보자. 사례 1에서 치료자는 공감적이지 못하다. 사례 2의 치료자는 억지스러운 거짓 공감을 보이고 있다. 사례 3은 진실되고 온정적인 치료자의 모습을 담고 있다.

사례 1

환자: 어제 슈퍼마켓에서 우연히 그 이웃을 마주쳤어요. 심지어 거의 마을 반대편 끝의 가게였는데 말이죠. 그들은 제가 그동안 어디에 있었는지 물어봤는데, 거의 수개월간 인사하지 못했다는 생각이 들어 마음이 불편했어요. 언짢아 보이는 것 같았고, 평소 저는 그들 상황에 무관심했기 때문에 이제 와서 안부를 묻기도 난감했어요.

치료자: 글쎄요. 그들이 정말 화가 났는지 확실한 것은 아무도 모르죠. 그런데 사람들을 피하려고 마을 외곽으로 다니는 일이 좋은 전략은 아닌 것 같군요.

환자: 아…… 그렇군요. 그렇게 생각하지는 않았어요.

치료자: 생각할 필요도 없이 당신은 이미 많은 일을 회피해 왔고, 지금 보시는 것처럼 또 당

신을 괴롭히고 있습니다.

환자: 전에도 회피가 상황을 악화시킨다고 알려 주셨죠. 아마도 사람들을 마주하도록 제가 더 노력해야 되겠네요.

치료자: 물론이죠. 어렵지만 그것이 우리가 여기 있는 이유죠.

사례 2

환자: 어제 슈퍼마켓에서 우연히 그 이웃을 마주쳤어요. 심지어 거의 마을 반대편 끝의 가게였는데 말이죠. 그들은 제가 그동안 어디에 있었는지 물어봤는데, 거의 수개월간 인사하지 못했다는 생각이 들어 마음이 불편했어요. 언짢아 보이는 것 같았고, 평소저는 그들 상황에 무관심했기 때문에 이제 와서 안부를 묻기도 난감했어요.

치료자: 기분이 어땠나요?

환자: 글쎄요…… 당혹스러웠어요.

치료자: 그랬군요. 당혹스러웠군요. 그리고 또?

환자: 창피함도 느껴져요. 어쩌면 좀 슬프기도 하네요.

치료자: 음…… 정말 힘들었겠습니다. 지금 제게도 느껴지네요. 그런 당혹감과 슬픔의 고통에서 벗어날 수 있도록 우리가 해야 할 일을 이야기해 보도록 할까요?

사례 3

환자: 어제 슈퍼마켓에서 우연히 그 이웃을 마주쳤어요. 심지어 거의 마을 반대편 끝의 가게였는데 말이죠. 그들은 제가 그동안 어디에 있었는지 물어봤는데, 거의 수개월간 인사하지 못했다는 생각이 들어 마음이 불편했어요. 언짢아 보이는 것 같았고, 평소저는 그들 상황에 무관심했기 때문에 이제 와서 안부를 묻기도 난감했어요.

치료자: 그것은 정말 예기치 못한 상황으로 매우 난처했을 것 같아요. 가끔 사람들이 "그동안 어디서 지냈어?" 하고 물을 때, 판단하거나 비판하는 질문처럼 들릴 수 있지요.

환자: 맞아요. 제가 형편없이 느껴졌어요. 저는 최소한 기분이 나아질 때까지 아는 사람들과 마주치지 않을 것 같은 가게에서 쇼핑이 가능하다고 생각했어요.

치료자: 물론 그럴 수도 있겠죠. 실제로 지난주까지는 그랬고요. 그런데 이것은 당신을 곤경

에 빠뜨릴 수 있어요. 긴 시간 연락하지 않던 사람을 마주했을 때의 당혹감은 너무나 자연스러운 반응인데…… 그것이 악순환의 고리를 형성하죠.

환자: 정말로 그래요. 저는 그 고리에 완전히 갇혀 버린 것 같아요. 친구들을 피하기 위해 마을 외곽으로 다니는 제 모습이 바보 같고, 이웃의 안부에 무관심했던 모습 또한 이기적임을 잘 알아요. 문제는 저는 정말로 관심이 없는데, 바로 그 점이 저를 더 비참하게 만드네요.

치료자: 오늘은 당신을 어떻게 그 고리에서 벗어나게 할지, 반복해서 스스로를 비관하는 이 악순환을 어떻게 끊을지 논의해 보면 좋을 것 같아요. 동의하시나요?

환자: 물론이죠. 하지만 저는 심지어 그것에 대해 말하기조차 꺼려져요.

치료자: 그렇게 말씀해 주셔서 기쁩니다. 저 또한 제 삶에서 그런 꺼려지는 순간들을 기억해요. 앞으로 비슷한 상황에서 당혹감을 덜 수 있는 방법에 대해 이야기해 보는 것이 좋겠어요. 이웃이나 친구들과 소통을 시작하는 방법에 대해서도요. 스스로 주변에 무관심한 사람처럼 생각될 때 더 어렵다는 점을 잘 알아요.

환자: 저는 소통을 위해 무언가를 하는 것을 정말 두려워해요. 도무지 자신이 없어요.

치료자: 이해해요. 그리고 당신이 하고 싶지 않은 그 어떤 일에 대해서도 강요할 의향이 없어요. 하지만 아직 마음의 준비가 덜 됐더라도 원론적으로는 이 모든 점을 논의하고 잠재적인 활동을 떠올려 보면 어떨까요? 치료적으로도 참여했다는 느낌이 들 수 있도록, 적어도 기분을 돋울 수 있는 활동들에 대해 이야기해 보는 것은 어떨까요?

환자: 그것이 제가 여기에 있는 이유 같아요.

치료자: 좋습니다. 함께 이것에 집중해 보도록 하죠. 혹시나 오늘 언급하실 다른 점은 없을까요?

단지 예시에 불과하지만 저자들은 실제 치료에서도 이와 유사한 상황을 목격해 왔다. 마지막 사례에서는 의도적으로 환자가 자세한 내용을 보고하는 장면을 묘사했다. 진심으로 치료자가 격려할수록 환자는 마음을 터놓기 쉽다. 온화한 감정으로 환자를 대하는 일은 숙련된 치료자에게도 어려울 때가 많다. 그럴 때는 기본적인 치료 모형과 사례 개념화 단계로 돌아가 삶의 맥락이나 과거력에서 놓치고 있는 중요한 부분은 없는지 치료자 스스로 되물어 봐야 한다. 치료에서 비판단적 태도와 문제해결적 접근방식을 견지하는 것도 도움이 된다. 어떤 환자가 무례하거나 적대적으로, 또는 다른 형태로 치료에 저항할 때, 치료자는 환자가 그렇게 행동할 수밖에 없도록 작용한 삶의 여정을 되새겨 봐야 한다. 그런 환자들이 겪어 왔던 삶의 어려움을 상기한다면 치료자가 공감을 키울 수 있다. 환자가 반복해서 활동 과제를 완수하지 않거나 치료에 전적으로 임하지 않을 때, 치료자는 환자의 행동에 영향을 미친 우발적 상황에 대한 호기심을 갖고 문제해결에 관여할 수 있다. 마지막으로는 자문을 구할 수 있는 다른 치료진들의 지지가 있다면, 진전이 더딘 치료 상황에서도 환자에게 온화함과 진심을 다하는 데 큰 힘이 될 것이다.

N: Naturally Engages(자연스러운 참여)

자연스러움에 대한 강조는 치료자에게 환자와 함께한다는 점의 중요성을 상기시킨다. 치료자는 치료적 경계를 이해하고 자신이 겪은 어려움과 같은 사생활을 드러내지 않는데, 그렇다고 이런 경계가 치료자의 가식을 뜻하는 것은 아니다. 사람들의 말이나 행동에 치료자 또한 자연스러운 반응을 보일 수 있다. 환자의 성취에 칭찬하고 싶은 마음이 들 때, 이를 치료자 본인의 스타일대로 표현하는 것은 긍정적으로 작용한다. 어떤 이들은 단순히 "정말 훌륭하네요!" 하며 외치고 싶을 것이다. 그것이 환자의 행동에 강화로 작용하건 아니건 진심 어린 반응이라면 그렇게 외치면 된다! 반대로 환자의 행동에 짜증 났거나 실망했을 경우와 같은 부정적인 상황에서 치료자는 진심을 다스려야 할 필요가 있다. 그래도 환자의 입장에서는 일반적으로 인간미를 갖춘 치료자와 작업하는 것이 나을 것이다. 때때로 우리는 고군분투하고, 화날 때도 있으며, 열정적일 때도 있다. 전문적이라 함은 환자를 도울 수 있는 방향으로 적절히 치료자를 드러낼 수 있다는 개념을 내포한다.

요약

　　행동활동화 치료는 구조화된 활동 지향적인 치료법이다. 치료의 과정은 각 환자별로 개별화되어 있지만, 치료의 구조와 치료자의 일반적인 접근법은 공통된 특성을 갖추고 있다. 행동활성화 치료자의 전형적인 자세에 대한 간략한 개요와 열 가지 핵심원칙이 어떻게 연관돼 있는지 〈표 3-2〉에 정리했다. 치료자는 매 회기마다 환자와 협력적으로 의제를 설정하고 활성화가 핵심이 되도록 염두에 두며 치료를 구성한다. 이런 과정에서 치료자는 자연스럽게 환자의 우울증과 그것이 발생한 맥락을 포괄적으로 이해해 나간다. 이는 증진 또는 감소시켜야 할 행동이라는 치료 목표를 설정하는 바탕이 된다. 치료자는 환자의 경험을 타당화하고 비판단적 자세로 치료에 임하며, 환자가 치료의 원리와 그로 인한 결과를 이해하는지 확인한다. 또한 치료자는 환자가 보이는 적응적 행동에 유념하며 이를 강화하도록 노력한다. 이와 같은 치료적 장치들은 다음 장에서 논의하게 될 핵심적인 평가 기법과 활성화 전략들을 효율적으로 적용하는 데 있어서 필수적이다.

핵심 요점 >>>>>

◆ 행동활성화 치료의 시작에 앞서 환자별로 개별화된 행동활성화 모형을 안내한다. 시각적인 도식을 활용해 행동 모형의 구성 요소와 우울증을 지속시키는 악순환의 고리 및 회복의 방향을 설명할 수 있다.

◆ 행동활성화 치료의 처음 세 가지 원칙은 치료 모형을 형성하고 반영하는 데 도움이 된다.

◆ 치료자는 이런 모형에 관한 질문을 언제나 환영하며 환자가 직접적으로 다룰 수 있도록 돕는다(〈표 3-1〉의 흔히 제기되는 응답을 참조).

◆ 치료자로서 행동활성화의 치료적 태도와 구조적 전략을 적용하는 데 'ENLIVEN'을 상기해 활용할 수 있다(〈표 3-2〉 참조).

제4장

항우울적 행동의
유효 인자 파악하기

항우울적 행동의 유효 인자 파악하기   제4장

"계획과 행동이 없이는 어떠한 결과도 기대할 수 없다."
-저머니 켄트(Germany Kent)

애딜린은 매일같이 우울했고, 과연 그렇지 않았던 날이 있었는지조차 기억하기 어려웠다. 그녀는 스스로 항상 불안하다고 느꼈지만 심한 우울감에 비해서는 큰 문제가 아니라고 여겼다. 그리고 아마도 이런 부분이 남편을 그렇게 다른 사람으로 변하고 몰인정한 상태가 되도록 기여한 요인일지도 모른다고 생각했다. 그녀는 가끔씩 '어쩌면 내가 사람들에게 그런 반응을 끌어낸 건 아닐까?' 궁금해했다. 치료자인 메이는 그녀가 경험하는 우울감과 불안감에 연관된 행동이나 상황, 관계의 어려움 등을 이해하기 위해 함께 작업해 나갈 것이라고 말했다. 애딜린은 쉽게 이해할 수 없었다. '내 기분은 늘 형편없는데 행동이나 상황을 알아본다는 건 도대체 무슨 말이지? 우울하지 않거나 걱정하지 않았던 시간은 없었는데…….'라고 생각했다. 메이는 그녀의 경험을 매일같이 주의해서 살펴보면 기분 변화를 발견할 수 있을 거라고 설명했다. 그들은 애딜린이 치료에 내원한 당일의 이른 아침 시간대부터 그녀의 일과를 세부적으로 검토하기 시작했다. 메이는 애딜린의 기분 상태와 함께 당시에 그녀가 했던 행동에 대해 질문했다.

애딜린은 식품점을 향해 걷고 있을 때 기분이 살짝 나아진 느낌이었다고 이야기했다. 하지만 그것은 찰나의 순간이었기에 '그게 의미가 있을까?'라는 생각이 들었다. 얼마 후 가게에서 귀가하는 길에 그녀는 다시 우울감에 빠졌고, 집에 도착해서는 마치 모든 기력이 몸에서 빠져나간 느낌이었다.

메이는 이 이야기를 듣고 보통 집에 있을 때 기분이 악화되는지 물었다. 최근 애딜린에게 일어난 많은 힘든 일이 집에 머무는 경우와 관련성이 있는지 궁금했기 때문이다. 대화가 진행되면서 메이는 애딜린이 집에서 어떤 활동을 하는지에 초점을 맞췄다. 그들은 애딜린이 수면 시간 외에도 침대에 누워 빈둥대거나 스스로 시간 낭비라고 말한 잡지 읽기 같은 행위가 얼마나 빈번한지 이야기했다. 애딜린은 외로웠으며 집에서 할 수 있는 어떤 일도 떠올리지 못했다.

그녀는 친구들과 멀어지게 만든 매우 고통스러운 상황들에 대해 이야기했다. 애딜린은 전화벨 소리마저 두려워서 누구에게 온 전화인지 감별할 수 있도록 소리를 다르게 설정해 두었다. 벨이 울릴 때마다 애딜린은 긴장했고, 친구가 방문하거나 모임에 오라고 할까 봐 두려워했다. 광고성 전화에는 약간 짜증이 났지만 한편으로는 안도했다. 친구의 연락에는 잠시 벨 소리를 들은 후 누구인지 떠올린 다음 무음으로 전환했다. 톤이 들리지 않을 때 조금은 안도감을 느꼈지만, 남겨진 메시지를 지워야 비로소 마음이 편해졌고, 그 내용에는 거의 집중하지 못했다. 애딜린은 '기분이 나아지면 다시 연락할 거야.'라고 생각하면서 낮잠에 빠졌고, 일어나서는 다시 공허함과 외로움을 느끼곤 했다.

서론

행동활성화 치료는 상황적 맥락이 중요하다는 믿음에 기반한다. 우울증으로부터 회복하는 과정은 환자의 행동이 발생한 맥락에 대한 이해가 필요하다. 맥락적 접근은 치료를 매우 개별적인 상황으로 이끈다. 즉, 행동활성화 치료에서의 개입은 환자마다 다르게 개별적으로 맞춰진 치료법이 된다. 애딜린의 사례에서 엿볼 수 있는 치료 과정은 다른 우울증 환자의 그것과는 사뭇 다른 양상으로 비춰질 것이다. 그렇다면 각각의 상황에 맞춤화된 치료를 제공함에 있어서 치료자는 무엇을 할지 어떻게 결정할 수 있을까? 메이는 애딜린이 우울증에서 벗어난 후에 편안한 상태가 되려면 치료 초점을 어디에 맞추고, 어떻게 전개해 나가야 할까?

행동활성화 치료의 근간은 '평가'라는 과정에 있다. 평가 과정을 통해 치료자는 해당 환자에게 치료를 어떻게 맞춤화할지 구상하며, 환자가 겪고 있는 문제는 무엇 때문에 지속되고 있는지, 무엇이 이를 개선시킬 수 있는지 파악한다. 행동활성화 치료자는 환자의 우울증을 경감시킬 수 있는 부분에 대한 치료 목표를 규명하고 삶의 목표를 향해 움직이도록 돕는다. 이 장은 그런 과정을 담고 있다. 저자들은 첫째로 환자의 치료 목표를 이해하는 평가 과정을 이끄는 요소가 무엇인지 기술할 것이다. 둘째로는 평가를 '어떻게' 해야 하는지 설명하겠다. 다른 행동치료와 마찬가지로 평가는 치료 기간 내내 이뤄지며, 치료 과정 전반에 걸쳐 치료자를 인도한다.

치료 목표에 대한 평가

평가는 환자의 치료 목표를 탐색하면서 시작된다. 행동활성화 치료의 일반적인 목표는 환자의 삶에서 보상으로 작용할 상황에 대한 접촉을 늘리고 삶의 문제들을 해결해 나가는 것이다. 활동 지향적인 단기치료에서 첫 단계는 치료 목표를 파악하는 것부터 시작한다. 치료 초기에는 즉각적인 목표를 설정하는 것이 합리적인데, 치료가 진행되면서 궁극적으로는 상대적으로 폭넓고 가치

지향적인 삶의 목표를 고려해 나간다. 행동활성화 치료는 환자의 삶을 전반적으로 활성화하는 방향을 추구하며, 이를 위한 치료 목표는 환자에 따라 개별화된다.

치료 목표를 평가하는 과정은 환자와 치료자의 협력을 요한다. 활성화를 강조하는 과정에서 그저 환자를 바쁘게 만들기 위해 치료자의 생각을 강요해선 안 된다. 대부분의 우울증 환자는 이미 수도 없이 "그냥 해 봐!"와 같은 충고를 귀가 따갑도록 들었거나 스스로 해 왔기 때문이다. 그들이 쉽게 소파에서 일어나 움직일 수 있었다면, 전문적인 도움을 필요로 하지 않았을 것이다. 따라서 치료를 시작하며 '환자가 무엇을 원하는지' 꼭 확인해야 한다.

많은 환자는 우선 기분이 나아지길 희망한다. 우울증 환자의 당연한 소망이지만 현실적으로 쉽지 않다. 행동치료적 모형에서 기분에 긍정적인 힘을 발휘할 궁극적인 요소는 활성화와 활동에 참여하는 것이다. 그러므로 기분이 좋아졌으면 하는 기대와 관련된 행동을 개인의 목표로 빠르게 옮기는 과정이 중요하다. 장기간의 목표를 향해 많은 단기간의 행동 단계를 거쳐 갈 수 있다. 단기적인 목표를 달성하는 과정은 환자들에게 성취감과 즐거움을 줄 수 있는 수월한 방법이다. 그들이 어떤 기분에 있건 기대하는 목표를 향해 한 걸음씩 내딛는 과정은 환자를 전진하도록 돕고 삶의 여건을 개선시킨다. 일부 환자들은 아무런 감정도 느끼지 못하기를 희망하는데, 이것은 기분의 개선을 바라지 않는 것이 아니라 정서적인 고통이 끝났으면 하는 바람이다. 나아질 가망이 없어 보이는 무망감으로부터 단지 회피하고 싶은 마음인 것이다.

특정한 목표를 설정하기 어려울 때 치료자는 환자가 추구하는 가치를 파악하기 위한 질문을 할 수 있다. 가치 지향적인 행동을 증진시키고, 환자에게 의미 있는 활동에 몰입할 가능성을 높이며, 회피를 줄이는 방법에 대한 논의는 제6장에서 보다 자세히 언급하겠다. 치료 목표의 달성은 환자가 소중히 여기는 가치와 일치할 때 수월해진다. 그런 목표는 보다 큰 보상으로 작용하고 환자가 수행하기도 쉽다. 홉코(Derek Hopko)와 레주(Carl Lejuez) 등은 치료 초기에 환자의 목표와 가치를 파악할 수 있는 많은 창의적인 방법을 개발했다. 그들의 저서 『우울증에 걸린 암 환자의 행동활성화 치료(BA treatment for depression for cancer patients)』(2007)에서 그들은 다양한 영역에서 환자의 목표와 가치를 파악할 수 있는 지침을 제시했다.

치료 목표를 확인하는 일은 그렇게 어렵지 않다. 우선 환자에게 치료를 통해 바라는 것을 물으며 시작한다. "치료가 끝났을 때 어떤 점이 달라지길 희망하세요? 치료의 결과로 당신 삶에서 어떤 변화가 일어나길 기대하나요?"와 같은 질문이 좋은 예다. 만약 치료 횟수가 정해지지 않은 상황이라면 "치료의 종결 시점을 어떻게 정할 수 있을까요? 그때는 무엇이 달라졌을까요?"와 같이 물어본다. 이러한 질문을 통해 환자가 원하는 목표를 초기에 감지할 수 있다. 만약 환자가 가족들과 친밀해지길 바라거나 활동적으로 지역 사회에서 참여하기를 원한다면, 치료자와 환자는 그런 목표를 달성하도록 도울 수 있는 작은 단계들을 평가하고 그들이 난관에 봉착한 부분을 파악할 수 있다.

행동 평가의 기본적인 토대

행동활성화 치료의 세 번째 핵심원칙은 행동을 '어떻게' 평가하는지 안내한다. 이 원칙은 단서를 찾아서 행동 전후의 상황을 파악하고 항우울제로 작용할 행동이 무엇인지 알아내는 과정을 포함한다. 사람들은 보통 다양한 상황과 행동 및 기분의 연결고리를 인지하지 못한다. 우울증의 한복판에서는 이런 연결고리를 인식하기가 더 어렵다. 행동활성화 치료에서 행동 평가는 치료자와 환자 모두에게 그러한 개연성에 대한 중요한 정보를 제공한다. 이것은 치료 방향과 일치하는 행동 목표를 정하는 데 도움을 준다.

치료자는 행동 평가를 어떻게 해 나갈 수 있을까? 첫째, 질문을 통해 환자의 핵심적인 문제를 규명하고 기술한다. 둘째, 환자의 행동을 유발한 계기와 행동의 결과를 확인한다. 셋째, 특정 행동의 계기와 결과를 파악하면 치료자는 서로 다른 시간과 상황에서 반복되는 행동 패턴을 평가한다. 이러한 패턴에 대한 이해를 바탕으로 치료자와 환자는 우울증에 도움이 될 변화를 파악할 수 있다.

　행동활성화 치료의 핵심원칙 3(특정 환자에게 어떤 행동이 항우울 효과로 작용할지는 'ABC'에서 단서를 찾을 수 있다.)에서 명시하는 것처럼, 생산적인 행동 평가가 되려면 치료자가 'ABC'의 개념을 잘 이해하고 있어야 한다. A(선행인자)를 이해하려면 모든 행동에는 상황적 맥락이 있음을 인지하는 것이 중요하다. 즉, 행동은 특정한 상황에서 벌어진다. 이러한 상황을 '선행인자(Antecedents)'라고 부른다. B는 '행동(Behavior)'을 의미하며 우리가 이해하려 노력하는 바로 그 영역이다. 환자들은 관계 갈등, 결근, 구직의 어려움 등과 같은 다양한 행동 문제를 주소로 치료를 찾는다. 이어서 그러한 B를 어떻게 정의하고 기술할지 논의하겠다. 마지막으로 모든 행동은 어떤 영향을 남기는데, 이것이 C, 즉 '행동의 결과(Consequences)'다([그림 4-1] 참조).

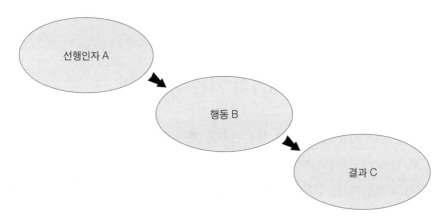

[그림 4-1] 행동의 기능적인 분석

*어떤 선행요인(A)에 따라 행동(B)이 유발되고, 그 결과(C)에 따라 행동이 증가하거나(강화) 감소된다(처벌).

행동을 규명하고 기술하기

　B(행동)에 대한 이야기로 시작해 보자. 문제가 되는 주된 행동을 명확히 규명

하고 기술하는 것이 중요한데, 치료자는 행동을 평가하는 과정에서 이를 구체적으로 파악하기 위해 많은 질문을 던져야 한다. 증진시키거나 감소시켜야 할 행동으로 이런 문제를 정의하면 도움이 된다.

증진시켜야 할 행동은 환자가 처한 환경에서 긍정적인 강화를 제공하고, 문제를 해결하며, 삶의 질을 개선할 수 있는 것이다. 이러한 활동은 개인에게 자기효능감 또는 즐거움과 같은 삶의 보상으로 작용해서 문제를 해결하므로 증진시켜야 한다. 제5장에서 세부적인 내용을 다루겠지만, 이러한 행동들은 활동 계획하기(activity scheduling)를 통해 늘릴 수 있다. 증진시켜야 할 다른 행동은 문제에 적극적으로 개입해 해결책으로 작용하는 것이다. 우울한 환자들은 그들을 압도하고 옭아매는 수많은 문제와 함께 내원한다. 조력자로서 치료자는 환자가 과제를 작은 단계들로 나누고 우선순위를 정하며 필요한 기술을 학습해 그런 문제에 대항할 수 있도록 돕는다. 이와 같은 문제해결법에 대해서는 제7장과 제8장에서 논의할 예정이다.

감소시켜야 할 행동은 환자의 삶을 어렵게 만들거나 꼭 필요한 일을 하는 데 방해가 되는 것들이다. 이러한 행동들은 전형적으로 회피의 양상을 띤다. 여기에는 반추사고, 기분에 부합하지만 가치와 목표에는 반하는 행동, 음주 같은 다른 형태의 회피나 도피가 포함된다. 이러한 행동들은 괴로운 환경이나 상황에서 단기적으로는 위안이 되지만, 결국에는 부정적인 강화를 통해 지속되는데, 장기적인 관점에서는 비적응적이다. 같은 행동이라도 그 기능은 다를 수 있다. 행동의 기능적 의미를 이해하는 것은 치료자가 어떤 행동을 늘리고 줄여야 하는지에 대한 단서가 된다. SNS에 많은 시간을 할애하는 것이 누구에게는 멀리 있는 친구나 애인과 소통할 수 있는 기능으로 작용할 수 있고, 그러면 증진시켜야 할 행동이 된다. 동일한 행동이 반대로 다른 누구에게는 정신적으로 멍한 상태를 만들고 필수적인 업무를 방해하거나 타인의 화려한 모습을 질투하며 곱씹게 만든다면, 이것은 감소시켜야 할 행동이 되는 것이다.

문제를 규명하고 기술한 다음에 치료자는 환자의 행동에서 핵심원칙 3의 A(선행요인)와 C(행동의 결과)를 파악하는 것이 중요하다. 환자의 특정 행동을 이

해한 치료자는, 상황과 시간에 걸쳐 지속되는 중요한 행동의 패턴 또한 이해해
나갈 수 있다.

🎯 선행인자(A)와 행동(B)

    행동활성화 치료에서는 A와 B의 관계가 중요하다. 어떤 선행인자는 높은 가
능성으로 어떤 행동을 유발할 것이다. 사람들은 고전적 조건화 또는 반응 조건
화(Classical or Respondent conditioning; Pavlov, 1927; Watson & Raynor, 1920; Wolpe,
1958)의 과정으로 특정 환경에서 특정 방식으로 느끼고 생각하도록 반응한다. 고
전적 조건화 이론에서는 통상적으로 사람의 행동과 상황이 짝을 이룬다고 한다.
계획적인 조건화나 훈련 없이도 어떤 상황은 어떤 반응을 유발한다. 우리가 큰
소리를 들으면 반사적으로 깜짝 놀라는 것처럼 말이다. 상대적으로 평범한 자극
이지만 강렬한 감정과 짝을 이루는 경우도 있다. 들판을 걷는 행위는 대다수에
게 중립적인 자극에 해당한다. 하지만 폭발물이 매설되어 있을지도 모르는 군
사지역 근방의 들판을 걷는 사람에게는 두려운 자극이다. 이러한 두려움은 놀
람 반응을 유발했던 '큰 소리라는 비조작적 자극(unconditioned stimuli)'과 '들판이
라는 중립적 자극'이 짝을 이루게 하여, 마치 큰 소리가 그랬던 것처럼 들판 또한
불안을 유발하는 경향성이 발생한다.

    이와 같은 A와 B의 관계는 환자가 겪는 우울증을 이해하는 데 중요한 의미
를 갖는다. 잭(Jack)의 사례를 살펴보자. 노동자 집안에서 성장한 잭은 명문 고
등학교에 진학했다. 그는 여유롭게 학업에 임하고 교우들과의 관계도 수월해
보이며 잘 차려입은 학생들과 마주했다. 그들은 때때로 특정한 문화적 현상(노
동자 계층의 아이에겐 비교적 덜 친숙한 유명한 테니스 선수에 관한 이야기와 같은)에 서
툰 잭을 놀리기도 했다. 해외에서 여름을 보냈던 친구들과의 대화에서 그런 경
험이 한 번도 없었던 잭은 유달리 창피했다. 멋진 차림새의 동기들은 잭에게
실패와 결핍을 연상시키는 부정적 사고의 자극제가 됐다. 이러한 조건화 반응
은 성인기까지 이어졌고, 잭이 회사에서 관리자의 위치에 오른 뒤 저명하게 드

러났다. 상사와의 회의에서 단지 성공한 사람들과 함께 있는 것만으로도 잭은 불안을 느끼고 부정적인 생각에 빠졌다. 자신이 큰 기여를 했을 때조차 발언에 어려움을 느꼈고, 조용히 앉아서 안건에 대한 해결책을 속으로 삼키고 있다가 동료가 자신과 같은 아이디어를 발표하는 경우도 있었다. '상류층 사람들'에 대한 불편감은 학창시절에 형성된 고전적 조건화가 지금까지 행동에 영향을 미쳤기 때문이었다. 시간이 갈수록 잭은 회의를 피하게 됐고, 업무 수행에도 차질이 생겼으며, 퇴행이라는 우울증의 악순환 고리에 빠져들었다.

이런 식으로 감정, 생각, 행동은 특정한 조건에서 일어난다. 기분은 유사한 조건에서 경험했던 불편감이나 즐거움의 반영이며(반응 조건화, Respondent conditioning), 이와 같은 조건하에서 행동은 그 결과를 통해 지속된다. 약 2년 전에 생후 3개월 된 아이를 잃은 멜라니(Melanie)의 사례를 살펴보자. 그녀는 친구에게 아기를 잠시 안아 달라는 부탁을 받았을 때 격한 슬픔을 느꼈다. 아기와 함께 있는 상황이라는 선행인자는 멜라니에게 고통으로 작용할 가능성이 높았다. 잭과 멜라니의 사례처럼 대부분의 환자는 과거로부터 이어져 온 다양한 삶의 경험과 고통스러운 감정이 짝을 이뤄 조건화된다. 환자들은 보통 이와 같은 맥락적 요소가 기분에 미치는 심오한 영향을 간과한다. 행동활성화 치료자의 역할은 이러한 선행인자와 중요한 행동 간의 얽힌 관계를 풀어 나가는 것이다.

🎯 행동(B)과 결과물(C)

행동활성화 치료에서는 B와 C의 관계 또한 중요하다. 어떤 행동의 결과가 이를 다시 증진시키는 방향으로 작용했을 때, 그 행동은 '강화(reinforced)'됐다고 한다. 만약 어떤 활동을 통해 원하는 바를 이루었다면 이 활동은 긍정적으로 강화된다. 누군가가 새 이웃에게 인사를 건넸다고 가정해 보자. 이웃이 밝게 화답해 이후로도 편히 대화를 주고받을 수 있는 관계가 형성됐다면, 이웃에게 인사하는 행동은 긍정적으로 강화된 것이다.

특정 행동은 원하지 않는 상황으로부터 회피하면서 학습된다. 만약 행동이 개체에 유해한 것을 제거하는 결과로 이어졌을 때 그 행동은 비슷한 조건에서 재현 될 가능성이 높다. 그런 행동은 부정적으로 강화됐다고 한다. 관리자 회의가 불 편했던 잭은 침대에서 뭉그적거리면서 가급적 그런 회의를 피하는 방식으로 대 응했다. 그렇게 함으로써 잭의 불편감이 누그러졌다. 침대에서 늦게 일어나 회 의에 지각하는 행동 또한 부정적으로 강화됐다. 불행히도 그런 행동은 자신의 생 각을 발표하고 성취감과 숙달감을 경험할 수 있는 행동으로 대체되기보다는, 시 간이 갈수록 동료들에 대한 조건화 반응에 의해 불편감을 지속시켰다.

행동은 '처벌(punishment)'될 수도 있다. 행동의 결과(불쾌함을 야기하거나 기쁨을 빼앗기는)로 인해 비슷한 상황에서 그 행동의 재현율이 떨어졌을 때, 이 행동은 처벌됐다고 한다. 만약 회의에서 잭의 발언에 상사가 조소하는 어투로 반응했 다면, 잭의 적극성은 처벌된 것으로 향후에 재현될 가능성이 낮아질 것이다. 잭 이 발표 후 직책에서 밀려나 동료가 그 일을 대신하게 되는 경우에도 잭의 적극 성은 줄어들 것이다.

행동의 기능이란 행동에 뒤따르는 강화된 처벌 같은 결과를 의미한다. SNS 에 수시간을 할애한다는 동일한 상황에서도 그 맥락에는 차이가 있듯이, 행동 활성화 치료는 행동의 기능에 관심을 둔다. 실제로 저자들은 행동의 형태나 방 식보다 기능에 집중한다. 행동주의와 반려견의 긍정훈련 기술을 다룬 서더랜드 (Sutherland, 2008)의 유명한 저서에서 그녀는 인간은 포옹으로 애정을 표현하고 싶어 하는 반면, 동물은 꼭 안기는 행위를 포식당하는 상황으로 여긴다고 했다. 어떤 동물들에게 포옹이란 행위는 비록 그 형태나 모습은 유대감을 쌓는 과정 처럼 보일지라도, 실제로는 공포감의 조성이라는 기능적 의미를 내포한다.

대런(Darren)의 사례는 행동의 형태보다 기능이 왜 중요한지를 보여 준다. 그 는 치료하기 2년 전부터 우울증을 앓았다. 대런은 15세 때 여동생을 사별했다. 당시 열한 살이었던 여동생과 대런은 함께 자전거를 타고 있었는데, 교차로에 서 급히 달려오는 자동차에 사고를 당했고, 동생은 병원에 이송된 지 5일 만에 사망했다. 그날 이후로 대런의 어머니는 우울증으로 고통을 겪었는데, 바쁜 직 장인이었던 아버지는 거의 매일같이 야근을 해서 집에서 보내는 시간이 드물었다. 대런은 고등학교를 졸업하여 명문 사립대학교에 진학해 우수한 성적으로 졸업했다. 이후 고위 경영자로 경력을 시작해 38세가 됐을 때 이미 성공을 누렸고, 행복한 결혼 생활에서 딸 하나를 두었다.

대런의 우울증은 딸이 8세가 되던 해에, 그의 삼촌이 심장마비로 사망한 뒤 발병했다. 대런은 삼촌과 가까웠던 사이로 고등학교 시절 내내 삼촌의 농장에서 여름 방학을 보내곤 했다. 대런이 치료를 시작할 당시 딸은 10세였다. 우울증을 앓는 와중에도 그는 많은 시간을 딸에게 할애했다. 부녀는 하이킹이나 소프트 볼, 수영과 같은 야외활동을 즐겨 했다. 대런과 아내는 딸을 데리고 산책로를 따라 자전거를 타기도 했는데, 자전거는 항상 주말의 낮 시간에만 가족이 함께 타기로 약속했다. 이것은 대런과 가족들의 기분과 안녕에 도움이 되는 가족 친화적 행동처럼 보일 수 있다. 하지만 대런은 정해진 시간 외에는 딸이 자전거를 타지 못하게 했다. 그와 아내는 딸에게 얼마만큼의 자율성을 허락해야 할지에 대해 수도 없이 다퉜고, 대런은 딸이 자전거를 공공 도로에서나 심지어 친구의 가족들과 함께 타는 것도 금지했다. 대런에게 주말의 자전거 타기는 딸의 자율성 획득에 대한 불안감과 죽은 여동생에 대한 슬픔이 재경험되는 것을 회피하려는 맹목적인 활동이었던 것이다. 대런의 행동은 '활동적인 좋은 아빠'의 모습으로 비춰질 수도 있겠지만, 실제로는 딸이 사고가 날지 모른다는 공포심을 진정시키고, 여동생의 죽음과 우울증을 앓았던 어머니에 대한 죄책감을 누그러뜨리는 기능을 갖고 있었다. 그의 행동은 과거의 사고를 상기시키는 유사한 상황에서 촉발된 부정적인 감정을 미묘하게 회피시키는 기능을 했다.

행동활성화 치료는 주어진 맥락에서 행동을 이해하기 위한 길을 찾는다. 이는 행동을 촉발한 상황과 행동이 강화되는 방식에 주목한다. 행동을 이해하는 데 있어서 가장 중요한 측면은 행동을 유발한 상황과 행동의 기능을 확인하는 일이다. 이를 토대로 행동활성화 치료자가 실제 치료에서 환자의 행동을 어떻게 평가하는지 살펴보자.

행동을 평가하는 방법: 활동기록지

활동기록지는 행동활성화 치료의 평가 과정에서 일차적으로 활용하는 도구다. 행동 평가는 우선 환자가 활동기록지 사용에 친숙해지도록 하는 것부터 시작한다. 저자들은 이것을 치료실 밖에서 환자가 어떤 삶을 살고 있는지 감을 잡을 수 있는 최선의 방법이라고 설명하며, 기억에 의지하기보다는 가급적 그 시간에 맞춰 일상을 기록하도록 환자를 격려한다. 마치 과학자가 된 것처럼 그들의 삶을 세분화해 평가하고, 대수롭지 않게 여기는 작은 일이라도 면밀히 관찰해 기록하도록 요청한다.

인지행동치료에서 통상적으로 사용되는 활동기록지가 행동활성화 치료에서도 쓰인다. 환자가 관찰을 수행하는 방법에 대해서는 융통성 있게 접근한다. 다시 강조하지만 행동의 형태보다 기능이 중요하다. 어떤 관찰 방식이라도 환자 자신에게 유용한 것을 활용하면 된다. 어떤 환자는 활동 목차를 메모지나 달력에 기입한다. 형식 자체는 중요하지 않다. 저자들의 친구이자 동료인 홀런(Steve Hollon)은 환자가 자신의 활동과 기분을 잘 추적할 수만 있다면 "냅킨에 적어 와도 무관하다."라고 했다. 통상적인 활동기록지 양식에는 보통 많은 글자를 기입하기 어렵다(부록 1b ～ 1f 참조, 복사 가능한 버전을 이 책의 부속 웹 사이트에 첨부했다; 차례 하단에 위치한 박스를 참조). 모든 활동을 다 기록할 필요 없이 기억을 떠올릴 수 있는 일부 단어만 기입해도 된다.

어떤 환자들은 활동을 전자기기나 활동 관찰을 위해 개발된 애플리케이션에 기록하는 방식을 선호한다. Behavioral Apptivation™(Behavioral Activation Tech LLC)과 같은 앱이 그 예이다. 이 앱은 달력에 주 단위로 활동 계획을 기록할 수 있고, 자신이 가치 있게 여기는 삶의 분야와 관련된 활동을 파악하는 데 도움을 준다. 또 다른 앱으로 Moodkit™(ThrivePort, LLC)은 활동을 추적하는 기능 외에도 인지치료적인 요소를 내포하고 있다. 이러한 애플리케이션의 활용은 칼로리 조절이나 다이어트, 걷기 운동의 활성화, 수면 위생의 유지와 같은 건강 행동을 촉진한다는 중등도 수준의 근거가 있다(Schoeppe et al., 2016). 하지만 앱을 통한 기분의 개선이나 삶의 목표를 달성하는 연구는 아직 걸음마 단계에 있다. 다네, 쿠스타노비츠, 르주에(Dahne, Kustanowitz, & Lejuez, 2018)는 애플리케이션을 활용한 행동활성화 치료의 예비타당성 연구에서 비록 작은 규모(참가자 10명)의 맹검법을 사용하지 않았다는 한계가 있지만, 환자들이 8회기의 치료 후 우울감이 완화됐으며 앱의 활용에 다수가 긍정적인 반응을 보였다고 했다. 연구에 참여한 치료자들 또한 긍정적인 반응이었다. 다른 한편에서는 애플리케이션의 사용이 개인정보 보호 및 안정성 보장에 있어 미흡하다는 우려가 제기됐다(Huguet et al., 2016). 임상가는 사전 동의를 얻기 위해 해당 지역과 국가의 다양한 법적 사항을 고려해야 한다.

행동 모니터링에 그 어떤 방식이 활용됐을지라도, 핵심은 환자가 회기를 앞두고 이행한 활동을 기록하는 것이다. 환자는 다음과 같은 여러 방법을 활용할 수 있다.

● **매시간 단위의 관찰**   가장 많은 정보를 제공하며, 활동과 연관된 기분을 시간마다 기입하므로 가장 정확히 기록할 수 있는 방법이다. 환자는 일주일 단위로 깨어 있는 모든 시간을 매일같이 기록지에 작성한다. 많은 이에게 이와 같은 수준의 상세함은 현실적으로 어려울 수 있다. 치료자에게는 좋지만 보통은 실용적이지 못하고, 꼼꼼한 환자를 제외하고는 성공하기 어렵다. 가능한 한 활동 당시의 시점에 기록하길 권하지만, 온종일 기록지를 갖고 다니며 그렇게 하는 것은 현실적으로 어렵다. 따라서 다음 회기를 앞둔 며칠간만 이렇게 기록해 볼 수도 있다.

● **하루를 몇 개의 단위로 구획해 관찰**   이것은 시간을 덩어리지어 관찰하는 수월한 방법이다. 환자에게는 매시간 단위로 모니터링을 요청하지만, 실제 기록은 주간의 일정한 주기로 하며, 앞선 3~4시간 동안 환자가 무엇을 했고 어떻게 느꼈는지를 기억해 기입하는 방식이다. 예를 들면, 환자가 아침에 했던 활동을 점심 시간에, 오후의 일을 저녁 시간에, 저녁에 했던 행동을 취침 전에 기록한다. 이 방법이 편리하고 대부분의 환자가 실제로 모니터링을 완

수할 수 있는 방법이지만, 기억에 의존하는 부분이 커서 신뢰도가 떨어진다
는 단점이 있다. 우울증이 심한 환자는 이른 아침에 있었던 미묘한 기분 변
화를 기억하기 어려워서 상세히 기록하지 못할 수도 있다. 그럼에도 불구
하고 이 방식은 환자와 치료자 모두에게 행동활성화 치료를 이끄는 중요한
정보를 제공한다.

● **시간 선택적 관찰**   행동을 특정 시점에 체크해 정보를 얻을 수 있는 또 다른
방법이다. 행동에 앞서 관찰을 수행할 특정한 시간을 미리 정해 둔다. 예를
들어, 환자의 활동과 기분을 월요일 오후 1~3시, 수요일 오전 8~10시, 금요
일 저녁 6~8시, 일요일 정오에서 오후 2시 사이에 체크한다. 다양한 시간대
설정이 가능하지만, 주중의 주야간과 주말의 주야간을 모두 포함시키는 것
이 중요하다. 이 방식은 여러 활동과 기분의 평가에 있어 양질의 표본을 제
공하며, 환자의 기분에 영향을 미칠 수 있는 다양한 상황에 대한 밑그림을
보여 준다. 모니터링을 해야 할 시간대에는 활동기록지(해당 시간대를 색상으
로 강조해 표시해 두는 것이 좋다.)나 전자 스케줄러에 곧바로 기입해야 한다.

🎯 모니터링(관찰)의 대상

관찰할 항목으로는 활동의 내용, 이에 따른 기분과 정서, 그것의 강도와 같은
여러 항목이 있다. 활동으로부터 얻은 성취감이나 즐거움을 기록할 수도 있다.
각각의 내용을 다음에서 논의하겠다.

활동 관찰

활동기록에 정보가 너무 방대하거나 부족하지 않도록 균형이 필요하다. 거추
장스러울 정도로 전부를 담아야 할 이유는 없지만, 환자와 치료자 모두가 어떤
일이 벌어지고 있는지 충분히 알 수 있을 정도로는 기록이 이뤄져야 한다. 종종
환자들은 모니터링을 시작할 때 시간을 하나의 큰 구획으로 묶어 포괄적으로
기재한다. 예를 들어, 8시간 전체를 "(활동) 근무 중, (기분) 지루함, (강도) 8"로

기입한다. 이런 방식으로는 다양한 상황에 따른 가치 있는 정보를 획득하는 데 한계가 있다. 어떤 사람이 직장에서 '불행한 날'을 보냈다고 해서 그것이 매시간 매분마다 그랬음을 뜻하지는 않는다. '근무 중'이라는 활동은 실제로는 여러 세분화된 활동의 집합체로, 대개는 기록이 필요한 중요한 내용들을 담고 있다. 어쩌면 동료와 대화하며 커피를 마셨던 시간은 즐거웠을 것이다. 반면에 장문의 메일을 읽는 순간은 지겨웠을지도 모르고, 다가올 프로젝트와 관련된 메일은 근무 시간의 새 요구 사항을 담고 있는 메일보다 덜 지루했을 수도 있다. 환자에게 각각의 메일에 따른 기분의 변동을 점검하길 기대하는 것은 비현실적이다. 하지만 단순히 근무시간의 전부를 '지루했다'고 기입하기보다는 동료와의 대화에서 느꼈던 '활동적 참여'의 순간과, 메일을 읽을 때 느꼈던 '지루함'을 구분해서 기록하는 정도는 독려할 수 있고, 이것은 보다 유의미한 정보가 될 것이다.

　저자들은 환자에게 상기 수준의 모니터링을 요청한다. 기록지에 반영된 정서 변화는 기분의 호전과 악화를 유발했던 행동 규명 때문이다. 이런 식으로 차이를 정량화하면 과연 어떤 행동을 증진 또는 감소시켜야 할지 파악하기 유용하다. 이렇게 해서 모니터링은 치료 목표를 선정하도록 돕는다. 예를 들어, 애딜린의 기분이 월요일 저녁에 잡지를 읽을 때보다 토요일 아침에 정원 관리에 대한 책을 읽을 때가 낫다는 점을 인식하는 것은 중요하다. 그런 변화는 거기에 뭔가가 있음을 시사한다. 사람들은 기분의 순간적인 변화를 자주 경험하며, 이는 활동 계획을 수립하는 데 중요한 정보가 된다. 활동과 관련된 기분의 미묘한 변화를 감지하려면 적절한 코칭과 연습이 필요하다.

　어떤 환자들에게는 반추사고와 같은 내적 활동을 기록하는 것이 중요하다. 기록지에 활동은 '이웃과 대화', 관련된 기분은 '절망적'으로 기입했다고 가정해 보자. 치료자는 이런 정보로 환자가 이웃과 어떤 갈등이 있었나 궁금할지도 모른다. 하지만 치료자는 추가적인 질문을 통해 다음과 같은 실상을 알게 됐다. 환자는 이웃과 멋진 잔디밭에 대한 담소를 나누던 중, 전에는 잔디밭 가꾸기를 좋아했지만 이제는 우울증으로 그러지 못하는 현실을 곱씹고 있었던 것이다. 여기서는 활동기록지에 "반추사고"를 기록하는 편이 나은데, 반추사고가 절망감과 연결된 행동을 보다 정확히 묘사하기 때문이다. 이웃과의 대화는 분명히 환자에게 중요한 부분이지만, 이 사례에서 핵심은 환자의 개인적인 내적 경험에 있다. 이런 맥락에서 이웃과의 대화는 부차적인 사안이며 핵심적 행동은 반추사고, 정서는 절망감이다.

기분과 정서의 관찰

환자에게 기분과 정서, 그리고 그것의 강도를 기록하는 방법을 안내할 때, 기분을 수치화(우울감이 없을 때 '1'~가장 심할 때 '10')할 수 있는 단일적인 평가로 시작하는 것이 수월하다. 환자가 모니터링 및 정서 경험에 주의를 기울이는 과정에 익숙해지면 다양한 정서(슬픔, 분노, 기쁨, 수치, 혐오, 두려움 등)에 대한 강도를 다루도록 할 수 있다. 일부 환자들은 특정한 정서 상태를 구분하기 어려워하며, 이 경우 행동활성화 치료자는 이를 교육하고 훈습하도록 돕는다. 특정 정서의 파악과 감별에 도움이 되는 자료로 변증법적 행동치료(Dialectical Behavior Therapy; Linehan, 1993)의 감정조절기술 훈련지침서를 권하며, 여기에는 슬픔, 기쁨, 공포, 분노, 수치, 혐오, 놀람과 같은 다양한 정서 상태가 정의되어 있다.

성취감과 즐거움의 관찰

기분 모니터링 외에도 환자는 활동에 따른 성취감(mastery)이나 즐거움(pleasure)도 기록할 수 있다(Beck et al., 1979). 성취감은 어떤 행동을 완수했을 때 얻는 정서적 경험이고, 즐거움은 활동에 수반되는 감흥이다. 활동이 얼마나 성취감이나 즐거움을 줬는지 평가하는 것은 활동의 기능적 측면을 추적하는 수단이 된다. 이들의 강도 또한 10점 척도를 활용해 가장 낮은 '1'에서 가장 높은 '10' 사이로 기록한다(부록 1d 참조).

강도의 관찰

강도의 측정은 활동기록지에 기입된 미묘한 변화를 감지할 수 있다는 측면에서 중요하다. 기록지에 단순히 '슬픔'이라고 메모한 환자의 상황을 고려해 보자. 치료자는 그 슬픔이 언제 더 심했거나 덜했는지 확인해야 비로소 기분 변화를 유발한 활동들을 검토해 환자를 도울 수 있게 된다. 환자의 실생활과 연계해 강도를 수치화하는 것이 유용하다. 애딜린에게 기분 모니터링법을 처음 안내할 때 메이는 강도 측면에서 점수가 가장 높고 낮은 행동이 무엇인지 확인했다. 애딜린은 1~10 사이의 우울감 척도를 기준으로 대중적인 연예잡지를 읽을 때 '3', 전화기 음성 사서함을 들을 때 '10'이라고 했다. 유사한 방식으로 성취감 측면에서는 잡지를 읽을 때가 '1'이었던 반면, 정원 관리에 대한 책을 읽을 때 '10'으로 가장 높았다. 이따금 숫자를 싫어하는 환자들이 있다. 숫자를 대신해 '약간' '상당히' 같은 단어나 정도를 측정할 수 있는 상징성 있는 기호로 대체해도 된다.

활동의 효과를 알 수 있는 다른 명확한 방법이 있다면 어떤 모니터링 방식을 선택할지는 중요하지 않다. 특정 활동이 기분과 기능에 어떻게 연결되어 있는지 확인하려는 것이 모든 모니터링의 최종 목표이다. 모니터링이 활동과 그것의 맥락에 항상 초점을 맞추고 있다면 이 자체로 유용하다. 환자가 활동기록지를 갖고 치료실을 나서기에 앞서, 회기 시작 전의 몇 시간과 회기 안에서 어떤 행동이 발생했고 어떤 기분을 느꼈는지 적어 보도록 할 수도 있다.

🎯 활동기록지 검토하기

환자가 회기 사이의 모니터링 과제를 마무리해 오면 치료자는 이를 상세히 검토해야 한다. 치료자가 활동기록지를 소리 내어 읽거나 환자에게 그렇게 하도록 요청할 수 있다. 논의는 보통 모니터링 과정에서 느낀 점을 질문하며 시작한다. 환자가 활동과 기분을 연결 짓는 행동 패턴이나 단서를 인지했을지도 모른다. 치료자는 기록지를 검토해 가며 논의할 만한 다른 패턴은 없는지 살펴보고 환자와 함께 치료 목표를 수립해 나간다.

검토를 위한 유용한 질문

이것은 우울증을 유지시키는 행동을 규명하는 데 도움이 되고 검토 시 지침이 되는 다섯 가지 질문을 소개한다. 모든 질문을 전부 할 필요는 없지만 이를 감안하고 있으면 환자의 행동 양식을 파악할 때 유용하다.

① **활동과 기분을 연결 짓는 고리는 무엇인가?** 이런 류의 질문은 우울증을 지속시키는 상황을 추정하는 데 쓰인다. 기분 변화가 어디서부터 기원했는지 파악하려는 노력이 제일 중요하다. 기분 상태와 관련된 행동 양식을 찾아내려는 시도로 환자와 치료자는 "한 주간의 활동기록을 통해 어떤 점을 알게 되었나요?"와 같이 논의를 시작할 수 있다. 이처럼 우울감을 악화시키는 완화 행동과 기분의 변화 요인을 이해하는 과정이 꼭 필요하다.

　메이는 애딜린이 지역사회의 텃밭에서 일하며 하루는 우울했고, 또 하루는 기뻤다는 사실을 되짚어 봤다. 두 활동의 어떤 질적인 차이가 기분 변화를 만들어 냈을까? 긍정적인 기분과 연관된 활동을 면밀히 관찰하면 유용한 정보를 얻을 수 있고, 이는 증진시킬 행동을 암시한다.

메이: 기록지에 똑같이 '정원에서 일했음'으로 적혀 있는데, 월요일의 기분은 '우울'했지만 화요일의 기분은 '기쁨'으로 차이가 있네요. 무엇이 달랐나요?

애딜린: 글쎄요. 사실 '제' 정원은 아니에요. 저는 사람들과 공유하는 지역사회의 텃밭 가꾸기 활동을 하고 있어요. 아마도 월요일에 제가 좀 더 우울했나 봐요.

메이: 그런 감정이 정원에서 일하기 전부터 시작됐나요?

애딜린: 아닌 것 같아요. 제가 정원 일에 앞서 뭐라고 적었었죠?

메이: 여기에 보면 한 시간 전에 당신은 일과를 마무리 후에 차를 달이면서 '만족감'을 느꼈다고 기록했군요. 정원 일을 시작하고 어떤 부분에서 기분의 변화가 생겼을까요?

애딜린: 아마도 그 시간대의 문제였나 봐요. 서서히 어두워지며 침울한 느낌이 들었고, 제 기억엔 때마침 내린 가랑비가 저를 더 슬프게 만든 것 같아요. 정원 일을 즐기고 싶었지만 암울한 기분을 떨쳐 내기가 어려웠고, 완전히 해가 지기 전에 작업을 서둘러

야 했지요. 일을 마치고 귀가했을 때 집안이 특히 어두웠던 점 또한 그렇게 기록하는 데 영향을 준 것 같아요.

메이: 날씨가 당신의 암울한 기분에 큰 영향을 준 것 같군요.

애딜린: 맞아요. 또 제가 충분히 햇살을 즐기지 못하고 귀가한다는 사실도 꺼려졌어요. 화요일은 상황이 더 나았지요. 저는 조금 일찍 출발했고 날씨도 좋았어요. 그래서 밖에 더 오래 머무를 수 있었어요.

메이: 그래요. 기록지에도 화요일은 '정원 일'에 몇 시간을 할애했다고 기입했네요. 그렇다면 월요일의 슬픔은 암울했던 어둠에서 기인했을까요?

애딜린: 아니요. 집이 싫었던 것 같아요. 저는 보통 정원에 있을 때 행복해요. 거기서는 대부분의 시간을 홀로 있을 수 있거든요. 월요일에는 몇몇의 다른 사람들이 있었는데 좀 시끄러웠죠. 저는 조용해졌고요. 정원에서 가끔씩 노래를 흥얼거리면 기분이 좋거든요. 또 정원에 뭐가 자라나 여기저기 둘러보기도 했는데, 사람들 때문에 불쾌한 기분이 들어 한 장소에만 있었어요.

메이: 화요일은 어떻게 달랐나요?

애딜린: 맞아요! 화요일은 처음 20분 동안 정원에 저 혼자 있었어요. 이후로 어떤 여자가 왔는데 친절하고 조용했어요. 그녀는 제게 인사를 건넨 뒤로는 주로 다른 곳에서 일했고요. 우리는 가끔씩 식물들이 얼마나 잘 자라고 있는지, 정원이 얼마나 사랑스럽고 아름다운지 가볍게 대화도 나눴어요.

메이: 그렇군요. 비록 두 요일 모두 정원에서 일했지만, 월요일은 시끄러운 사람들을 피해 조용한 어둠에 갇혔고, 그래서 기분이 우울했군요. 반면에 화요일은 날씨도 좋았고, 이른 시간이었으며, 타인과 정원 일에 대해 이야기하며 기쁨을 느꼈네요. 각각의 상황이 달랐고, 당신에게 요구된 점도 달랐던 것 같아요. 그렇죠? 월요일은 어둠이 찾아오기 전에 일을 서둘러야 했어요. 시끌벅적한 사람들로 방해를 받았죠. 하지만 화요일은 시간 여유가 있었고, 당신을 덜 불편하게 하는 즐거운 사람이 곁에 있었네요.

애딜린: 맞아요.

메이: 이것은 각각의 상황과 연관된 다른 활동들이 당신의 기분에 영향을 미치는 좋은 보기입니다.

앞에서와 마찬가지 방식으로 부정적인 기분과 관련된 활동을 질문해서 이런 문제점들을 환자와 함께 논의할 수 있다. 치료자는 무조건 활동을 감소시킬 대상으로 간주하기보다는, 우선적으로 활동의 어떤 요소가 직접적으로 기분을 악화시키는지 이해해야 한다. 애딜린의 텃밭 가꾸기 사례에서 치료자가 단순히 월요일은 정원에 가지 말고 화요일에 가도록 제안하면 안 된다. 메이는 대신 애딜린에게 정원에서 식물 돌보기, 노래하기, 타인과 가볍게 대화하기와 같은 증진시켜야 할 행동을 제안했다. 이와는 반대로 집과 관련된 생각을 곱씹기, 의도적으로 사람들을 피하는 것, 정원을 돌아다니지 못하고 한 장소에 머무르는 행위는 감소시켜야 할 영역이 된다. 애딜린과 메이가 앞으로 함께 알아가야 할 요소가 더 많을 것이다. 메이는 다음과 같은 추가 질문을 할 수 있다. 애딜린이 텃밭에서 다른 사람들과 어떤 이야기를 나눴는가? 이때 다른 사람들의 반응은 어땠는가? 메이는 애딜린이 다양한 사람과 교류하는 방식에 대해서도 비슷한 질문을 할 수 있다. 그녀가 무심결에 사람들과의 대화로부터 멀어지도록 처벌하는 행동양식이 있었는가? 그녀가 사람들과 대화가 길어지는 상황을 꺼려 해서 가까이하기 어렵다는 인상을 주는 것은 아니었을까?

　　기분 변화와 관련된 환자 행동을 면밀히 관찰했을 때, 수면, 섭식, 업무 패턴과 같은 일상을 방해하는 요인에 대해서도 중요한 정보를 얻을 수 있다. 다음에서 자세히 다루겠지만 규칙적인 일상의 조절을 목표로 하는 것이 효과적인 초기 전략이다.

② **한 주간의 전반적인 기분 상태와 구체적인 감정은 어떤가?**　환자들은 다양한 활동에 참여하지만 제한된 범위의 감정만 경험한다. 활동 및 정서기록지를 활용하면 치료자가 기분의 변동 폭을 자세히 관찰할 수 있다. 환자가 한 주간의 다양한 정서 변화를 보고했다면, 치료자에게는 증진 또는 감소시킬 행동의 초기 가설을 세우기 위한 활동과 정서의 상관관계를 검토하는 기회가 주어진다. 환자가 오직 한두 가지 기분 상태만 기록했다면 추가적인 평가를 진행한다. 감정의 인식과 표현에 환자가 서투른 경우도 있고, 정서적인 경험이 위축된 것은 아닌지도 살펴봐야 한다.

③ **일상적인 생활 습관이 깨지진 않았는가?**   활동기록지를 검토하면 환자의 일상이나 한 주간의 생활 습관을 엿볼 수 있다. 환자의 수면–기상 시간에 급격한 변화가 있거나 식사 시간이 날마다 들쭉날쭉하다면 치료자로서 염려되기 마련일 것이다. 우울증은 일상생활을 망가뜨리는 경향이 있기 때문이다. 행동 활성화 치료의 또 다른 초점은 환자가 정상적인 일상 습관을 유지하는 데 있다(Martell et al., 2001). 생활을 구조화하고 예측성을 높이는 작업은 환자에게 체계를 부여하고 과제 이행을 돕는다. 일상 습관이 심각하게 깨지는 상황은 무력감을 유발한다. 직장 생활로 자연히 구조화된 하루가 실직 후에는 자유 시간으로 가득 채워진다. 퇴근 후 맞이하는 휴식 또는 바쁜 출장이나 여행을 다녀온 뒤 침대에 눕는 전형적인 안락함을 떠올려 보자. 평범한 일상으로의 복귀는 편안함을 주지만, 우울한 환자에서 일상적인 생활 습관의 붕괴는 그런 안락함을 앗아가 버릴 수 있다. 우울증이 일상 습관이 깨져서 발병하는 것은 아닐지라도 규칙적인 생활을 유지하도록 돕는 과정은 의미가 있다. 양극성 장애에서도 사회적인 일상생활의 불균형이 주요 우울 삽화나 조증 삽화를 일으킨다(Shen, Alloy, Abramson, & Sylvia, 2008).

④ **회피 유형은 어떻게 되나?**   치료자는 환자가 삶에서 무엇을 회피하고 있는지 파악해야 한다. 회피는 환자가 아침에 일찍 일어나 출근하기를 꺼리는 상황처럼 명백히 드러날 때도 있고, 수치심을 피하려는 경우(마치 잭이 직장에서 관리자 회의에 빠진 것처럼)와 같이 그 모습이 미묘할 때도 있다. 삶을 즐기고 참여하는 과정에 간섭하는 요인을 알아내는 것이 중요하다. 회피는 문제를 해결하지 못하거나 반대로 키우는 수동성으로 이어지기 때문이다. 활동기록지를 통해 환자의 삶에서 풀어야 할 문제를 엿볼 수 있다. 어떤 환자가 직장에서 일하는 시간마다 부정적인 기분을 반복해 기록했다면, 그 직업이 환자에게 잘 안 맞는 일인지 탐색하는 과정이 유용할 것이다. 때로는 회피를 통해 기분이 나아지기도 해서 회피 유형과 기분의 상관관계를 파악하는 일이 쉽지만은 않다. 그것이 안도감이든 실제로 좋은 기분이든 회피로 인한 기분의 개선은 회피를 촉진

시킨다. 사회적인 접촉을 피한 뒤 안심한 애딜린의 사례를 돌이켜 보자.

애딜린: 잘 모르겠어요. 친구들과 계획한 첫 독서 모임에 그냥 안 갔어요.

메이: 막바지에 그렇게 결정했나요?

애딜린: 맞아요. 심지어 어떤 옷을 입을지 고민하며 외출 준비까지 했는데 말이죠.

메이: 어떤 일이 일어났죠?

애딜린: 독서 모임에서 의견을 제대로 말하지 못했던 장면이 떠올라 기분이 매우 안 좋았어요. 다들 모두 똑똑한 사람들인데 저만 멍청하게 느껴졌어요. 이후로 저의 불안이 시작됐죠.

메이: 이전에 그런 경험이 있었나요?

애딜린: 가끔요. 하지만 사람들은 대체로 친절했고, 친구가 이런 사람들만 초청한 것도 알아요. 그런데 도저히 갈 수가 없었어요. 제 삶을 낭비하고 책도 제대로 안 읽어서 발표할 만큼 알지도 못한 것 같아 창피했고 죄책감이 들었어요. 결국 안 가기로 결정하니까 안심이 되면서 집에 있는 것이 행복했어요.

　치료자가 회피 행동과 관련해 명심해야 할 더 복잡한 요인으로는 부정적인 감정에서 벗어나기 위해 일시적인 안정감을 제공하는 음주나 향정신성 물질에 기대는 경우다. 행동의 기능에 집중한다면 이것이 부정적인 결과를 야기하지 않는 기분을 환기하는 사회적 행동인지, 불편한 기분에서 벗어나기 위한 나쁜 결과로 이어질 회피인지 알 수 있다. 이렇게 맥락을 감안하면서 치료자는 다섯 번째 질문으로 넘어간다.

⑤ **변화는 어디서부터 시작할 것인가?**　단순히 한 주간의 활동기록지를 검토하는 것만으로도 변화를 극대화할 효율적인 행동 요소를 확인할 수 있다. 기분을 개선할 수 있는 활동을 인지한 다음 의욕이 없는 환자에게 어떤 활동이 수월할지 살펴본다. 부정적인 기분을 유발하거나 회피로 작용하는 활동 중에서 환자가 쉽게 줄여 나갈 수 있는 요소를 파악한다. 이후 단계적인 계획하에 회

피 행동의 시간과 빈도를 점진적으로 줄여 간다. 회피 수단으로 하루에 5시간씩 컴퓨터 게임에 몰두하던 환자에게 시작부터 30분으로 줄이도록 한다면 실패할 것이다. 환자와 협력적으로 상의해서 합리적인 시간을(예: 이틀마다 10분씩 줄여 나가기) 결정하면 성공할 가능성이 높다. 부정적인 정서와 관련된 행동에 대해서도 점진적 접근법은 동일하다. 걸어서 식품점에 다녀왔을 때 애딜린의 기분이 잠시나마 나아졌다가 다시 악화된 점에 메이는 주목했다. 여기서는 증진시켜야 할 행동에 먼저 초점을 뒀다.

메이: 애딜린의 생각에는 기분의 일시적인 호전이 산책과 식품점 중 어디에서 비롯된 것 같나요?

애딜린: 아마도 산책으로 생각해요. 보통 식품점은 운전해서 다니고 장보기를 그렇게 좋아하는 편도 아니에요.

메이: 산책 후에 기분이 잠시 나아졌다가 다시 나빠졌군요. 이번 주말에 걷기 활동을 늘려 보면 어떨까요?

애딜린: 글쎄요. 혼자 걸으면 좀 외로운 느낌이 들 때가 있어요. 어쩌면 이 때문에 기분이 나빠진 것 같아요.

메이: 함께 걸을 수 있는 친구가 있을까요?

애딜린: 같이 동네를 산책하자고 물어볼 수 있는 사람이 있기는 해요. 옆집의 이웃이 제게 몇 차례 권유하기도 했어요. 그녀는 운동량을 늘리는 중이에요.

메이: 정말 좋은 생각이네요. 산책이 기분에 도움이 되는지 지켜보는 과정은 흥미로울 것 같아요. 언제부터 시작할 수 있겠어요?

애딜린: 오늘 오후에 전화해서 내일부터라도 가능할지 물어보려고 해요.

메이: 혹시 어렵다고 하면 어쩌죠? 그녀가 다른 날짜를 선택하도록 기회를 줄 수 있을까요?

애딜린: 가능할 것 같아요. 한 번은 이웃과 걷고, 또 한 번은 혼자 산책해서 기분 차이를 확인해 볼 수도 있겠어요.

메이: 좋습니다. 가능한 날짜를 정해 보도록 하죠. 혼자 걷는 시간은 우리가 정할 수 있겠고, 함께하는 산책은 이웃의 일정에 맞춰야 하니 여러 가지 선택지를 고려해 봅시다.

🎯 위험도 평가

치료자는 필요한 경우 환자의 위험도를 평가해야 한다. 우울증 환자를 치료함에 있어 항시 자살사고와 자살시도의 가능성을 염두에 둬야 하기 때문이다. 우울증에 대한 자가보고식 평가척도를 활용하고 있는 상황이라면 관련된 항목에 늘 주의를 기울여야 한다. 환자가 자살사고를 보고할 경우 안전을 위한 평가를 반드시 진행해야 한다. 평가척도를 사용하지 않는 경우에는 치료자가 직접 자살사고와 계획에 대해 질문한다. 초기 면담에서 위험도 평가는 일상적으로 이뤄져야 한다. 제3장에서 소개했던 치료성과 척도(Outcomes Questionnaire: OQ; Lambert et al., 1996) 같은 평가지를 정기적으로 활용하는 것도 유용하다. 이 척도는 지난 한 주간 환자가 자살을 생각한 빈도를 평가하는 "위기 항목"을 포함하고 있어 치료자에게 주의를 제공한다. 자살의 위험도를 파악할 때는 단도직입적으로 질문해야 한다. "사람들은 때때로 우울감으로부터 벗어나고 싶어 자해를 생각하고는 합니다. 혹시 당신도 이처럼 자해나 자살을 생각했던 적이 있을까요?"처럼 물어볼 수 있다. 여기서 환자가 자살사고를 이야기한다면 치료자는 이것이 적극적인 의지의 표현인지, 단지 정서적인 고통으로부터 벗어나고 싶은 마음인지 구분해야 한다. 이 두 가지는 다른 의미를 갖는다. 환자가 삶을 거부하고 생을 마감할 계획을 세우고 있다면 임박한 자살의 위험에 대해 특별히 주의해야 한다. 이러한 상황은 죽음에 대한 적극적인 소망은 없지만 고통과 스트레스에서 벗어나고 싶은 마음에 수동적으로 죽음을 떠올리는 경우보다 훨씬 심각한 시나리오다. 환자가 자살사고를 보고한 어떤 경우라도 치료자는 이를 주의해야 하고, 혹시라도 임박한 위험에 처한 상황은 아닌지 면밀히 살펴야 한다. 심각한 우울증 환자의 약 15%가 자살로 생을 마감한다는 사실을 감안하면, 자살사고, 계획, 의도, 방법, 잠재적인 대항력 등에 대한 평가가 필수적이다. 자살 위험이 높은 우울증 환자를 대하는 치료자가 참조할 만한 훌륭한 저서들이 있다(예: Bongar, 2002; Jobes, 2006). 집안에 위험한 무기나 음독 가능한 약, 자해나 타해의 위험이 있는 도구들이 있는지 검토한다. 살아야 될 이유와 같은 방어인자도 함께 평가한다(Jobes, 2006).

🎯 효율적인 활동을 선택하기

지금까지 논의한 것처럼 행동활성화 치료자가 치료의 목표로 삼아야 할 두 종류의 행동 또는 활동이 있다. 하나는 기분과 삶의 여건을 개선하는 활동으로, 이것은 증진시켜야 할 목표다. 다른 하나는 우울감을 지속되게 하거나 삶의 질을 떨어뜨리는 활동으로, 이는 감소시켜야 할 목표다. 환자는 어떤 활동을 증진 또는 감소시킬지 선호도를 표현하기도 한다. 가장 빠른 효과를 보일 수 있는 행동을 선택하는 것이 바람직하다. 환자와 행동활성화 모형을 논의할 때 치료자는 우울증을 완전히 회복하는 데 충분치는 않아도 당장의 불편감을 완화할 행동, 즉 '부수적인 문제'가 좋은 시작점이 될 수 있다고 환자에게 설명한다. 많은 시간과 노력이 필요한 장기간의 근본적인 변화에 앞서 먼저 우울감을 유발하는 행동의 짧은 악순환 고리를 끊어 내도록 시도한다. 취업이라는 장기적인 목표에 선행해 신체 활동과 사회적 교류의 증진을 목표로 하는 것이 환자의 기분에 더 영향을 미칠 것이다.

🎯 모든 것을 함께 적용하기

[그림 4-2]는 애딜린이 작성한 활동기록지의 예시로(해당 양식은 [부록 1]에 첨부) 월요일은 모든 시간대, 그리고 화, 수, 목, 토요일은 일정 시간대에만 기록했다. 활동기록지를 보면서 이 장에서 논의했던 질문들을 떠올려 보자. 시간을 갖고 검토하면서 다음의 질문에 답해 보도록 한다.

- 활동-기분의 상관관계는 어떤가?
- 기록지에 보고된 전반적인 정서 상태는 어떤가?
- 일상의 습관을 방해하는 요소는 무엇인가?
- 기능을 방해하는 회피 양식은 어떻게 되는가?
- 증진 또는 감소시킬 목표 행동은 무엇이 될까?

	월	화	수	목	금	토	일
오전 7	취침		취침	취침			
8	침대 안 슬픔-10점		취침	취침			
9	침대 안 슬픔-10점		침대 안 두려움-8점	취침			
10	침대 안 짜증-10점 슬픔-8점	직장 끔찍함!	샤워 즐거움-1점 성취감-1점	취침			
11	직장으로 이동 불안-4점					독서 정원 가꾸기 만족감-6점 성취감-10점	
12	웹 사이트 작업 지루함-6점 슬픔-7점 성취감-0점 즐거움-0점		직장으로 이동 짜증-10점			텃밭의 잡초 제거 만족감-6점 성취감-10점	
오후 1	위와 같음						
2	위와 같음						
3	위와 같음						
4	집으로 이동 안도감-8점						
5	샐러드 먹기 지루함-8점 즐거움-1점						
6	잡지 보기 우울감-3점 성취감-1점						
7	음성 사서함 듣기 우울감-7점						
8	TV 보기 슬픔-9점 성취감-0점					엘렌과 저녁 식사 안도감 성취감-9점 즐거움-5점	
9	위와 같음						
10	위와 같음						
11	잠자리에 들기						
12	취침		침대 안 뒤척임				

[그림 4-2] 애딜린의 활동 및 감정 기록지

애딜린의 활동기록지에서 파악해야 할 부분

　애딜린의 기록지에서 행동 양식을 찾아보고 이를 더 자세히 이해하기 위해 치료자가 할 만한 질문을 떠올려 보자. 애딜린은 침대에서 많은 시간을 보내며 늦잠을 자고는 한다. 이것은 치료자가 시간을 할애해 세부적으로 규명해야 할 중요한 행동이다. 치료자는 이런 행동 양상이 기록에 없는 다른 날에도 반복되고 있는지 물어볼 수 있다. 그녀는 잠에서 깬 늦은 아침까지도 침대에 누워 시간을 보내는 경향이 있다. 다음의 대화를 살펴보자.

> **메이:** 늦잠에 대해서 좀 더 이야기해 줄 수 있나요?
>
> **애딜린:** 음……. 늘 피로해서 늦잠을 자거나 침대에 누워 있어요.
>
> **메이:** 목요일처럼 늦잠을 자고 일어났을 때와 월요일과 수요일처럼 기상 후에도 침대에 누워 있을 때 기분 차이가 있나요?
>
> **애딜린:** 아마도 늦잠 후 기상할 때는 좀 피곤하지만 결국 일어나서 커피를 마시거나 샤워를 하면 기분이 약간 나아지는 것 같아요. 반면에 깨서도 계속 침대에 머무를 때는 피로감이 지속돼요.
>
> **메이:** 이것이 밤에 잠자리에 드는 시간과 관련이 있을까요?
>
> **애딜린:** 글쎄요. 어쩔 때는 하루 종일 잘 수 있을 것 같은 기분이 들어요.
>
> **메이:** 그렇다면 수면의 질은 어떨까요?
>
> **애딜린:** 맞아요. 밤새도록 뒤척인 다음 날에는 종종 늦잠을 자게 돼요. 반면에 잠에서 깬 뒤로 침대에 누워 있는 경우는 보통 새로운 하루가 버겁게 느껴져 그렇고요.

　메이는 침대에 늦게까지 머무르는 행동에서 중요한 기능적 차이를 발견했다. 애딜린이 가끔씩 수면이 개운하지 않다는 사실도 알았다. 숙면이 어려워 늦잠을 자는 것과, 버거운 하루에 대한 부담으로 침대에서 시간을 보내는 행위에는 서로 다른 활성화 전략이 필요하다. 다음 장에서는 이것에 대해 자세히 언급하도록 하겠다.

활동기록지를 검토한 후 무엇을 목표로 정하는가

애딜린의 활동에 문제점이 많아 치료자는 어디서부터 손을 대야 좋을지 결정하기 난감할 것이다. 이는 환자에게도 마찬가지다. 여러 개의 문이 있는 방에서 어떤 문을 선택해야 원하는 곳으로 빨리 나갈 수 있는지 고르는 상황과 비슷하다. 항우울제로 작용할 행동을 파악하는 핵심은 행동의 선후관계에 달려 있다. 애딜린이 침대에서 오랜 시간을 보냈던 결과들을 떠올려 보자. 이 모든 시간은 슬픔과 두려움이라는 고통스러운 감정을 불러일으켰다. 치료자는 장시간 침대에 누워 있는 행위가 기분에 미치는 영향을 환자에게 물어볼 수 있겠다.

메이가 두려움에 대해 질문했을 때 애딜린은 직장에 출근하는 일과 업무의 지루함이 그렇다고 했다. 이어서 메이는 화요일에 기록된 "직장, 끔찍함!"에 대해 물어봤다. 이처럼 활동기록지에 환자가 너무 적은 양의 정보만을 기록했을 때의 사례로, 이런 경우 치료자는 문제를 규명하기 위해 보다 구체적인 질문을 이어 가야 한다. 애딜린은 인내심이 한계에 다다른 느낌으로 새 직장을 찾는 데 온종일 절망적인 기분이 들었다고 했다. 메이가 그녀에게 혹시 이직을 알아보고 있었는지 물어보자 애딜린은 "아니요. 최근 몇 달은 못했어요."라고 답했다.

메이는 아침에 침대에 머무르는 시간을 줄여야 할 행동으로 가정했다. 그러기 위해서는 해당 시간에 다른 활동을 늘리는 것이 중요했기에 활동기록지에서 가능한 대안을 찾아봤다. 애딜린은 독서를 하거나 정원을 가꾸며 만족감을 느꼈다. 그녀가 당장 내일 아침부터 침대에서 벌떡 일어나 정원을 가꾸거나 곧장 출근하기는 어렵겠지만, 기상 후 커피를 마시며 좋은 책을 몇 장 읽는 습관을 만드는 시도는 적절한 시작점이 될 수 있겠다.

애딜린은 월요일에 퇴근한 뒤로 안도감을 느꼈다. 그날은 오전 11시에 출근한 뒤 비교적 일찍 퇴근했는데, 이는 회피 행동의 한 예로 잡지를 읽고 우울했던 것처럼 또 다른 회피로 이어졌으므로 감소시켜야 할 행동이었다. 일찍 귀가해서 아무 생각없이 잡지를 뒤적이기보다는, 직장에 머무르면서 업무를 수행할 수 있도록 계획하는 방향이 유용할 것이다. 음성 사서함을 확인했을 때에도 애딜린의 기분은 우울했지만, 그렇다고 이것을 무작정 감소시킬 행동으로 간주하면 안 된다. 애딜린의 기분이 좋지 못했던 이유는 그녀의 소극적인 모습에도 우정이 지속되길 원하는 친구 엘렌(Ellen)에게서 온 메시지 때문이었다. 실제로 기록지를 보면 토요일에 둘은 같이 식사를 했고, 애딜린은 안도감과 함께 강한 성취감을 느꼈다. 이런 편안함은 그녀가 적어도 친구 한 명은 피하지 않았다는 사실에서 기인했다. 이것이 그날 오전의 독서, 정원 가꾸기, 텃밭의 잡초 제거 후 발생했다는 점에 주목하자. 애딜린은 마지막 잡초를 다 뽑은 직후에 엘렌에게 연락해서 저녁 식사에 초대했다. 무기력함은 무기력함을 낳고, 활동성은 활동성을 낳는다. 바로 이 점이 토요일에 잘 드러났다. 친구들과의 접촉을 증진하는 일은 자연적인 강화를 유발하는 행동을 늘린다는 행동활성화의 원칙에 부합한다. 문제 해결 지향적이며, 작은 것부터 변화를 시작하려는 행동활성화 치료의 다른 원칙과도 일치한다. 토요일에 애딜린이 수행했던 작은 변화들이 기분에 긍정적인 영향으로 작용했음을 떠올려 보자. 애딜린의 코치로서 메이는 이제 기분이나 삶의 여건을 나아지게 할 수 있는 보다 지속적인 활동을 계획하도록 도울 것이다.

요약

행동활성화 치료자는 늘 활성화가 불러오는 선물에 집중해야 한다. 기분의 호전을 목적으로 환자와 협력해서 작성한 활동 계획을 이행하는 데 무엇이 도움이 되고 방해가 되는지를 항상 확인한다. 활동을 기록하는 여러 방법이 있지만 일반적으로는 활동기록지를 활용한다. 그렇다고 해서 치료자는 환자가 자신의 활동을 평가하고 기록하는 데 경직된 자세를 취하게 할 필요는 없다. 〈표 4-1〉에 치료 목표를 규명하기 위한 기본적인 원칙을 나열했다. 제5장에서는 환자의 참여와 활성화를 위해서 구조화와 스케줄을 이용한 활동 계획을 구성하는 방법에 대해 알아보겠다.

〈표 4-1〉 치료 목표를 규명하기 위한 기본 원칙

- 환자가 겪고 있는 핵심적인 문제들을 정의하고 기술한다.
- 행동 양식을 평가한다.
- 기능을 분석한다. – 전형적인 상황에서 나타나는 선행인자, 행동, 행동에 따른 결과를 평가한다.
- 활동기록지 또는 다른 자가 관찰법을 활용한다.
- 활동을 관찰한다.
- 기분과 정서를 관찰한다.
- 성취감과 즐거움을 관찰한다.
- 그것의 강도를 측정한다.
- 일상 습관에 지장을 주는 요인과 회피 양상을 파악한다.
- 환자의 위험도를 평가한다.
- 우울증의 악순환 고리를 끊을 수 있는 활동을 환자와 협력해 선택한다.
- 변화를 위한 첫 단계를 파악한다.

핵심 요점   >>>>>>

- 우울증은 사람마다 다양한 양상으로 발현되므로 행동활성화 치료는 환자 각각의 경험, 목표, 요구에 의해 달라진다.

- 행동 평가는 행동 양상의 단서와 결과를 파악하여 환자의 삶에서 핵심적인 문제를 규명하는 데 도움을 준다.

- 활동과 기분을 관찰하는 일은 한 주간에 벌어진 상황과 행동 및 당시의 기분 상태를 이해할 수 있는 기본적인 도구가 된다. 활동기록지는 매일의 시간 단위로 평가하거나 활동과 기분의 변화를 가장 잘 추적할 수 있는 각자의 방법으로 기록하고 활용한다.

제5장

활동을
계획하고
구조화하기

활동을 계획하고 구조화하기   제5장

"계획은 혼란과 변덕을 막아 준다.
그것은 일상을 붙드는 그물이다."

─애니 딜라드(Annie Dillard)

　관찰했던 활동들을 검토하던 회기에서 애딜린은 활동과 기분 사이에 중요한 연관성을 깨달았다. 그녀는 이전까지 그런 관계를 전혀 감지하지 못했다. 그저 우울감은 모든 것을 어둡게 칠하며 모습을 드러내는 기분으로 여겼다. 걱정과 긴장감도 늘 있었다. 우울감과 걱정에서 벗어나 안도감을 경험했던 순간처럼 이제는 기분에도 많은 미묘한 변화가 있었다는 것을 알게 됐다. 애딜린은 정원에서 일할 때 만족감을 느꼈다. 몇 주간 친구들을 피했지만 엘렌과 저녁식사를 함께하면서는 편안함을 느꼈다. 애딜린은 연락이 없던 그녀에게 엘렌이 화를 내기는커녕 도움이 되고 싶어 했다는 사실을 알고 나서 많이 놀랐다.

　애딜린은 메이와 함께 이런 변화를 검토하면서 다음 한 주에 늘려 볼 수 있는 활동을 찾기 시작했다. 그녀는 더 많은 친구들과 연락하면 기분에 도움이 될 것이라고 생각했다. 메이에게 직장 친구 두 명, 오래된 친구 세 명, 이웃 몇 명에게 연락을 시도해 보겠다고 알렸다. 오래된 친구 중 두 명은 애딜린의 전남편

과도 아는 사이였다. 그들은 결혼이 파국으로 치달을 무렵의 극적인 논쟁을 목
격했는데, 이 과정에서 자신을 비난한 전남편에 동조해 당혹감과 두려움을 줬
던 친구들이다. 메이는 그녀를 불편하게 했던 경우를 포함해 이렇게 많은 사
람에게 연락하는 행동을 바로 시작하는 것은 과하다고 짚어 주었다. 대신에 작
은 것부터 체계적으로 시작해 풀어 나가는 과정이 성공할 가능성이 높다고 설명
했다. 애딜린은 "이제 무엇이 도움이 될지 알았으니 가급적 제 자신을 밀어붙여
서 많은 활동을 해야 한다고 생각했어요."라고 했다. 메이는 다음과 같이 응답했
다. "당신의 기분이 호전될 수 있는 활동을 찾아낸 것은 정말 훌륭한 일이에요.
단지 염려되는 부분은 이번 회기에서 많은 계획을 세웠다가 다 성취하지 못했을
때 애딜린의 사기가 저하되지는 않을지 걱정돼요. 부담되지 않을 정도의 계획을
세워 보면 어떨까요? 친구들과 다시 연락하기 위해 이번 주에 당신이 할 수 있는
가장 자신이 있는 한 가지 활동은 무엇인가요?" 애딜린은 엘렌을 만나서 커피를
마시는 것이 합리적인 출발점이라고 생각했다. 이렇게 우정을 지속한다면 기분
이 훨씬 나아질 것으로 보였다. 엘렌의 사교성이 향후 오래된 친구들과 연락하
는 데 도움이 될지도 모른다고 생각했다. 약속은 수요일 퇴근 후나 돌아오는 토
요일 아침에 잡기로 계획했다.

　애딜린은 정원에서 일할 때의 만족감을 좋아했다. 메이는 그녀에게 다음주에
는 정원에서 무엇을 할 계획인지 물어봤다. 그녀는 밭에 거름이 필요함을 상기했
고, 이것도 활동 계획에 기입했다. 메이로부터 새 활동 계획표를 받은 애딜린은 다
가오는 한 주의 특정 시간대에 생각했던 계획을 적어 갔다. 토요일 오후에는 '묘
목장에 들러 거름 3봉지 구입하기'로 기록했다. 그리고 거름을 사고 나면 그대로
방치할 가능성이 높으니까 '텃밭에 거름 뿌리기'는 일요일 오전 11시로 기입했다.

　메이는 그녀에게 이런 계획을 실천하는 과정에서 방해가 될 만한 요소는 없
을지 질문했다. 애딜린은 비 오는 날씨를 떠올렸고, 거름 뿌리기 옆에 '비가 와
도'라고 추가로 써 두었다. 그녀와 메이는 다음 회기에서 이런 활동을 통해 어
떤 기분을 느꼈는지 이야기해 보기로 했다. 그리고 나머지 시간에도 꾸준히 활
동과 기분을 관찰하기로 했다.

서론

이 장에서는 행동활성화의 핵심 주제인 활동 계획하기(scheduling) 및 구조화(structuring)에 대해 다룰 것이다. 행동활성화 치료의 효과를 검증한 여러 메타분석 문헌은(예: Ekers, Webster, Van Straten, Cuijpers, Richards, & Gilbody, 2014) 어떤 형태로든 활동 관찰하기와 계획하기가 포함된 연구들이었다. 이들의 효과는 우울증 치료에 이미 충분히 입증되었다. 치료에서 변화를 야기하는 공통된 요인들이 있는데, 행동활성화 치료는 활동 목표의 설정, 계획, 참여, 결과의 평가 등으로 구성된다. 모든 행동활성화 전략은 이 목표를 향해 고안됐다. 활성화를 가로막는 장애물을 규명한 뒤 이러한 전략(예: 회피 행동의 교정)을 잘 활용해서 극복하고 활성화에 초점을 유지하도록 한다.

환자와 치료자가 활동의 기저점을 인지하고 행동의 기능에 대한 초기 가설을 세운 뒤 치료는 바로 활동 계획하기와 구조화로 넘어간다. 행동 모형에서는 낮은 수준의 긍정적 강화와 높은 수준의 처벌이 우울증을 일으킨다고 본다. 그렇다면 우울증의 행동치료에서 활성화의 위상은 어떻게 될까? 사람들은 우울해지면(특히 무기력, 위축, 무감동의 상태에 놓이면) 긍정적 강화로 작용할 행동이 감소된다. 회피 행동은 부정적 강화를 통해 늘어난다. 행동주의 관점에서 환자를 활성화시킨다는 목표는 긍정적 강화로 작용할 가능성이 높은 상황에 참여할 빈도를 늘리는 것이다. 이 장에서 활성화를 촉진할 핵심 전략에 대한 논의를 이어가겠다.

활성화를 촉진하는 방법

대부분의 우울증 환자는 활동을 늘리면 좋다는 사실을 인지하고 있다. 실제로 많은 환자가 '계속 움직이면 뭔가를 이룰 수 있고 기분도 나아지겠지.'라며 스스로 수도 없이 되뇐다. 이런 이야기를 다른 사람들에게도 귀가 따갑게 듣는다. 환자가 가장 어려워하는 일을 치료자가 요청해야 한다는 게 행동활성화의 역설이다. 사회적 위축, 무기력, 흥미와 즐거움의 감소는 모두 우울증 증상인데 치료를 어떻게 계획해야 여기서 벗어날 수 있을까? 이것은 행동활성화 치료가 마주하게 될 난관이자 도전 과제다.

제2장에서 제시된 행동활성화 치료의 열 가지 핵심원칙을 돌이켜 보자. 이 중에서 1, 4, 5번의 세 가지 원칙은 활성화 및 행동 계획과 직접 관련이 있다. 다음에서 각각을 논의하며 이것이 종합적으로 치료자가 환자를 활성화로 어떻게 인도하는지 설명하겠다.

원칙 1: 사람들의 기분을 변화시키는 열쇠는 그들의 행동이 달라지도록 돕는 데 있다

부정적 기분은 부정적인 동력으로 작용하는데, 역으로 행동이 기분을 조절한다는 개념은 행동활성화 치료의 주된 목적을 잘 반영한다. 기분이 우울할 때 사람들은 계속 우울해지는 방향으로 움직이는 경향이 있다. 저자들의 친구이자 동료인 마샤 린네한(Marsha Linehan)은 "감정은 스스로를 사랑한다."라고 했다. 우울감은 이에 부합하는 활동을 야기한다는 의미다. 행동활성화 치료의 개입법은 환자가 기분이나 내적 감정보다는 목표와 계획에 따라 활동하도록 권한다. 부정적인 기분의 성질을 환자에게 교육하고 '안에서부터 밖으로'가 아닌 '밖에서부터 안으로'(Martell et al., 2001)의 활동을 고려해 보도록 한다. 늘 피로하고 무기력하며 활동에서 즐거움을 얻지 못하는 우울증 환자들은 과거에 기쁨을 주었던 활동마저도 참여하지 않게 된다. 행동활성화 치료자는 이런 상황을 역전시켜서 기분이 아닌 목표와 계획에 따라 밖에서부터 행동하라고 치료자에게 주문한다. 의욕이 없더라도 과거에 즐겼던 활동을 다시 해 보거나 궁극적으로 즐거움을 불러올 활동을 증진시키도록 요청한다. '밖에서부터 안으로' 활동의 목적은 환자의 삶에서 긍정적인 보상의 빈도를 늘려 우울감이라는 부정적인 동력을 역전시키는 데 있다.

환자들은 '밖에서부터 안으로' 하는 행동이 가식이나 거짓 꾸밈은 아닌지 염려한다. 이런 우려를 이해할 수 있다. 그런데 환자에게 느껴지지 않는 기분을 가장하라고 강요하는 것은 아니다. 행동활성화 치료는 환자에게 활동을 수행함에 있어서 기분을 따질 필요가 없다고 제안한다. 부자연스럽거나 거짓처럼 느껴질지도 모르는 감정 대신 계획에 따라 행동하도록 요청한다. 어떤 치료자는 환자의 이런 질문에 당황해서 말문이 막히거나 그런 가식이 도움이 된다고 동의하기도 한다. 오른손잡이가 팔을 다쳐서 왼손으로 일상에 대처하는 상황을 떠올려 보자. 왼손으로 보내는 하루가 처음에는 낯설 것이며, 부자연스러운 손에만 의지해야 해서 더 그럴 것이다. 왼손으로 컴퓨터 작업을 하거나 서투르게 커피를 내리면서 내 몸 같지 않은 불편감이 느껴질 수 있다. 이런 일들을 하려면 팔이 다치기 전보다 많은 노력과 몰입이 필요하다. 하지만 시간이 갈수록 익숙해져서 나중에는 왼손만으로 하는 생활이 수월해진다. 결국 다쳤던 오른팔은 회복되며, 다시 양손을 쓸 수 있는 '정상으로 복귀'한다. 이 비유는 치료자가 환자에게 요청하는 것이 무엇인지 잘 보여 준다. 치료자는 기분이 회복될 때까지 이렇게 어색하고 노력이 필요하며 부자연스럽게 느껴지는 '밖에서부터 안으로'의 활동을 시도하도록 환자에게 요청한다. 기분이 개선되면 일상적인 활동이 자연스럽게 이뤄질 것이다.

밖에서부터 안으로 하는 활동은(초기에는 어색하고 부자연스럽지만) 거짓 꾸밈과는 다르다. 행동활성화 치료는 환자들에게 그렇게 느끼는 것처럼 가장하거나 마치 그런 것처럼 행동하라고 요구하지 않는다. 차이는 미묘하다. "어두운 하늘이 곧 갤 테니 웃어 보세요."처럼 오래된 노래 가사를 따라 하는 것을 원하지 않는다. 구름이 걷힐 때까지 기쁜 척하는 것은 좋은 생각일지는 몰라도 도움이 안 된다. 환자들이 감정을 인지하고 허용하면서도, 그들이 우울하지 않았을 때 했던 활동들을 떠올리고 수행할 방법을 찾기를 바란다. 어떤 이는 부끄럽지만 낯선 사람에게 길을 물어볼 수 있고, 또 어떤 이는 두렵지만 이웃의 덩치 큰 반려견을 쓰다듬을 수도 있다. 어떤 이는 기분은 우울하지만 날씨, 인기 TV 프로그램, 추천 서적과 같은 소재로 친구와 대화를 나눌 수도 있다. 이런 행동을 통해 궁극적으로 기분이 변하기 때문에 저자들은 이를 '밖에서부터 안으로' 활동이라고 부른다. '~처럼 행동하기' 전략은 과거 알프레드 아들러(Watts, 1999)부터 시작해서, 조지 켈리(Kelly, 1955)의 '고정역할치료(fixed role therapy)'나 변증법적 행동치료(DBT; Linehan, 1993)의 '반대로 행동하기(opposite action)'와 비슷한 개념으로 근거가 검증된 치료 전략이다.

'밖에서부터 안으로' 활동에 대한 또 다른 염려를 우울감이 생물학적인 원인에서 비롯된다는 점이다. 만약 진짜 문제가 생리적인 부분에 있다면 행동적인 접근이 답이 될지 의문을 갖는 것이다. 많은 우울증 환자가 항우울제를 현재 복용 중이거나 그랬던 경험이 있다. 약물 치료 반응은 환자마다 다르다. 항우울제를 복용하는 것이 더 나은 치료가 아닌가 하고 사람들은 의문을 갖는다. 이때 행동활성화 치료자는 우울증을 치료하는 방법에는 여러 입증된 길이 있다고 이야기한다.

무작위 배정 임상연구들을 통해 행동활성화 치료와 인지치료 모두 항우울제만큼의 치료 효과가 입증됐다(DeRubeis et al., 2005; Dimidjian et al., 2006). 인지적 개입과 행동적 개입은 항우울제 단독 치료보다 우울증 재발 방지에 효과적이다(Hollon, Stewart, & Strunk, 2006). 따라서 약물 치료가 제공하지 못하는 장기적 이득을 환자에게 설명하는 것이 도움이 된다.

활동 변화가 기분과 생물학적 특성에 직접적으로 영향을 줄 수도 있다. 많은 연구 문헌은 운동이 우울감을 개선시킨다고 보고했다. 던과 동료 연구자들은(Dunn, Trivedi, Kampert, Clark, & Chambliss, 2005) 미국 대학 스포츠의학회(American College of Sports Medicine)의 기준에 따라 주 3~5일 규칙적인 운동이 위약이나 낮은 강도 운동보다 우울증에 효과적이라는 사실을 밝혀냈다. 메이더(Mather et al., 2002) 등은 주요우울장애로 진단된 노인 환자들을 대상으로 운동에 참가한 그룹이 단지 사회적 교류만을 수행했던 그룹에 비해 우울 증상이 중등도 이상 감소했음을 증명했다. 브라운과 동료들은(Brown, Ford, Burton, Marshall, & Dobson, 2005) 중년 여성에서 육체적 활동 증진이 신체적, 정신적 건강 상태와는 무관하게 우울 증상을 완화한다고 보고했다. 우울증과 불안증 모두에 대한 치료법이자 예방 전략으로 운동의 가치를 검토한 최근 문헌들은 운동이 약물 치료만큼 효과적이며, 치료 순응도는 더 높고, 치료 탈락률은 비슷하다고 결론지었다(Carek, Laibstain, & Carek, 2011; Schuch et al., 2019). 이러한 연구들은 행동 변화가 기분을 변화시킬 수 있다는 것을 확인시켜 준다.

미시간 대학의 심리학 및 신경학과 엘리엇 발렌스타인(Elliot Valenstein) 명예교수는 "출생 전후의 경험이 뇌 구조와 기능을 형성하고, 행동과 사고에 큰 영향을 준다는 데 의문의 여지가 없다."라고 했다(Valenstein, 1998, p. 141). 경험과 활동은 생리적으로 작용한다. 행동은 생리에서 비롯되지만 생리는 행동에 영향을 받는다. 2004년 개최된 '운동의 신경생물학' 전문가 워크숍 이후 디쉬맨과 동료들(Dishman et al., 2006)은 종설 문헌을 통해 "지속적인 신체 활동이 뇌건강을 증진시킨다(p. 346)."라고 결론지으며 운동 신경생물학의 범주를 확대했다. 이들은 동물 연구에서 육체적 활동이 뇌 성장인자(brain growth factors)를 활성화해 신경발달을 촉진하고, 해마 형성체(hippocampal formation)의 허혈성 뇌손상 및 신선조체(neostriatum)의 신경독성 손상에 대한 보호인자라는 것을 증명했다(Dishman et al., 2006, p. 346).

사람을 대상으로 한 임상 연구도 약물학적 개입 없이 뇌의 화학작용이 변할 수 있다고 보고했다. 슈워츠와 동료들은(Schwartz, Stoessel, Baxter, Martin, & Phelps, 1996) 강박장애 환자군에서 행동치료에 반응이 있던 그룹이 그렇지 않은 그룹에 비해 뇌의 당 대사 활성도에서 큰 차이가 있음을 발견했다. 이 연구는 9명의 참가자를 대상으로 진행됐다는 제한점이 있다. 강박장애 환자 22명을 분석한 다른 연구에서는 성공적인 행동치료 후 동일 부위에서 국소적 뇌 혈류 변화를 확인할 수 있었다(Nakatani et al., 2003). 인지행동치료의 신경생물학적 반응은 사회공포증을 대상으로 한 연구에서도 비슷한 결과를 보였다(Furmark et al., 2002).

인지행동치료로 호전된 우울증 환자들에 대한 뇌 영상 연구 결과들도 있다. 변연계의 활성도 증가와 대뇌 피질의 활성도 감소가 확인되었다(Goldapple et al., 2004). 이 연구 저자들은 성공적인 인지행동치료 후 대사의 변화를 치료 반응을 매개하는 심리적 기전(지향적 주의, 보상에 기반한 의사 결정, 부각된 정서의 관찰, 기억 작업, 자기 지시적 처리, 인지적 반추와 같은)과 신경학적인 연관성의 근거로 주목했다. 뇌 영상 다기관 메타분석연구는 약물 치료 반응군과 인지행동치료 반응군 간에 신경활성 패턴에 차이가 있다고 보고했다(Seminowicz et al., 2004). 두 그룹 간의 특정 패턴은 상이했음에도 불구하고, 각각의 치료 모두가 뇌 활성도의 현저한 변화를 야기했다. 수많은 연구를 통해 항우울제는 재발을 방지하는 데 한계가 있지만, 인지치료의 효과는 보다 꾸준히 지속된다고 알려졌다(DeRubeis, Siegle, & Hollon, 2008).

대규모 임상시험에서 우울증 행동활성화 치료는 인지치료에 비해 급성기 치료반응이 우월했고, 2년 이상 장기 반응률은 유의미한 차이가 없었다. 과거에 항우울제(파록세틴, paroxetine)로 치료했던 경우와 24회기 이하의 인지치료나 행동활성화 치료를 받았던 경우를 비교했을 때, 전자에서 재발이 잦았다(Dimidjian et al., 2006; Dobson et al., 2008). 행동활성화 치료 후의 뇌 영상 자료들도 비약물학적 개입이 생물학적 변화를 일으킨다는 주장을 지지한다(Dichter et al., 2010, 2015). 행동활성화 치료에서 환자는 간단한 운동, 집안일, 복잡한 업무에 이르기까지 다양한 활동을 증진해 나간다. 문제를 곱씹기보다 적극적으로 해결하고, 회피하지 않고 행동하도록 격려된다.

일상의 꾸준한 활동은 정신적, 신체적 건강의 보호인자다. 특히 여가 활동은 청소년기부터 성인과 노인 모두에게 스트레스에 대한 대항력을 늘려 건강한 삶을 지원한다(Caldwell, 2005). 청(Chung, 2004)은 홍콩의 양로원에 거주하는 노인들을 대상으로 연구를 시행했는데, 일상적인 활동과 여가 활동에 참여한 그룹이 그렇지 않은 그룹에 비해 행복감이 더 큰 것으로 나타났다.

의미 있는 일도 정신건강에 긍정적 영향을 준다. 멀린크로트와 베넷(Mallinckrodt & Bennet, 1992)은 사회적 지지가 보호인자로 매개하더라도 실직한 육체노동자는 우울증에 취약하다는 것을 밝혀냈다. 블루스타인(Bluestein, 2008)은 "일은 정신건강의 증진에 핵심 요소다."라고 했다(p. 230). 의미 있는 일은 만족감과 안녕의 근원이다. 하지만 실직자가 단순히 직업을 찾는다고 삶의 만족도가 회복되지는 않는다(Lucas, Clark, Georgellis, & Diener, 2004). 행동활성화 치료자는 환자의 문제에 간단한 답을 제시하지는 않는다. '단순히 새 직업을 찾는' 과정은 우울증 치료에 충분한 답이 되지 못한다. 그럼에도 불구하고 대부분의 성인은 사회적 교류나 성취감을 직장과 직업적인 관계에서 찾는다는 것 또한 사실이다.

행동활성화 치료를 받는 환자에게 앞에서 언급한 이런 지식들을 참조하도록 안내하면 도움이 된다. 여러 과학적인 연구 결과가 행동활성화의 기본적인 치료 모형을 통해 기분을 개선시킬 수 있다는 사실을 입증하고 있다. 이것이 환자가 치료에 적극적으로 참여하도록 도울 것이다. 이후 치료자와 환자는 어떤 활동에 초점을 맞추는 것이 가장 적절한지, 그리고 어떤 형태의 '밖에서부터 안으로' 과제를 시작할지 결정하고 실행에 옮긴다.

원칙 4: 기분이 아닌 계획에 의거하여 활동을 구조화하고 편성한다

행동 평가의 과정은 환자와 치료자가 목표가 되는 활동을 선택하고 견고하게 만드는 것이다. 다음 단계는 활동의 계획과 구조화이다. 활동을 계획하는 이유는 시간(때로는 장소)을 특정하면 활동을 극대화하는 데 도움이 되기 때문이다. 그렇다고 모든 활동 과제마다 계획이 필요한 것은 아니다. 환자가 다음 회기 전까지 친구에게 연락해 보는 정도로 충분할 때도 있다. 하지만 많은 경우에서 계획의 달성을 방해하는 기분에 따라 행동하려는 경향이 있으므로 구체적으로 활동을 계획하는 것이 유용하다. 활동 계획하기는 활동에 전념할 시간을 특정해 두는 약속으로, 환자가 기분 상태와 무관하게 그 시간에 행동하도록 돕는 간편한 지침이 된다. 가능하면 치료자와 환자는 활동을 지속할 시간을 정한다. 활동 구조화는 환자가 할 일을 행동적 측면에서 규명하고, 활동 장소를 결정하며, 여기에 타인이 포함될지 여부와 수행 성공을 어떻게 측정할 것인지를 포함한다. 스마트폰 앱으로 활동 계획을 상기하는 방법이 도움이 될 수 있다. 환자가 활동에서 즐거움을 얻지 못하거나 기분이 빨리 호전되는 경험을 못하고 있을 때는 활동 목표를 환자의 가치에 부합하도록 조율한다.

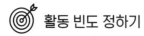 활동 빈도 정하기

환자들은 치료 초기부터 의욕이 앞서는 경향이 있다. 활동과제의 빈도는 서서히 증진시킨다는 원칙을 따라야 한다. 어떤 환자가 조깅을 시작하기로 마음먹고 다음 회기까지 매일 수행한다는 계획을 세웠다고 가정해 보자. 환자가 발병 전에 규칙적으로 달리기를 했던 경우라면 몰라도 현 시점에서는 도전적인 과정이 될 것이다. 환자와 치료자 모두에게 자신감을 불러일으킬 만한 빈도를 목표로 시작한다. 치료자는 우선 일주일에 1회 정도로 제안할 수 있고, 환자는 주 3회를 희망할 수도 있다. 그 정도의 빈도는 시작 단계에서 적당해 보이고, 환자가 가능하다면 그 이상도 무관하다. 빈도를 정한 다음 활동 강도와 지속 시간을 고려한다.

활동 강도와 지속 시간 정하기

치료 초반부에 주 3회 빈도로 걷기를 택한 제임스(James)의 상황을 살펴보자. 여기서 약점은 무엇이 될까? 분명히 환자를 신체적으로 활성화시키는 유용한 접근법으로 보이며, 빈도 또한 명시를 했다. 하지만 제임스를 효과적으로 인도할 구체성이 부족하다. 치료자는 '우리가 합의한 내용을 이 과제가 충분히 담고 있는지'를 다시 확인해야 한다. 행동활성화 치료에서는 행동의 구체성을 중시한다. 제임스는 2시간을 걸으려고 할까? 아니면 10분? 어쩌면 주 3일을 5km씩? 제임스가 5km를 걷는 데 45분 정도 걸린다면 첫 주에는 주 3회, 최대 20분씩 걷도록 하면 좋을 것이다.

구체적인 날짜와 시간 정하기

치료자는 활동기록지를 검토하여 환자의 현재 활동 범위에 대한 선명한 그림을 얻는다. 이를 바탕으로 치료자와 환자는 활동이 이뤄질 가능성을 최대화할 날짜와 시간을 정한다. 주 3회를 걷기로 합의한 제임스는 하루의 후반부에 동기가 약해질 것을 우려해 아침 첫 시간에 수행 가능성이 가장 높다고 생각했다. 치료자는 그가 출근을 언제 하는지, 산책을 하려면 얼마나 일찍 집을 나서야 하는지, 과연 아침 일찍 걷는 일이 현실적일지 등을 고려해야 한다. 출근 준비를 위해 가까스로 일어나는 환자가 1시간 일찍 기상해서 20분 걷기라는 과제를 수행하기는 어렵다. 시간대를 정하고 나면 출근을 고려해 적합한 날을 선택한다. 구체적인 날짜와 시간대를 치료자와 환자가 합의하면 기록지에 '20분 걷기'라고 기입한다([그림 5-1] 참조).

작은 일부터 시작할 때 변화는 쉽게 일어난다

간단해 보이는 이 원칙은 환자를 효과적으로 활성화하는 핵심 요소다. 가족을 위해 생일 케이크를 만들려는 좋은 의도를 얼마든지 가질 수 있고, TV에서 베이킹 프로그램을 본 뒤에는 더 그렇게 하고 싶어질 수 있다. 하지만 여기에는 몇 가지 단계가 필요하다. 우선 참조할 조리법이 있어야 한다. 재료의 양을 측정하고, 건조된 재료와 젖은 재료를 잘 섞어서 혼합하며, 오븐을 예열하고, 케이크 팬을 준비한다. 케이크는 그냥 만들어지는 것이 아니다. 재료를 한번에 뭉쳐서 오븐에 둔다고 케이크가 되는 것은 아니다. 우울증 환자의 활동 계획도 구체적으로 각각의 행동을 세분화할 필요가 있다.

고향에서 보내는 일주일간의 휴가에서 옛 친구들과의 재회를 기대하지만, 시간이 부족해 막상 절반도 만나기 어렵다. 토요일 이른 아침에 밀렸던 정원 일을 전부 해치울 것 같지만, 저녁이 되면 더 많은 일이 남아 있다. 일상에서 흔히 벌어지는 상황으로 우울증 환자에게는 더 그렇다. 이때 행동활성화 치료는 단계적 과제 배정(graded task assignment)을 제안한다.

단계적 과제 배정은 환자와 함께 작은 것부터 쌓아 가는 작업으로 치료의 전 과정에서 이뤄진다. 이는 가장 간단한 요소부터 시작해서 복잡하고 어려운 일로 확장하는 방식이다. 즉, 과제를 순차적으로 단순한 활동에서 복잡한 것으로 배정해 나간다. 이러한 방식은 환자가 조기에 성취감을 맛볼 가능성을 높이며, 활동 과제가 너무 어려워 달성에 실패했을 때는 그러한 경험이 처벌로 작용하

	월	화	수	목	금	토	일
오전 5시				20분 걷기			
6시							
7시							
8시		출근하기	출근하기	출근하기	출근하기	출근하기	
9시							
10시							
11시							20분 걷기
12시							
오후 1시							
2시	20분 걷기						
3시							
4시							
5시							
6시							
7시							
8시							
9시							
10시							
11시							
12시							

[그림 5-1] 제임스의 활동 관찰 기록지

는 것을 방지해 준다. 결국에는 긍정적인 보상을 만들어 낼 가능성을 높인다. 치료 초기의 성공적인 경험은 활동이 활동을 부른다는 명제처럼 성취감과 함께 이후의 과제 수행에 동기를 부여한다.

로크와 레이담(Locke & Latham, 1990)은 힘들고 모호한 목표보다는, 힘들더라도 구체적인 목표를 세웠을 때 실천력이 향상됨을 관찰했다. 장기적인 목표보다는 즉각적인 목표 달성이 더 수월하다(Bandura & Schunk, 1981). 활동을 구체적으로 언제, 어디서, 어떻게 이행할지 계획하는 것도 중요하다(Gollwitzer, 1999; Gollwitzer & Brandstätter, 1997). 긍정적인 결과의 유무에 집중하는 성취 지향형 목표가 부정적인 결과의 유무에 집중하는 예방 지향형 목표에 비해 활동을 촉진하는 데 유리하다.

기초에서부터 단계적으로 시작한다. 환자의 소망이 아닌, 실현 가능한 과제부터 시작한다. 오랜 기간 우울증을 앓고 있던 환자가 변화하기 위해서는 긴 시간이 필요하다.

메이는 애딜린이 친구들과 연락하기로 결심했을 때 작은 것부터 시작하고 과제를 가급적 적게 분할한다는 원칙을 상기했다.

메이: 우리는 지금까지 친구들과 연락하는 목표로 대화를 나눴습니다.

애딜린: 그래요. 더 이상 모두를 피할 수는 없어요. 그러면 정말 혼자가 될지도 몰라요.

메이: 친구들에게 전화해 본다고 생각하면 어떤가요?

애딜린: 아침에는 그냥 침대에서 뒹굴고 누워만 있게 돼요. 너무 피로하고 무력해요. 모든 것이 힘들죠. 저녁에는 다른 것은 괜찮은데 전화는 꺼려져요. 특히 이혼 전에 최악의 모습을 목격했던 친구들에게는……

메이: 친구를 만나거나 연락하는 데 혹시 진전이 좀 있었나요?

애딜린: 아니요. 엘렌을 본 뒤로는 전혀 없었어요. 사람이 부담스럽게 느껴져요. 어쩌면 제게 친절하며 관심을 표하는 직장 동료를 만나 봐야겠어요. 아니면 제가 5개월간 연락을 끊었던 바비도 좋겠네요. 원래 지난 크리스마스 전에 같이 보기로 했었어요. 바비를 보면 좋겠는데 전남편의 친구이기도 해서……

메이: 바비가 이전에 연락을 했지만 그녀는 당신이 연락하기에 부담스러운 사람 중 한 명이

네요. 연락을 취할 직장 동료도 있군요. 그런데 애딜린, 이 모든 것은 조금 많게 느껴집니다.

애딜린: 음……. 그리고 제 남매들도 있어요. 이런 많은 일을 떠올리면 그냥 어디 구석에 숨어 버리고 싶어요.

메이: 이해해요. 산적한 일을 단번에 마주하면 압도되기 마련이죠. 연락이 없던 친구들과 재회하는 것도 큰일이고요. 그럼에도 불구하고 당신은 엘렌과의 지난 만남처럼 작은 단계들을 밟아 가는 중이에요. 저는 애딜린이 수행할 만한 다른 작은 목표를 고려하고 있어요. 사회적 교류를 회복하기 위한 구체적인 활동 목록을 먼저 만들어 보면 어떨까요? 그러면 적당한 시작점을 판별하는 데 도움이 될 거예요.

애딜린: 좋아요.

메이: 연락을 취하고 싶은 사람들의 목록은 이미 언급이 됐고, 누가 가장 연락하기 편하고 어려운지 순서를 매겨 보면 어떨까요?

애딜린: 그건 쉽죠. 제 남매들에게 연락하기가 제일 어렵고, 이어서 오랜 기간 답장을 못했던 바비, 그리고 직장 동료 순서로 어려워요. 아마도 엘렌이 제일 수월할 것 같아요. 거기서부터 시작하면 되겠어요.

메이: 괜찮게 들리네요. 현 시점에서 당신의 기분에 가장 긍정적인 영향을 줄 수 있는 사람이 엘렌이기에 더 좋은 선택으로 보입니다. 어떻게 생각하세요?

애딜린: 맞아요. 엘렌은 꽤나 의지가 되는 친구예요.

메이: 다음 주는 엘렌과 다시 만나는 목표로 시작해 보면 어떨까요?

애딜린: 음…….

메이: 뭐가 마음에 걸리나요?

애딜린: 저에게는 아직 큰 과제처럼 느껴져요.

메이: 그렇군요. 좋은 관찰입니다. 우리가 과제를 더 작게 나눌 필요가 있겠어요! 어느 날 오후에 가볍게 커피 한잔 하자고 물어보는 방식으로 시작해 보면 어때요?

애딜린: 그건 할 수 있을 것 같아요.

메이: 언제가 될까요?

애딜린: 아마도 내일이요. 보통 상담이 끝난 직후에 동기가 더 생기거든요.

메이: 내일 아침에 일어났는데 의욕이 다 사라져 버리면 어떻게 하죠?

애딜린: 모르겠어요. 그런 경우가 많기는 해요.

메이: 한 가지 방법은 우리가 이야기했던 '밖에서부터 안으로'와 '안에서부터 밖으로' 활동을 떠올려 보는 것이에요. 이 방법이 도움이 될까요? 아침에 일어났을 때 눈에 띄는 장소에 과제를 상기시키는 메모를 붙여 두는 방안도 있어요.

애딜린: 도움이 될 것 같아요.

메이: 다른 대안은 이 회기가 끝난 직후에 전화를 걸어 보는 거예요.

애딜린: 맞아요. 그게 낫겠어요. 일단 전화를 걸어서 내일 시간이 되는지 물어보면 되니까요.

메이: 핵심은 시작할 지점을 찾는 데 있어요. 그것이 정말 힘든 일임을 잘 알아요. 이 문제로 긴 시간 동안 스트레스를 받아 왔고, 문제를 해결하기 위해서는 많은 노력이 필요하죠. 그럼에도 불구하고 저는 우리가 이 난관을 잘 헤쳐 갈 수 있을 것이라고 자신합니다. 이번 주에는 엘렌과 커피를 함께한다는 과제 외에는 스스로에게 더 큰 기대를 하지 않았으면 해요.

애딜린: 그래요. 엘렌이 시간이 된다면 가능하겠죠.

메이: 회기 후 바로 활동기록지에 엘렌에게 전화하기로 기입하고, 앞으로 며칠은 엘렌을 만날 시간을 감안해서 스케줄을 비워 두면 좋겠군요.

애딜린: 제가 실제로 이행하기에 가장 확실한 방법이 될 것 같아요.

메이: 그러면 이제 엘렌과 어디서 커피를 마실지 고민해 보죠. 만남이 가장 용이할 장소는…….

이 대화에서 메이는 애딜린과 함께 사회적 활동의 참여라는 과제를 분할하기 위해 협력하는 모습을 볼 수 있다. 가끔씩 간단한 업무의 착수에도 어려움을 겪는 환자가 일단 시작하게 되면 더 많은 과제를 이뤄 내는 경우를 마주한다. 어쩌면 애딜린도 엘렌과 연락한 다음 주에는 바비를 만나게 될지 모른다. 과제의 분할은 치료자와 환자의 창의성을 필요로 한다. 방을 치우거나 밀린 고지서를 납부하는 일처럼 어떤 과제들은 상대적으로 간단하다. 대인관계 회복이나 애도처럼 복잡한 과제도 있다. 과제의 어려움과는 별개로 여기서 목적은 환자에게 어떤 일을 시작하도록 하는 데 있다. 단순히 친구를 만났다고 해서 우울증이 좋아질 리 없지만, 행동활성화 치료자는 '작은 것부터 시작해서 거기서 쌓아간다.'라는 원칙에 의거해 반복하고 또 반복한다. 작은 변화는 성취감과 희망을 불러일으켜 환자의 삶에서 보다 중요하고 어려운 과제를 계속해서 착수할 가능성을 높인다. 이는 우울증과 함께 현실적으로 삶의 복잡한 문제들이 얽혀 있을 때 특히 중요하다. 직장을 구하는 일은 쉽지 않고, 이런 과정의 연속에서 우울증이 지속되거나 심해지는 경우가 그 예다.

영업직 사원이었던 존(John)은 몇 개월 전에 해고됐다. 과거부터 그는 자신만의 사업을 갖고 싶은 꿈이 있었고, 요동치는 경제 상황에 스스로 잘 대응할 수 있다고 믿었으며, 더 이상 남의 회사에서 능력을 썩히고 싶지 않았다. 하지만 사업을 시작하려는 수개월의 노력 후 그는 절망감과 우울감에 사로잡혔다. 치료를 받으러 내원한 존은 깊은 수렁에 빠진 모습이었다. 그는 대부분의 시간을 집에서 보냈으며, 하루 종일 자신이 뭘 했는지 말하기조차 어렵다고 했다. 여전히 창업에 대한 희망을 갖고 있었지만 어디서부터 착수해야 할지 몰랐다. 다행히도 존은 퇴직금과 함께 아내도 맞벌이를 하고 있어서 이 문제를 풀어 가기 위한 경제적 여유가 있는 상황이었다. 시간은 흘러가는데도 앞으로 나갈 동력을 상실했다는 것이 그의 진짜 문제였다.

존은 작은 것부터 생각하기로 했다. 첫 단계로 그는 독립적이고 외부에서 근무하며 활동량이 많은 일을 알아보았다. 초기 활동 과제로 조경, 정원 일, 측량사, 반려견 산책, 도색 업무 등을 탐색해 봤으며, 치료자와 함께 각각의 선택지에 대해 논의했다. 이 중에서 존은 특히 동물과 함께하는 일이 마음에 들었다. 많은 훈련이 필요하지 않을 것 같아서 반려견 산책과 운동을 돕는 사업의 전망을 살펴보기로 했다. 자신이 원하는 종류의 사업을 결정하는 작은 첫 단계였다.

존은 연속된 작은 단계들을 밟아 가며 창업을 구상했다. 지역에서 해당 사업의 수요가 있는지 시장 조사를 했고, 미래의 고객들을 위한 서비스 제공의 일환으로 직접 그의 강아지와 함께 반려견 수업에 참여해서 훈련을 받았다. 다음으로는 필요한 사업 자격증을 획득했고, 전문적인 반려동물 돌보미 연합에 가입

했다. 이어서는 안내 책자를 만들며 홍보 계획을 세웠다.

6개월 후에는 처음으로 세 명의 고객을 맞이했다. 경제적으로 충분하지는 않았지만, 앞으로 나아가고 있음이 확실해 보였다. 그의 기분은 과제를 하나씩 밟아 갈 때마다 점진적으로 호전됐다. 약간의 재정적인 염려에도 불구하고 그는 이 일에서 즐거움을 느꼈다.

작은 것부터 시작하는 방식이 행동활성화 치료의 핵심이다. 비합리적인 목표에 대항해 환자를 생산적인 방향으로 전진하도록 돕는다. 환자들은 원대한 목표를 세우려는 경향이 있다. 처음부터 많은 일을 해야 한다고 주장한다. 또 어떤 환자들은 작은 과제조차 못하겠다고 한다. 작은 것부터 시작해 쌓아 가는 방식은 이렇게 양극단에 있는 모두를 안심시킬 수 있다. 과제를 세심히 고려해 단계적으로 배정하면 환자에게 도움이 된다.

행동활성화 치료자는 현실적인 에너지, 시간, 자원을 고려해 환자의 변화에 대한 소망과 균형을 맞춘다. 단계적 과제를 활용한 변화 과정은 환자와 치료자 모두의 인내와 끈기가 필요하다. 활동을 세분화하는 두 예시를 〈표 5-1〉에 열거했다.

〈표 5-1〉 복잡한 과제를 단계적으로 분할하는 두 가지 예시

- **친구들과 다시 연락하기**
  - 연락이 단절된 친구들 목록 만들기
  - 이들의 현 전화번호와 이메일 주소를 최대한 많이 모으기
  - 이 중에서 연락할 한두 명을 고르기
  - 그들과 연락할 날짜, 시간, 방법을 선택하기
  - 실제로 전화를 하거나 이메일 보내기
  - 친구와 만나기로 약속하기
  - 또 다른 친구를 선택하기
  - 앞의 과정을 반복하기

- **중요한 업무에서 뒤쳐지고 버거운 느낌을 받는 불만족스러운 근무 환경 개선하기**
  - 모든 업무를 목록화하기

- 각 업무의 마감 기한을 기입하고, 현재 진행 중인 업무를 표시해 두기
- 이번 주에 집중할 한 가지 업무를 정하기
- 해당 업무를 구성하는 세부 작업의 구체화
- 각 작업의 소요 시간을 예상해 기입하기
- 매일 아침마다 각 작업 중 하나를 실행하도록 계획하기
- 실제로 시간이 얼마만큼 소요됐는지, 무엇을 달성했는지, 어려움은 없었는 지 관찰하기
- 관찰한 내용을 다음의 치료 회기에 제시해 문제를 해결하기
- 목표를 향해 다음의 새로운 업무를 선택하고 앞의 과정을 반복하기

*참조: 어떤 활동들은 분할이 수월한 반면, 관계나 일에 관한 목표는 분할의 과정이 보다 복잡하고 어려울 수 있다. 앞의 예시는 치료자와 환자가 해당 과제를 단계적으로 세분화하는 작업의 일부를 묘사했다.

'모 아니면 도' 방식의 활성화에 대항하기

활동 계획과 구조화는 환자의 회피 행동에 대항해 활성화를 돕는다. 그러나 목표가 꼭 과제의 완수를 보장하지는 않는다. 많은 우울증 환자가 비현실적인 목표를 세운 뒤 그것을 달성하지 못해 패배감을 맛본다. 활동은 성공 확률을 최대화하는 방향으로 설정해야 한다. 일주일에 두 명의 친구와 만나거나 연락하기로 과제를 정하고 오직 한 명의 친구와 전화를 했을 때, 이것은 그 행위를 바탕으로 발전해 갈 수 있는 성공으로 간주한다. 여기서 치료자의 꾸준한 격려가 필요한데, 즉각적인 보상이 없더라도 잘 선정한 활동은 결국 보상으로 이어짐을 알려 주고 다독여야 한다. 때로는 활동 자체가 즉각적으로 기분을 개선해 다음의 시도를 수월하게 만든다(엘렌이 애딜린의 소식을 접하고 반겼을 때처럼). 이는 방 청소나 이력서 작성과 같은 잡무를 처리할 때 흔히 겪는 일이다. 정원에 흩어진 낙엽을 치웠다고, 야외에서 과제를 수행했다고 기분이 늘 좋아지라는 법은 없지만, 이런 시도를 점진적으로 늘려 가는 과정에서 궁극적으로는 즐거움

을 경험하게 된다. 행동활성화 치료에서는 즐거움 외에도 성취감을 주는 활동을 중요시한다. 성취감이 주는 긍정적인 강화 효과를 간과하면 안 된다. 환자가 정원 일에서 즐거움을 얻지 못했더라도 과제를 완수한 데서 오는 만족감을 경험할 수 있다. 즉시 눈에 띄진 않겠지만 아주 작은 단계의 활동도 보상을 불러온다. 행동활성화 치료는 환자가 이런 작은 단계를 꾸준히 밟아 나가다 보면 결국 정상 궤도에 복귀할 수 있다는 전제를 기반으로 한다.

원칙 6: 자연히 강화될 수 있는 활동을 강조한다

행동과 직접적인 연관 없이 인위적으로 강화되는 행동(목욕하는 아이에게 사탕을 주는 것과 같은)보다는, 환경에서 자연히 강화될 수 있는 행동의 재현 가능성이 더 높다. 자연스러운 강화(natural reinforcement)란 행동에 수반된 강화가 환경에서 고유하게 기인된 결과물임을 의미한다(Sulzer-Azaroff & Mayer, 1991). 어떤 이가 설거지를 하고 깔끔한 부엌을 마주할 때 성취감과 즐거움을 느낀다면 이런 행동은 빈번해질 가능성이 높다. 여기서 성취감과 즐거움은 설거지라는 행동 후에 자연스럽게 따라오는 결과물이다. 설거지를 잡일로 여기며 피하고 싶은 경험으로 인식하는 사람에게 보상을 제공하더라도, 몇 번은 행동이 반복되겠지만 꾸준히 증진되기는 어렵다.

엘렌이 "네가 전화할 차례였는데 연락이 없길래 지구에서 사라진 줄 알았어." 라고 했다면 애딜린은 창피하고 슬펐을 것이다. 엘렌이 "소식을 들어서 진심으로 반가워! 나도 통화하려고 했는데 이렇게 연락이 되니까 정말 좋다."라고 환대하면 애딜린은 유대감과 기쁨을 느끼고 다시 연락할 마음이 들 것이다. 이것은 상황의 수반성을 보여 주는 예시로 엘렌의 환대는 자연스러운 강화제로 작용한다.

행동활성화 치료자는 자연히 강화될 활동을 찾아내기 위해 노력한다. 단서는 환자의 과거력 속에 있다. "당신이 우울하지 않았을 때 좋아하던 일은 무엇입니까?" 같은 간단한 질문이 도움이 된다.

환자의 삶에 수반되는 상황들을 잘 관리하는 것은 자연적인 강화를 활용하는 좋은 방법이다. 행동의 'ABC', 즉 특정 상황이 야기할 결과의 과정을 관리한다는 의미다. 치료자는 환자에게 공개 선언을 제안할 수 있다. 다음 주에 20분씩 주 3회 산책하기로 했던 제임스에게 친구와 함께하도록 권유한다고 생각해 보자. 친구와 함께 걷기로 한 결심은 타인과 활동을 공유하며 자연히 따라오는 즐거움을 늘릴 수 있는 일종의 공개 선언이다. 과제를 달성했을 때 환자가 치료자에게 연락한다는 계획을 세우기도 하며, 여기엔 두 가지 목적이 있다. 첫째, 치료자에게 성공을 이야기함으로써 환자가 느낄 성취감이 행동을 강화할 것이다. 둘째, 과제의 실패를 말하고 싶지 않다는 동기가 회피 행동을 감소시켜 줄 것이다.

수반성을 관리하는 또 다른 방법은 고빈도 활동을 저빈도 활동에 배치하는 프리맥 원리(premack principle, 1959)를 이용하는 것이다. TV 시청이 고빈도 활동이고 부엌 청소가 저빈도 활동이라면, 부엌 청소를 할 때에만 TV 시청이 가능하도록 조정할 수 있다. 이 방법은 자연적 강화에 부합하나, 약한 행동에 참여시키기 위한 유인책으로 강화를 사용한 것이다. TV 시청이 부엌 청소의 자연스러운 결과물은 아니므로 이것은 인위적인 강화로 볼 수 있다. 그럼에도 불구하고 이러한 환경적 수반성의 관리는 지루하고 어려운 과제를 쉽게 만든다. 청소하는 동안 음악을 들으면 보다 즐거울 것이다. 빨리 달성할 수 있는 작은 일부터 시작하도록 과제를 단계적으로 나누는 과정은 즉각적인 성취감을 주고 동기를 증진시켜 결국 어렵고 많은 시간이 소요되는 과제를 달성하도록 돕는다. 수반성을 관리하고, 활동을 계획하며, 달성 가능한 행동 목표를 설정하는 일은 행동활성화 치료의 전 과정에서 지속적으로 활용되는 기법이다.

요약

지금까지 환자를 활성화하기 위한 활동 계획과 구조화의 중요성을 강조했다. 이 기법을 활용할 때 고려할 요점들을 〈표 5-2〉에 정리했다. 우울한 환자를 항우울적 행동에 참여시키려면 회기 사이에 수행할 활동들을 치료자와 환자가 함께 계획해서 구체적으로 인지하도록 수행 전에 미리 각 활동을 구조화시켜야 한다. 활동은 환자의 장단기 목표에 부합돼야 한다. 환자의 과거에서 자연히 강화될 항우울 행동의 단서를 찾는다. 활성화를 방해할 잠재적인 문제도 미리 논의되어야 하며, 특히 회피 행동의 가능성에 주의해야 한다. 이제부터는 문제해결과 회피 행동에 대항할 구체적인 방법에 대한 논의로 넘어가겠다.

〈표 5-2〉 행동활성화를 위한 활동의 계획과 구조화

환자의 활동을 계획하고 구조화를 도울 때는 다음의 질문을 상기하자.

- 환자에게 가장 효율적일 과제의 빈도는?
- 이것을 지속할 시간과 그 강도는?
- 활동하기에 가장 적합한 날짜와 시간은?
- 작은 것부터 시작했는가?
- '모 아니면 도' 방식의 활성화에 대항했는가?
- 자연히 강화될 활동을 찾아봤는가?

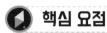 핵심 요점

◆ 삶에서 보상적 경험으로 작용할 가능성이 높은 활동에 환자를 참여시키는 과정은 행동활성화 치료의 핵심으로, 모든 행동활성화 전략이 이 목표를 지향하고 있다.

◆ 계획이나 일정에 따른 행동(밖에서부터 안으로 행동)이 점진적으로 기분의 변화를 유발하기에(안에서부터 밖으로 행동) 치료자는 환자에게 밖에서부터 안으로 활동하기를 격려한다.

◆ 활동할 시간과 장소 그리고 함께할 사람을 명확하고 상세히 정한다.

◆ 작은 것부터 시작하기 쉽다는 기본 원칙을 따르며, 활동 관찰 자료를 활용해서 달성 가능한 작은 단계들로 계획을 세분화한다.

제6장

회피 행동의 교정,
문제의 해결,
가치 지향적 행동

회피 행동의 교정, 문제의 해결, 가치 지향적 행동

"행동에는 위험과 대가가 따른다.
하지만 이는 편하게 아무런 행동도 취하지 않는
장기간의 위험과 대가에 비할 바가 아니다."
— 존 F. 케네디(John F. Kennedy)

애딜린이 치료자에게 말했다. "삶이 엉망진창이에요. 지금의 제 모습은 바라던 삶과 너무 달라요. 친구들과의 관계는 위태롭고 절망적이고요. 도대체 어디서부터 잘못된 것인지 모르겠어요."

메이는 애딜린이 대인관계에서 어려움을 겪고 있는 부분과 그것이 지속되는 우울감으로 이어지는 상황을 주의 깊게 들었다. 애딜린이 이어서 이야기했다. "아직도 연락을 주는 유일한 사람이 엘렌이에요. 친구들의 연락도 무시하는데 누가 저를 보려고 이렇게 외진 곳까지 오고 싶겠어요? 제가 할 수 있는 유일한 일이 출근이고 실제로도 그게 전부예요. 이렇게 사는 게 맞는지 모르겠어요."

메이는 애딜린이 직면하고 있는 문제의 크기를 실감할 수 있었다. 메이는 공감을 표현했고 그녀의 직업적인 문제에 대해 구체적으로 질문했다. "이해가 되네요. 지금 당신의 삶에서 특별한 의미나 즐거움이 별로 없고, 원치 않는 환경 속에서 끔찍한 시간을 보내고 있군요. 우리가 친구 관계를 회복하기 위한 노력은 시작했는데, 직업적인 부분 역시 당신의 기분에 부정적인 영향을 주는 것 같아요. 더 나은 직장을 구하는 목표는 잠시 미뤄 두었나요?"

애딜린의 반응은 분명했다. "그게 무슨 의미가 있을까 싶어요. 이런 하찮은 임시직을 구하는 데에도 8개월이 걸렸어요. 맞아요……. 그런 것 같아요. 많은 것을 포기하고 지내 왔네요. 그저 침대에 누워 한심한 잡지나 뒤적일 정도의 에너지만 남은 상태 같아요. 다시 직장을 찾거나 친구들에게 연락하기가 왜 이렇게 어려울까요?"

메이는 다음과 같이 답했다. "애딜린, 이 이야기는 우리가 처음 만났을 때 나눴던 기억이 있네요. 강제적으로 나를 움직이려는 방식은 우울증의 상황하에서는 쉽지 않지요. 활동은 당신이 우울할 때 특히 더 어려워지는 특성을 지니고 있어요. 일단 피하고 보자는 마음이 강력한 힘으로 작동해요. 그래서 오늘은 이 부분을 논의해 보면 좋겠어요. 회피 행동의 작용을 이해하면 고착화된 문제에서 어떻게 탈피해야 할지 단서를 얻을 수 있고, 저와 협력하면 문제를 해결하는 데 큰 도움이 될 거예요. 함께 힘을 모아서 회피 행동이 무엇인지, 구체적으로 어떤 방식의 회피가 나를 가두는지, 앞으로 나가기 위한 문제를 해결할 방법은 무엇인지 살펴보도록 해요. 친구 관계의 회복과 직업 찾기 중 어떤 것이 시작하기에 수월할까요?"

"직장 문제는 지금으로서는 너무 벅찬 느낌이에요. 스스로도 그 일을 철저히 피하고 있다는 것을 알고 있어요. 이런 기분에서 그것이 가능하다고 생각하지 않아요. 제가 좀 더 지원을 받고 여건이 나아진다면 직장을 구하는 일이 수월해질 것 같아요."라며 애딜린이 답했다.

메이는 "전적으로 동의해요. 그 문제는 일단 나중에 다시 이야기해 보도록 해요."라고 답했다.

서론

대다수의 환자는 여러 가지 회피 방식을 가진 채로 치료에 임한다. 수동성, 도피, 중단 및 포기가 대표적이다. 이런 대응 전략은 시간이 지나도 우울증을 지속시키는 추가적 문제를 야기한다. 환자는 빛이 없는 어두운 동굴에서 도무지 탈출할 길을 가늠할 수 없는 상태에 갇혀 버린 느낌을 받는다.

회피 행동은 우울증 치료를 방해하는 흔한 장애물 중 하나다. 환자의 회피에 대항하는 작업은 행동활성화 치료에 있어 중요한 부분이다. 이런 작업에서는 두 가지 요소, 즉 회피가 언제 발생하는지 확인하고 환자의 진퇴양난적 상황을 파악하는 것이 필수적이다. 전자를 다룬 뒤에 후자의 중요성에 대해 살펴보겠다. 이어서 회피에 맞서는 문제해결법의 핵심적인 기능을 탐색하겠다. 마지막으로는 삶의 중요한 가치를 찾을 수 있도록 환자를 돕는 방법을 알아보겠는데, 가치 지향적인 활동은 자연히 강화되는 성질을 내포하고 삶에서 전진할 수 있는 동력을 제공한다.

회피 양상을 확인하고
변화의 어려움을 파악하기

두려워하는 일로부터 환자를 멀어지게 하는 행동에 주의를 기울이면 회피 양상을 발견할 수 있다. 회피(avoidance)는 무언가를 예방하기 위한 행동 및 불편한 상황에서 탈출하기 위한 행동이라는 두 가지 의미를 내포한다. 도움이 안 되는 회피 행동의 예로는 골치 아픈 세무 서류를 작성하는 대신에 TV를 보거나 외로움을 잊기 위해 음주하는 행위 등이 있다. 회피의 결과로 그런 행동은 재현될 확률이 높아지고, 이는 부정적으로 강화됐다고 할 수 있다. 환자가 회피 행동을 통해 단기간의 위안을 얻을지 몰라도 여기에는 항상 대가가 수반된다. 중요한 장기적인 목표나 양질의 삶을 추구하려는 가치 지향적 활동으로부터는 멀어진다. 이것이 행동활성화 치료에서 회피라는 개념을 이해하는 방식이다. 회피 행동은 주말 동안 집안에 고립되어 사회적 교류를 피하고 할 일을 쌓아 두는 모습처럼 뚜렷할 때도 있고, 활발히 활동하는 것처럼 보이지만 막상 보상감을 느끼지 못하는 것처럼 미묘할 때도 있다.

애딜린의 사례에서 많은 회피 행동을 확인할 수 있었고, 우울증의 회복에 어려움을 겪고 있는 그녀의 고군분투와 회피는 밀접한 관련이 있다. 이 장의 서두에서 언급된 회기는 애딜린의 일차적, 이차적 문제들을 보여 준다. 그녀의 우울감은 직장과 집을 잃고 수개월간의 노력에도 정규직을 구하지 못했던 암담한 상황이라는 일차적인 문제에서 촉발됐다. 이것이 애딜린에게 얼마나 큰 상실로 작용했는지, 얼마나 보상이 없는 삶을 만들었는지 쉽게 알아차릴 수 있다. 전보다 만족스럽지 못한 직장과 집에서 지내면서 그녀의 일상은 부정적인 스트레스로 채워졌고, 삶에서 보상은 찾기 어려워졌다. 우울한 환자가 이러한 일차적 문제를 효율적인 방법으로 대처하기는 힘들다. 상황에 적응하는 방식의 대응은 일차적인 문제와 여기서 파생된 기분을 해결하지 못함에도 불구하고 단기간의 편안함을 제공하면서 지속되는 경향이 있다. 이는 우울증에서 보이는 전형적인 고립과 회피의 방식으로, 환자의 삶을 더 위축되게 만든다(Lewinsohn, 1974). 환자는 과거에 보상으로 작용한 삶의 모든 요소로부터 멀어지게 된다.

애딜린은 대부분의 친구를 피했고, 구직 활동을 포기했으며, 정원 일이나 독서와 같이 즐겨 하던 취미도 중단했다. 그녀는 친구들과의 관계를 의미 있고 훌륭한 사회적 지지망으로 생각했지만, 이혼 과정의 다툼이 공개적으로 드러났고, 친구들도 전남편의 지인이기 때문에 수치심 및 자괴감이 느껴져 만나기 어려워했다. 이러한 회피 양상은 마음에 들지 않는 직업, 사회적 교류의 제한, 즐거웠던 활동의 중단 같은 이차적인 문제를 일으켰고, 이것은 행동활성화 두 번째 핵심원칙("우울증은 삶의 변화와 관련이 있고, 이에 대한 단기적인 적응법들이 의도치 않게 우울증을 지속시킬 수 있다.")의 구체적인 예다.

늦은 시간까지 침대에 누워 있거나 사회적 교류를 외면하는 것은 흔한 회피 방식이다. 이차적인 문제의 다른 예로는 부정적인 정서를 음주와 같은 중독 행위로 다스리기, 타인의(배우자나 가족 구성원 등) 의향에 종속되는 것, 외로움이 두려워 불만족스러운 관계를 지속하는 것 등이 포함된다. 회피 방식은 때로는 미묘하고 복잡해서 즉각적으로 인지하기 어려울 수 있다. 메이는 애딜린의 우울증을 지속시키는 주된 회피 양상을 필수적으로 파악해야 하고, 이에 맞서는 변화를 향한 도전의 어려움을 감안해야 한다.

우울증의 악순환 고리에 갇히는 많은 이유가 있으며 이런 패턴을 끊어 내는 일이 결코 쉽지 않다는 사실을 인정하는 것은 환자를 회피에서 활성화의 영역으로 옮기는 데 꼭 필요한 부분이다. 대부분의 우울한 환자에게 삶이란 가혹한 경험으로, 부정적인 감정으로부터 회피하려는 양상은 당연한 결과다. 하지만 회피가 반복될수록 처벌적 결과가 따라온다. 회피 양상이 복잡하고 미묘해서 다루기 힘들 때 환자와 치료자는 과제 수행에 어려움을 겪고, 과제를 완수하지 못했다는 것에 좌절하기 쉽다. 치료자는 환자가 처한 어려움을 공감하고 격려해야 한다. 저자들은 이런 과정에서 여덟 번째 핵심원칙("문제해결을 위한 경험적 접근을 강조하고, 이에 따른 모든 결과가 유용하다는 점을 인지한다.")을 상기해 본다.

우울증 환자들의 일반적인 또 다른 반응은 애딜린의 대화에서 엿볼 수 있다. "저는 왜 이런 상태에 갇혀 버린 걸까요? 여기서 벗어나기 위해 뭔가를 해야 하는데 말이죠." 이때는 어려움에 대한 공감적 이해를 표현하는 것이 효과적이며 활성화의 시작점으로 작용한다. 메이와 애딜린의 대화에서 회피를 극복하려는 환자의 노력을 치료자가 어떻게 공감하는지, 이것이 어떻게 변화를 촉진하는지 살펴보자.

메이: 애딜린이 현재의 상태에 고착된 여러 가지 이유가 있다고 봐요. 기분이 나쁠 때 어떤 상황이 벌어지는지 같이 생각해 보죠. 당신은 주말과 주중의 저녁에 침대에 누워서 영혼 없이 잡지를 뒤적인다고 하셨죠. 그러면 '여기서 벗어난 애딜린'의 모습은 어떻게 될까요?

애딜린: 아마도 침대에서 일어나 친구들과 연락하고 구직 앱을 찾고 있겠죠. 그런 것들이 아닐까 싶어요. 분명히 지금 제가 못하고 있는 일이죠.

메이: 그래요. 지금 이 시점에서는 매우 어려운 일들로 보이네요.

애딜린: 맞아요. 게다가 집도 완전히 엉망이고 음식도 건강하지 않은 것들만 잔뜩 있어요. 스스로를 제대로 돌보지 않고 있죠.

메이: 가끔 이런 일들을 시도해 보고 싶은 마음이 들 때가 있나요? 또는 실제로 해 본 적이 있으세요? 그때의 기분은 어떤가요?

애딜린: 음…… 그런 경우가 가끔 있지만 엄청난 노력이 들고 더 피곤한 것 같아요. '노력해도 무의미해'라는 비관적인 생각과 함께, 엘렌이 아닌 다른 친구들과의 연락을 떠올리면 불안하고요. 심지어 엘렌도 저같은 끔찍한 사람에게 질려 버릴 것 같다는 생각에 죄책감마저 들어요. 결국 그런 시도는 지지부진하게 끝나 버리고, 저는 다시 침대로 돌아갈 핑계를 찾게 돼요.

메이: 그렇군요. 얼마나 어려운 일인지 이해가 갑니다. 그러면 그렇게 침대로 돌아갔을 때 피로감이나 불안감, 무망감은 어떻게 변하나요?

애딜린: 음…… 전에는 의식하지 못했는데 지금 생각해 보면 잠시 동안은 사라지는 것 같아요. 때로는 그런 노력을 안 했다는 사실에 안도감을 느끼기도 해요.

메이: 정확해요. 이런 상황은 왜 당신이 '고착된' 느낌을 받는지, 왜 여기서 빠져나오기 어려운지 보여 줍니다. 우리가 논의했던 행동활성화 치료의 원리를 기억하세요? 우울한 환자가 문제에 다가서도 보상이 없고 처벌적 결과를 마주하니까 더 위축되고 회피하게 되는 경향을 이야기했었죠. 바로 이런 점이 구직 활동을 포함한 당신의 삶 전반에서 벌어졌다고 생각해요. 집을 잃고 직장을 찾기 위해 고군분투하는 상황에선 누구라도 무력해질 거예요. 그런데 여기서 문제는 이런 상황에 압도되어 계속 회피하고 안주하려는 경향이에요. 그리고 이렇게 고립됐어요. 피하면 잠시나마 위안이 될지는 몰라도 장기적인 관점에서 결국 더 큰 스트레스와 우울감을 마주하게 되죠. 애딜린에게 이런 양상이 굳어진 건 아닌지 궁금합니다. 어떻게 생각하세요?

치료자는 불쾌한 자극하에서 형성되는 행동 양상과 변화를 어렵게 만드는 과정을 설명하고 공감을 표현했다. 동시에 이러한 회피 양상이 꾸준히 반복되는 경향이 있으므로 변화를 위해 교정되어야 할 중요한 치료 목표라고 강조했다.

문제를 스스로 해결하길 권장하는 문화권에서 성장한 환자들에겐 회피의 영향력과 변화의 어려움을 납득시키기 어려울 때가 많다. 이들은 도움을 청하고 받아들이는 일을 비난처럼 여겨 꺼린다. 비록 도움을 얻기 위해 치료실을 방문하더라도 그들의 마음속에는 '결자해지'의 자세가 뿌리 깊이 내재할 수 있다는 점을 감안해야 한다.

　환자의 어려운 상황을 감안하고 이해하는 일은 회피에 대항하고 활성화를 이루어 내는 과정에서 유용한 도구가 된다. 치료자의 인정은 환자로 하여금 고착된 자신의 상태에 대해 공감받는다고 느끼게 한다. 환자 스스로도 그들이 왜 그렇게 앞으로 나가기 어려웠는지 이해하도록 돕는다. 상황의 인정과 타당화는 수치심과 불안을 줄여 주며, 협력적 치료 관계를 촉진한다(Warwar, Links, Greenberg, & Bergmans, 2008). 환자의 어려운 상황을 이해하는 작업이 회피를 없애는 데 얼마나 중요한지 상기할 수 있도록 〈표 6-1〉에 간략히 정리했다.

〈표 6-1〉 회피의 영향력을 이해하기

　회피하는 환자의 상황을 감안할 때 치료자는 다음의 단순한 사실들을 염두에 두면 좋다. 환자에 대한 이해를 돕고 치료자가 마주할 좌절감과 절망감을 줄여 줄 것이다.

- 문제를 해결하려는 노력과 참여가 강화되지 않거나 처벌로 작용하면 회피가 나타난다.
- 불쾌한 상황을 피하도록 어떤 행동이 부정적으로 강화됐다면, 이 행동은 계속해서 반복될 가능성이 높다.
- 피로, 집중력 저하, 기타 여러 우울 증상을 극복하려면 활성화와 생산성을 높이기 위한 노력이 필요하다. 그런데 우울한 사람에게는 이런 노력이 회피하려는 양상으로 나타난다. 그리고 이것은 부정적으로 강화되어 재발하는 경향을 보인다.
- 우울증 환자는 인지기능의 저하로 문제해결에 어려움을 겪는다는 사실이 여러 연구를 통해 입증됐다. 외적인 도움 없이 스스로 문제를 성공적으로 해결하기 어려울 수 있다.
- 우울한 상태에서 회피에 대항하고 활성화시키는 작업은 어려운 일이다. 우울증 자체가 그것을 어렵게 만든다. 활성화의 노력은 부자연스럽고, 마치 꾸며 낸 행동처럼 느껴질 수 있다. 회피에 대응해 환자를 활성화시키려면 치료자가 적극적으로 도와야 한다.

회피 행동의 규명 및 교정

회피는 괴로운 상황에서 환자가 자각하지 못한 채 자연스럽게 발생하는데, 제4장에서 논의한 ABC 분석을 활용하면 자각하도록 도울 수 있다. 회피 행동이 어떤 기능을 하는지 깨닫게 되면 접근 지향적 활동을 계획할 수 있다. 회피 행동의 규명과 교정에 환자가 활용 가능한 몇몇 기억법이 있고, 그중 하나인 TRAP(Jacobson et al., 2001)을 소개하면 다음과 같다. TRAP은 외적 상황의 촉발(Trigger), 그에 대한 정서적 반응(Response), 불쾌한 감정과 상황에서 벗어나기 위한 전형적 회피 양상(Avoidance Pattern)을 뜻한다. 환자들이 이런 덫(TRAP)에 빠졌을 때는 다시 정상 궤도(TRAC)에 복귀하도록 격려한다. T, R은 앞과 동일하고 회피 양상(AP) 대신 문제에 대한 대안적 대응법(Alternative Coping)을 권장한다. [부록 1g]에 관련된 도식 자료를 첨부했다(복사 가능한 버전을 이 책의 부속 웹사이트에 첨부했다. 차례 하단에 위치한 박스를 참조).

또 다른 기억법으로 ACTION(Jacobson et al., 2001)이 있다. ACTION은 '행동에 회피 기능이 있는지 살펴보기(Assess), 회피보다는 접근을 선택하기(Choose), 선택한 접근법을 시도해 보기(Try), 이를 일상생활에 통합하고(Integrate) 궁극적인 변화를 관찰하기(Observe), 새로운 행동의 탐색과 시도를 포기하지 않고 지속하기(Never give up)'를 뜻한다. 환자가 작성할 수 있는 관련 자료를 [부록 1h]에 담았다(복사 가능한 버전을 이 책의 부속 웹 사이트에 첨부했다; 차례 하단에 위치한 박스를 참조).

문제를 해결하고 회피 행동을 교정하기

문제해결법(problem solving)은 효과가 입증된 인지행동치료 기법 중 하나이며, 독립적인 치료법으로도 많은 연구가 이뤄졌다(D'Zurilla & Nezu, 1999; Mynors-Wallis et al., 1997). 문제해결법은 개인(D'Zurilla & Goldfried, 1971; D'Zurilla & Nezu,

1982)과 커플(Jacobson & Margolin, 1979)의 다양한 문제 상황을 포함한 여러 분야에서 적용된 긴 역사를 갖고 있으며, 행동활성화 치료에서도 중요한 기법이다. 정서중심적 문제해결법(emotion-centered problem-solving therapy)은 우울증 등에서 치료 효과를 입증했다(Nezu, & Nezu, 2019; Nezu, Nezu, & Gerber, 2019).

회피 행동을 교정하기 위한 첫 단계는 문제 행동을 구체적인 형태로 정의하는 일이다. "난 아무것도 할 수 없어."라는 명제로는 합리적 대안을 이끌어 내지 못한다. 이것은 "일단 나가서 어떤 일이든 해 보세요."처럼 도움이 되지 않는 단순한 결론으로 이어질 뿐이다. 구체적으로 묘사된 명제는 다음과 같다. "주중의 이른 아침에 아이들 등교를 준비시키며 책상 위에 놓인 청구서를 봤을 때 버겁다고 느꼈어요. 지난 화요일과 수요일은 출근하지 않고 집에서 TV만 보고 있었다는 사실에 너무 화가 났죠. 사무실에 앉아 그 청구서를 생각하는데 진절머리가 나서 도저히 출근할 엄두가 안 났어요. 아이들이 하교할 때까지 TV 앞에서 멍하니 있었어요. 일하지 않으면 청구서를 지불할 돈도 못 벌고 그놈의 걱정은 계속될 텐데 말이죠."

아무것도 못했다는 모호한 문제를 구체적인 시간과 빈도(주중 특정 이틀의 아침), 기간(이틀간 하루 종일), 형태(집에만 머무름, TV 시청, 결근)로 기술해야 한다. 활동기록지는 환자의 삶에 만연한 문제를 확인할 좋은 자료다. 문제들이 밝혀지면, 같은 방법으로 또 다른 행동 양상을 규명할 수 있다.

이렇게 문제를 해결하기 위해 행동을 구체적으로 정의하는 첫 단계를 알아봤다. 두 번째 단계는 선입견 없이 가능한 해결 방안을 자유롭게 떠올려 보는 것이다. 비판단적으로 대안을 검토해야 방안 한두 가지 방안에만 매달리지 않고 다양한 가 능성을 떠올릴 수 있다. 여러 목록을 열거한 뒤 각각의 장단점을 평가한다. 이 단계에는 긴 시간이 필요할 수 있지만 이런 논의 과정은 최선의 활동을 명확히 하는 데 도움이 된다. 환자가 특정 대안을 선택하면 이것은 행동주의적 관점으로 기술돼야 하고 실행으로 옮겨져야 한다.

다음 단계는 결과를 평가하는 과정이다. 대안을 현실에서 실천해 보고 그 결과를 검토한다. 이 시점에서는 대안을 변경하거나 다른 선택지를 고려해야 할 필요도 있다.

행동활성화 치료에서는 이러한 구체적 단계를 세세히 언급하며 문제해결법을 교육할 필요는 없다. 행동활성화에서 강조하려는 부분은 '문제의 해결'이지 '해결법을 교육'하는 일은 아니다. 이러한 전략을 잘 활용할 수 있도록 〈표 6-2〉에 요점을 정리했다. 해결 방안이 명확하지 않더라도 문제해결법은 회피를 대신할 적극적인 대안을 제시한다. 치료자는 환자와 함께 우울증을 유발하고 지속시키는 문제를 규명해서 회피의 악순환을 역전시킬 활동 단계를 적극적으로 밟아 간다. 행동활성화 치료자는 문제를 규명하는 질문을 던지고, 해결 방안을 구상하며, 계획의 실천에 따른 결과를 평가한다.

〈표 6-2〉 ACTION-치료자용 지침

다음의 ACTION 단계를 통해 환자에게 행동활성화 치료의 핵심을 상기시킬 수 있다. 여기에는 행동의 기능을 평가하기, 회피가 언제 나타나는지 파악하기, 상황에 반응할 선택지는 환자가 쥐고 있음을 기억하기, 새 행동을 일상에 통합하기, 결과를 관찰하고 교훈을 얻기, 변화의 과정을 인내심을 갖고 지속하기 등이 있다.

- **Assess(평가)**: 행동의 기능을 평가한다. 환자 스스로 행동이 어떻게 작용하고 있는지 자문한다. 행동의 결과는 어떻게 되는가? 그런 행동이 우울감을 유발하는가? 장기적인 목표에 부합하지는 않는가? 행동에 항우울적 효과가 있는가? 그렇다면 이는 장기적인 목표에 부합하는가?
- **Choose(선택)**: 활동을 선택한다. 두 가지가 중요하다. 첫째, 행동활성화는 협력적인 치료로 환자와 치료자가 동반자로서 함께 작업한다. 하지만 이행할 활동의 선택권은 환자에게 있다. 둘째, 우울증 환자들은 자신에 대한 통제감이 부족하다. 그들이 선택권을 갖고 있다는 전제를 명확히 언급해 스스로의 삶에 영향을 발휘할 수 있다는 점을 인식하도록 한다. 특정 행동을 증진하거나 감소하도록 선택할 수 있는 것은 환자 자신이다.
- **Try(시도)**: 선택한 접근법을 시도해 본다. 계획을 활동으로 옮기는 과정이 행동활성화 치료의 핵심이다.

- **Integrate(통합)**: 새로운 행동을 일상에 통합하는 일은 우울증 극복에 필수적인 부분이다. 수개월 또는 수년간 우울증을 앓았던 환자에게 일시적인 활성화로 변화를 기대하기 어렵다. 새 행동을 한차례 시도했다고 경과가 바뀌지 않는다. "밖에서부터 안으로"의 작업을 계속하면서 활성화 효과를 쌓아 가는 과정이 중요하다. 새로운 행동을 일상에 통합시켜 활성화를 반복할 때 기분과 삶의 질을 향상시킬 수 있다.
- **Observe(관찰)**: 궁극적인 변화를 관찰한다. 당연히 가장 기대하는 바는 항우울 행동을 일상생활에 접목해 우울증이 호전되는 것이다. 하지만 막상 그 결과는 활동을 계획해 참여하고, 몇 번의 시도로 일상에 통합한 뒤에야 마주할 수 있다. 잘 관찰해서 무엇이 효과적이었고 무엇은 그렇지 못했는지 배우고, 이러한 정보를 바탕으로 다음의 활동 계획에 반영하는 것이 행동활성화 치료의 핵심이다.
- **Never give up(포기하지 않기)**: 이 과정을 꾸준히 이어 간다. 활성화 습관이 새로 형성되려면 반복적인 노력이 필요하다. 시간이 갈수록 이러한 항우울 행동들은 부정적인 기분에 압도된 와중에도 자동적으로 발현될 것이다.

가치 지향적 행동의 증진

달성하기 어려운 목표를 앞에 두고 고착 상태에 빠진 환자에겐 가치에 집중하는 방식이 도움이 된다. 헤이즈와 동료들(Hayes et al., 2011)은 가치와 목표를 구분했다. 전자는 개인이 소망하는 삶의 방향을 결정 짓는 인자로 후자와는 달리 외부에서 의도적으로 심어 줄 수는 없다고 했다. 사람들은 가치에 따른 활동을 지속하며 그 길에서 목표를 추구한다. 가치에 집중하는 것은 수용전념치료(Acceptance and Commitment Therapy: ACT; Hayes et al., 2011)와 같은 행동치료의 일차적인 요소다. 행동활성화 치료에서도 회피에 대항하기 위한 도구가 된다. 달, 플럼, 스튜어트, 룬드그렌(Dahl, Plumb, Stewart, & Lundgren, 2009) 등은 가치를 다루는 작업이 중요하다고 강조하며 수용전념치료에 기반한 활용 전략을 제시했다. 목표와 가치를 탐색하는 과정에서 치료자는 환자가 원하는 삶의 방향을 깊이 이해할 수 있고, 이를 통해 환자에게 적합한 행동활성화 목표를 만들어 가도록 돕는다.

　사회적 교류와 소통을 중요한 가치로 여기는 사람을 예로 들어 보자. 친한 친구가 주말에 무거운 가구를 옮기는 일을 도와 달라고 연락했다. 그런데 토요일 아침에 일어나 보니 우울하고 무기력해 집에서 쉬고 싶은 마음이 들면서, 친구를 돕는 일과 기분에 따라 집에서 그냥 쉰다는 두 가지 목표 사이에 갈등이 생겼다. 이때 그가 소중히 여기는 가치에 따라 행동한다면 친구 돕기를 선택할 것이다. 그러면 기분이 좋고, 덜 무기력한 하루가 될 것이다. 행동활성화 치료는 가치와 목표를 가족이나 대인관계, 일, 여가와 같은 영역과 연결시켜 환자에게 도움을 준다.

　가치를 규명하는 작업은 긍정적으로 강화될 구체적인 목표와 활동으로 환자를 이끄는 중요한 역할을 한다. 가치에 집중하는 것은 기분 지향적이 아닌 목표 지향적 행동에 가깝다. 명확한 가치에 집중하는 과정이 회피 양상을 극복하도록 돕는다.

　가치 지향적 행동을 환자와 논의할 때 가치는 도덕관념과 무관하다는 것을 분명히 하는 것이 중요하다. 치료자는 환자의 신념이 도덕적으로 옳고 그른지 판단하지 않고 환자에게도 그렇게 하도록 요청하지 않는다. 치료자의 생각과 일치하지 않는 환자의 가치도 존중해야 한다. 환자들은 이타적이거나 사회적 교류와 휴머니즘의 가치를 언급하기도 하지만, 때로는 권력에 대한 욕구나 쾌락 또는 고독을 추구할 수도 있다.

　환자의 변화를 촉구하면서 치료자는 불가피하게 환자의 가치에 영향을 주기도 하지만(Bonow & Folette, 2009), 치료자는 절대로 자신의 가치나 믿음, 도덕적 관념을 환자에게 부과하면 안 된다. 환자에게 가치 지향적 행동을 소개하는 이유는 이를 통해서 그들의 기분이 나아질 수 있도록, 삶에 의미를 부여하는 활동에 참여할 수 있도록 돕기 위함이다. 우리는 이러한 행동 변화가 기분을 변화시키길 희망하며, 환자 스스로 중요하고 가치 있게 여기는 활동에 참여할수록 그것이 더 수월해진다는 것을 알고 있다. 가치에 부합하는 활동을 실천하는 일은 에너지와 즐거움, 만족감을 앗아간 우울증이라는 의기소침한 긴 시간에서 벗어날 수 있는 확실한 계기가 될 것이다.

요약

치료자는 긴밀한 협력하에 환자가 마주한 난관과 상황을 이해하고 회피에 대항할 많은 기회를 발견한다. 행동활성화 치료자는 회피에 초점을 맞춰서 그것이 어떻게 발현되는지, 어떤 결과를 야기하는지 치료적으로 다룬다. 일상에서 환자 스스로 회피 양상을 알아차리는 것이 필수적이며, 회피를 마주하며 변화라는 도전의 어려움을 이해하도록 돕는 것도 중요하다. 치료자는 우울증의 자연스러운 반응으로 회피를 이해할 수 있다고는 하지만, 장기적인 관점에서 회피는 이차적인 문제를 일으키므로 도움이 되지 않는다고 설명한다. 기분보다는 목표를 향해 활동하는 접근 방식에 덧붙여 환자가 소중히 여기는 가치를 파악하고, 그것에 따라 활동을 구성하면 회피에서 벗어날 수 있다. 어떤 활동이 자연스러운 강화제로 작용할지, 그래서 회피를 극복하며 수행이 가능할지를 가늠하는 핵심은 환자에게 중요한 가치가 무엇인지 이해하는 데 달려 있다.

▶ 핵심 요점   >>>>>>

◆ 주어진 상황에서 사람들이 회피 행동을 선택하려는 경향은 자연스럽고 이해되는 반응이다.

◆ 행동활성화 치료는 환자들이 회피 지향적 행동보다는 가치 지향적 행동을 선택하도록 돕는다.

◆ 환자의 삶에서 소중한 가치를 논의하고 이에 부합하는 치료적 목표를 설정하면 활동은 자연스럽게 강화될 것이다.

◆ 치료자는 환자가 편안히 자신의 가치를 표현할 수 있도록 돕고, 열정적인 조력자로서 비판단적 자세를 유지하며, 도덕적으로 판단하지 않는다.

제**7**장

문제 행동이
되는 생각

문제 행동이 되는 생각   제7장

"먼지 속에서 구르는 것이 최선의 청소법은 아니다."
－알도스 헉슬리(Aldous Huxley)

애딜린은 최근의 회기에서 엘렌이 초청한 저녁 파티에 참가할 계획을 세웠다. 그녀는 지금까지 메이와 함께 세운 많은 계획을 성공적으로 수행했다. 약속 전날에는 파티에서 입을 옷도 미리 고른 뒤 스스로 참석하지 않을 구실을 만들 수 없도록 했다. 엘렌에게 구두로 참석 의사를 확실하게 전해서 회피하기 어렵게 만들었다. 파티가 시작된 뒤에도 일찍 떠나고 싶은 마음이 여러 차례 들었지만 끝까지 머물렀다. 하지만 다음 회기에서 그녀는 생각했던 것보다 기분이 좋지 못했고 주중에 우울감이 악화됐다고 얘기했다.

메이가 파티는 어땠는지 자세히 물어봤을 때 애딜린이 울기 시작했다. 그녀는 파티에 참석함으로써 치료에 진전이 있다는 점은 인정했다. 우울해진 뒤로 보였던 전형적인 회피 양상과는 분명히 달랐기 때문이다. 하지만 그녀는 다음과 같이 말했다. "대화가 즐겁지 못했어요. 음식은 괜찮았는데, 계속해서 거기에 참석한 사람들과 잘 어울려야 한다는 부담이 있었어요." 저녁 내내 애딜린의 머릿속에는 같은 생각이 끊임없이 반복됐다고 했다. '이럴 줄 알았어. 파티를 즐기기엔 난 너무 비참한 상태야. 난 왜 이렇게 항상 우울하지? 예전엔 여기 모인 사람처럼 웃고 떠들고 그랬는데. 제대로 되는 것이 하나도 없어. 여기 오지 말아야 했어.'

파티에서 대화가 어땠는지 메이가 물었을 때 애딜린은 답할 수 없었다. 그녀는 우울하다는 생각에 사로잡혀 대화에 집중하지 못했기 때문이다. 그녀는 파티에 몸만 가 있었을 뿐 사람들과의 대화는 거의 기억하지 못하고 있음을 인지했다.

서론

지난 수십 년간 행동주의자들은 인지적 영역을 무시한다는 비난을 받았고, 실제로도 행동주의는 반인지적인 입장을 취해 왔다(예; Skinner, 1974). 하지만 심지어 스키너(Skinner, 1957) 본인도 그가 '내적 언어행동(private verbal behavior)'이라고 부른 개념을 설명하려고 노력했다. 촘스키(Chomsky, 1959) 같은 석학을 만족시킬 수는 없었지만, 스키너의 연구는 생각을 외적인 행동과 동일한 원리를 따르는 내적인 행동으로 인식하게 하는 데 크게 기여했다. 조용히 또는 알아차리지 못하는 사이에 스스로에게 하는 말과 타인에게 큰 목소리로 이야기하는 것을 우리는 동등하게 인식한다. 그러므로 생각은 고유 원칙을 따르는 독립적인 영역이 아니라, 강화와 처벌같은 외적인 행동에 대한 학습 원리를 따르는 내적인 행동으로 간주된다.

행동활성화 치료에서는 반추에 빠진 환자를 도울 때 '내적 행동'의 개념을 활용한다. 반추는 두 가지 문제를 야기한다. 첫째, 반추는 개인을 삶으로부터 멀어지게 하고, 참여행동 대신 내적 생각에 몰두하도록 만든다. 둘째, 반추는 효과적인 문제해결을 방해한다. 행동활성화 치료자는 환자와 함께 이러한 문제를 세심히 평가한 뒤 반추의 결과물을 보여 주기, 문제를 해결하기, 체감에 주목하기, 당면한 과제에 다시 집중하기, 반추사고로부터 주의 분산하기와 같은 행동 전략으로 대응한다. 행동활성화 치료에서 반추를 어떻게 개념화하고 평가하며 개입하는지 이어서 설명하도록 하겠다.

우울증과 반추

아론 벡(Aaron T. Beck)은 1960년대에 우울증 환자의 부정적인 사고방식이 중요하다는 것을 알리며 이 분야의 새 지평을 열었다. 벡은 부정적 사고가 단순한 증상을 넘어 우울증의 원인이라고 제안했다. 인과관계에 대해 논란은 있지만(Hayes & Brownstein, 1986), 우울증에 빠진 사람들이 보이는 특징적인 사고방식에 대한 개념은 널리 받아들여졌다. 우울증의 치료에서 부정적인 생각에 집중하는 것은 확실히 중요하다.

행동활성화 치료에서는 행동주의 원칙에 따라 반추를 다룬다. 외적으로 드러나는 행동과 같은 원리로 생각을 이해하며, 특정한 생각과 사고방식은 강화되거나 처벌된다. 언어와 심상은 정서 경험과 짝을 이뤄 긍정적이거나 부정적 감정을 유발한다. 외부로 발화된 언어는 분명한 영향력을 갖는다. 한 사람이 누군가를 "멍청이"로 부른다면 두 사람 모두에게서 정서적 반응이 일어난다. 동일하게 어떤 사람이 속으로 스스로를 '멍청이'라고 생각하는 것도 같은 영향을 끼친다. 외적인 발언과 내적인 그것은 시간이 흐른 뒤에도 정서에 영향을 미친다. 이것은 언어의 본질적 속성이다. 언어는 관련된 정서 경험을 계속해서 반복적으로 유발한다(Hayes, Barnes-Holmes, & Roche, 2001).

행동활성화 치료는 환자가 부정적 사고에 빠지는 상황의 선후 관계에 초점을 둔다. 환자가 이렇게 생각하기 이전에 무슨 일이 일어났는가? 이후에는 어떻게 됐는가? 그것이 효과적인 문제해결로(문제의 규명, 해결 방안을 찾기, 최선의 해결책

에 대한 결정 등) 이어졌는가? 부정적인 생각이 쳇바퀴 돌듯(대안 없이 계속해서 수
동적으로 문제만 복기하는) 반복됐는가? 도움이 안 되는 사고방식이 유발될 만한
환경 요인은 무엇인가?

파티에서 애딜린이 겪었던 상황은 생산적인 해결책으로 이어지지 못했던 전
형적인 사례다. 그녀는 과거에 우울하지 않았던 자신이 얼마나 즐거웠는지 끊
임없이 생각했다. 문제를 규명하고 그것을 해결하려는 노력보다는 그녀의 기
분이 얼마나 나쁜지, 왜 상황을 즐기기 어려웠는지, 어떻게 그녀가 이렇게 외롭
고 불만족스러운 삶을 살게 됐는지를 반복해서 상기했다. 이것이 바로 반추 생
각의 핵심적인 과정이다.

그렇다면 정확히 반추(rumination)는 무엇인가? 이 단어는 라틴어 'RUMINAT
(되새김)'에서 기원했고, 어떤 생각을 머릿속에서 계속 반복해 곱씹는 과정을 의
미한다. 우울증적 반추는 우울감의 원인과 결과를 포함한 관련된 경험에 반복
적으로 몰두하는 상태를 말하며(Nolen-Hoeksema, 2000), 자신과 자신이 처한 상
태에 집중해서 스스로 얼마나 불쾌한 기분을 느끼고 있는지 계속해서 몰입하는
과정이다. 반추에 빠지면 계획이나 문제해결, 불편을 줄이기 위한 변화의 시도
없이 부정적인 내적 정서에 반복적으로 초점을 맞추게 된다(Nolen-Hoeksema,
Morrow, & Fredrickson, 1993; Nolen-Hoeksema, Parker, & Larson, 1994). 반추는 기분
의존적으로, 우울한 상태에서 자주 나타나며 부정적인 형태를 띤다.

놀런-헥세마(Nolen-Hoeksema, 1993) 등은 우울한 환자들이 보이는 반추사고
의 양상을 면밀히 연구했다. 이들은 수동적으로 반추를 하는 사람이 적극적
으로 문제를 해결하는 사람에 비해 더 오래, 더 심각한 우울증을 앓는다는 사
실을 발견했다. 초기에는 반추를 단일 현상으로 봤는데, 후속 연구를 통해 숙
고(reflection)와 수심(brooding)의 두 형태로 구분하게 됐다(Treynor, Gonzales, &
Nolen-Hoeksema, 2003). 모두 내적인 방향성을 갖는 생각이 없지만, 전자가 문제
해결에 몰입하는 과정인 반면, 후자는 괜찮았을 때의 자신과 그렇지 못한 현재
의 모습을 수동적이며 반복적으로 비교하고 몰두할 뿐이다. 두 경우 모두 반추
의 일종으로 우울증의 심각도와 관련 있으나 수심은 시간이 갈수록 기분을 더

악화시킨다.

왓킨스(Watkins, 2008, 2016)는 반추에서 적응적, 비적응적 형태의 차이를 강조했다. 적응적 반추는 과정에 초점을 둔 견고하고 구체적인 사고를 말한다. 비적응적 반추는 추상적인, 평가하는 방식의 사고로 문제를 해결하는 데 도움이 되지 못한다. 전자는 일반적으로 사람들이 어려운 문제에 봉착했을 때 합리적 해결책을 찾기 위해 반복적으로 고민하는 경우에 해당되나, 후자인 우울증적 반추는 단지 불쾌감을 증가시킬 뿐이다.

반추 과정에서 환자는 부정적인 정서에 고착되고 주변 환경으로부터 더 이탈하게 된다. 이는 르윈손(Lewinsohn, 2001)이 제안한 "우울증은 문제해결로 이어지지 않는 반복적인 자기 몰입을 유발한다."라는 주장과 맥락을 같이한다. 이때 환자는 '오늘도 기분이 우울하군. 나는 왜 늘 이렇지? 내가 이 상태를 극복할 수 있을까? 불가능할 것만 같아.'와 같은 생각의 덫에 사로잡힌다. 이런 사고방식은 대부분 끝이 없고 문제해결로 이어지지 않고 반복적으로 재현된다. 그 결과 생각에 영속적으로 갇히고, 긍정적이고 적극적인 해결책을 찾기 어렵게 되며, 활동에서 유리될 가능성이 높아진다. 내적인 기분 상태에 몰두하는 경향은 활동으로부터 얻을 수 있는 즐거움을 감소시키고 목표의 성취를 방해해 우울증을 지속시킨다.

이러한 사고방식은 수개월간 우울증을 앓은 후 치료를 찾은 케네스(Kenneth)에게도 익숙했다. 애딜린과 마찬가지로 케네스는 중요한 일자리를 잃었고, 실직 상태로 몇 달을 지냈다. 그는 과거부터 스스로를 '승자'로 여겨 왔기에 의사에게 주요우울장애로 진단을 받고 매우 놀랐다. 페인트 칠하는 일을 새 직업으로 구하면서 케네스는 경제적으로 넉넉하지 못했지만 가족들을 그럭저럭 부양할 수는 있었다. 그럼에도 불구하고 아이들과 자전거를 타거나 집을 수리하는 일, 야구 경기같이 과거에 즐겨 하던 대부분의 활동에 대한 흥미를 상실했다. 그는 늘 피로했다. 일을 마치고 귀가하면 간단히 식사하는 것 외에는 가족과 함께하는 시간을 갖기가 어려웠다. 저녁에는 그저 TV 앞에서만 시간을 보냈고, 1년 동안 체중이 20kg 이상 늘었으며, 스스로를 '게으름뱅이'로 여겼다.

치료를 시작하며 케네스와 치료자는 즐거움과 성취감을 경험하기 위한 활동 과제들을 고안했다. 계획들로 무장한 채 회기를 마치고 활동을 시도할 때마다 그는 자신이 얼마나 피로한지와 아무것도 도움이 되지 않는다는 생각이 들었다. 케네스는 아침마다 심한 우울감을 느꼈다. 업무에서는 우울증 때문에 도전적인 일을 피하고 쉬운 일만 찾는 자신의 모습을 발견했다. 귀가해서는 과거에 가족과 함께 얼마나 즐거웠는지 회상에 젖었다. 지금은 가족을 신경 쓰지 못하고 사는 것 같았다. 첫째 딸은 고등학교의 마지막 학년을 보내고 있는데, 대학에 가기 전까지 얼마 남지 않은 함께할 시간조차 잃고 있는 느낌이었다. 우울증이 자신의 삶을 앗아갔다는 생각이 들었다.

케네스와 같은 고통을 겪고 있는 환자들에게 행동활성화 치료자로서 어떤 도움을 줄 수 있을까? 행동활성화 치료에서는 반추를 두 가지 방법으로 다룬다. 우선 앞에서 논의했던 바와 같이 반추사고의 내용보다는 사고의 과정에 집중한다. 치료자는 인지치료적 접근(Beck et al., 1979)처럼 생각의 타당성을 평가하거나 그들이 믿는 생각의 정확도를 시험하지 않는다. 대신에 치료자는 반추사고의 흐름을 파악한다는 목표로 전후 맥락을 확인해 원인과 결과를 따져 본다. 어떤 상황이 그런 생각을 유발하는지, 반추로 인해 잃어버린 다른 기회들은 없었는지에 집중한다. 반추는 환자를 내적으로 몰두하게 만들며 삶으로부터 멀어지게 하고 논리적인 종점이 없는 생각의 쳇바퀴에 가둔다. 이러한 반추의 결과를 환자가 깨닫도록 도우면 대안적 행동을 하도록 이끌 수 있다. 행동활성화 치료자는 반추를 면밀하게 평가해서 다양한 행동 전략으로 맞선다.

반추를 평가하기

반추에 빠진 환자의 치료 첫 단계는 반추를 평가하는 일이다. 환자가 활동에 참여하고 있는데도 즐거움을 느끼지 못할 때 치료자는 반추의 유무를 확인해야 한다. 행동활성화를 위해 노력하지만 전적인 참여가 잘 안 되는 상태라면 생각이 다른 곳에 가 있는 경우가 많다. 외적으로 보이는 행동과 내적인 행동(사고)의 온도차에 대한 평가가 중요하다. 어떤 환자들은 적극적으로 활동하는 것처럼 보여도 내적으로는 반추에 빠져 있을 때가 많다. 공원에서 반려견과 공놀이를 하는 활동은 외적으로 보상 가치가 커 보인다. 하지만 환자가 막상 그런 활동을 즐기지 못했을 경우에는 내적인 행동을 포함해서 전체적인 그림을 파악해야 한다. 환자가 공놀이를 하면서 우울감이 나아지지 않을 것이라는 생각과 함께 더 우울해지고, 과거에 괜찮았던 상태와 현재를 비교하며 반추하고 있었던 것은 아닌지 확인이 필요하다. 공원에서 강아지와 공놀이에 몰두하며 즐기는 상황과 공놀이를 하면서 반추하는 상황은 상반된 과정으로, 이는 많은 우울증 환자가 말하는 '시늉하는 듯한' 느낌을 설명해 준다. 몸은 움직이고 있지만 마음은 다른 활동에 참여하고 있으므로 의도했던 경험에서 벗어났던 것이다. 치료자는 먼저 반추가 수반된 맥락을 검토한다. 이런 평가를 통해 이후의 치료적 개입이 진행될 수 있다. 다음의 예시를 살펴보자.

메이: 애딜린, 어제 근무 중에 반추했던 상황을 최대한 자세히 듣고 싶어요. 스스로 충분한 성과를 내지 못한다는 생각이 들었을 때 어떤 일이 있었는지 이야기해 주시겠어요?

애딜린: 컴퓨터 앞에서 메일로 회신을 보내고 있었어요.

메이: 반추가 시작됐을 때 메일 작성을 중단했나요?

애딜린: 계속 표류한 것 같아요. 원래 10분이면 할 일에 거의 1시간이 걸렸어요.

메이: 메일 작성 이전부터 반추하던 중이었나요?

애딜린: 맞아요. 이렇게 하면 도움이 될 것 같아서 메일을 쓰기 시작했어요.

메이: 활성화를 위한 좋은 시도가 아쉽게도 어제는 효과가 없었던 것 같군요. 메일 작성 전에는 무엇을 하고 계셨나요?

애딜린: TV를 봤어요. 주간에 하는 뻔한 토크쇼였죠.

메이: 쇼에 집중이 됐나요?

애딜린: 처음에는 유익할 거라고 생각했어요. 재택근무자들의 이야기를 방송했는데 제게도

해당되니까요.

메이: 반추에서 벗어나기 위해 그 프로를 시청하려고 했나요?

애딜린: 아니요. TV를 보기 전에는 괜찮았어요.

메이: 그러면 시청하는 중간에 무슨 일이 있었나요?

애딜린: 재택근무에 관한 내용 이전에는 열일곱 살인데 벌써 대학을 졸업한 컴퓨터 천재의 인 터뷰가 방영됐어요. 그게 제 마음을 뒤숭숭하게 했지요. 어린 나이에 벌써 그런 기회 를 거머쥔 것이 얼마나 행운인지 생각하기 시작했죠. 자신의 삶에 헌신하고 있는 아이 에 비해 저는 너무 게을러 보였어요. 이 생각에 더 슬퍼졌죠.

메이: 이어서 방영된 재택근무 내용도 보셨나요?

애딜린: 네. 그런데 기억이 잘 안 나요. 이미 그 시점에 제 머릿속은 근심으로 가득했어요.

메이: 그렇군요. 그러면 반추는 그 아이에 대한 인터뷰가 방영됐을 때 시작됐네요.

애딜린: 네 맞아요.

메이: 좋은 의도로 시작했던 TV 시청이 실제로는 상당히 고통스러운 결과로 이어졌네요. 어 떤 행동이 도움이 되거나 그렇지 못할지 예측하는 데 어려움을 느끼나요?

애딜린: 음…… 토크쇼 시청은 안 좋은 생각이었던 것 같아요. 그런 방송은 저 스스로나 아 니면 다른 사람들의 비참한 감정을 부추기는 속성이 있어요.

메이: 이제는 그 점을 인지했고, 토크쇼 시청이 좋지 못한 결과로 이어진 것처럼 보이네요. 그렇다면 TV를 안 본 상태에서 메일 작성을 시작했다면 더 수월했을까요?

애딜린: 그랬을 것 같아요.

메이: 좋습니다. 물론 확실할 수는 없어요. 우울한 기분이 들고 반추가 시작되면서 그대로 상황에 휩쓸리기보다는, 메일 작성처럼 대안 활동을 미리 계획해 두면 도움이 될 것 같습니다. 어떤가요?

애딜린: 좋은 생각이에요!

메이는 반추가 어디서부터 시작됐는지 일련의 상황을 역순으로 추적했다. 그 리고 이는 토크쇼 시청이라는 특정한 경우에 비롯됨을 알게 되었다. 따라서 애 딜린이 이와 같은 취약한 상태에 빠지지 않도록 TV 시청을 대신할 수 있는 활동을 논의하는 것이 합리적인 전략이었다. 또한 애딜린이 다른 상황에서도 자주 반추에 빠진다는 점을 감안했을 때, 메이는 이에 대항할 수 있는 기타 여러 전략적 방법에 대해서도 논의해 볼 수 있다.

반추를 유발하는 선행인자만큼 반추를 지속시키는 결과물에 집중하는 것도 중요하다. 우울증이 자신의 삶을 앗아갔다고 반추했던 케네스는 그의 삶이 얼마나 망가졌는지를 생각하면서 잠깐이나마 문제에 대응하고 있는 것처럼 느꼈다고 했다. 반추가 문제의 해결책을 찾으려는 시도의 일환처럼 작용했던 것이다. 따라서 케네스에게 구체적으로 문제를 규명하도록 하고 여러 가능한 대안을 구상해 보도록 교육해 반추에 허비하는 시간을 줄일 수 있었다.

반추는 환자들에게 슬픔을 반감시키는 것처럼 작용한다. 마리아(Maria)는 여동생을 사별한 후 2년 만에 치료를 찾았다. 그녀는 많은 시간을 할애해 여동생이 어린 나이에 일찍 세상을 떠난 이유에 대해, 어머니를 잃은 조카들이 받는 부정적 영향에 대해, 동생이 존재하지 않는 삶의 공허함에 대해 반추했다. 심리학자 톰 보코벡 등(Borkovec, Alcaine, & Behar, 2004)은 불안장애 환자가 걱정에 취약한 이유 중 하나는 걱정의 언어적 처리(본질적으로는 내적인 혼잣말)가 정서적 처리 과정을 방해하기 때문이라고 했다. 마샤 린네한(Marsha Linehan, 1993)은 반추가 빈번한 환자에게서 보이는 '억제된 슬픔(inhibited grieving)'의 부정적 영향을 밝혀냈다. 이러한 개념들은 반추가 인지적 수준에서 작용하는 동시에 슬픔이라는 정서적 경험의 회피와 관련 있음을 시사한다. 저자들의 임상 경험에 의하면 마리아처럼 일부 환자들은 비탄의 고통을 완화하기 위해 반추에 빠져드는 것으로 보인다. 마리아의 행동활성화 치료자는 그녀가 슬픔이라는 정서적 경험을 소화할 수 있도록 동생 사진 찾아보기, 애도 과정을 이야기해 보기, 조카에게 방문하기, 동생과 함께 즐겼던 활동에 참여하기 등의 과제를 논의했다. 활성화가 진행되면서 마리아의 슬픔은 일시적으로 증가했지만 반추를 포함한 다른 증상은 감소했다.

많은 경우 반추의 정확한 기능을 알아차리기가 쉽지 않다. 어떤 환자들에겐 반추가 현재의 고통을 완화하지 못하더라도 슬픔이나 외로움 같이 부정적인 정서 경험에 대한 회피로 강화되어 습관된다(Ferster, 1974). 반추는 환자가 활동에 참여하지 않아서 지속되기도 한다. 또 반추에 취약한 인지적 성향도 있다. 행동 활성화 치료자의 역할은 반추 행동이 언제 긍정적 또는 부정적으로 작용하는지 환자가 알아차릴 수 있도록 돕는 것이다. 애디스와 마르텔(Addis & Martell, 2004) 은 '2분 규칙'을 제안했다. 어떤 문제에 대해 생각할 때 2분이 경과한 뒤 '문제의 해결에 진척이 있었는지' 또는 이전에는 몰랐던 '문제에 대한 이해도가 높아졌는 지' 검토한다는 규칙이다. 생각을 반복하면서 '자괴감이나 우울감이 감소했는지' 스스로 자문해 볼 수도 있다. 만약 여기에 대한 답이 모두 "아니요."라면 환자의 생각은 '반추'이며 이를 타파하기 위한 조치가 필요하다.

반추에 대한 치료적 접근: 경청하고, 이해하고, 행동지향적 접근을 고수하기

행동활성화의 9번째 핵심원칙("경청하고, 이해하고, 행동지향적 접근을 고수한다.") 은 치료자에게 요구되는 태도적 측면을 포함한다. 치료 회기에서는 지엽적인 대화를 지양하고 활성화에 집중해 활동 과제의 평가, 문제해결, 새로운 목표설 정 및 그에 따른 행동 계획을 수립한다. 치료적 동맹을 맺기 위해서, 그리고 민 감한 주제를 다룰 수 있도록 적정 수준의 일상적인 대화가 필요할 때도 있다. 하지만 수동적으로 치료자가 대화에 끌려가면 치료가 중심을 잃는다. 특히 반 추가 심한 환자를 치료하는 경우에 문제가 된다. 치료자가 행동에 착수하려는 작업보다는 환자가 이야기하는 반추의 내용을 단순히 듣기만 하면, 반추 행동 이 회기 내내 지속되는 결과가 초래하게 된다. 많은 환자는 치료자에게 그들의 고통을 토로하고 싶어 한다. 그런데 이것은 내적인 반추를 외적으로 발현시키 는 것과 동일한 과정이라는 점에 유의한다. 이런 상호작용은 긍정적인 변화를 만들어 낼 수 없다.

행동활성화 치료는 활성화 원칙의 맥락에서 반추에 대해 다섯 가지 전략, ① 반추의 결과물을 보여 주기, ② 문제를 해결하기, ③ 체감에 주목하기, ④ 당면한 과제에 다시 집중하기, ⑤ 반추사고로부터 주의를 분산하기로 대응한다. 치료자는 환자에 대한 지식과 반추의 기능 분석을 통해 적절한 전략을 선택한다.

🎯 반추의 결과물을 보여 주기

행동활성화의 기본 개념은 반추의 결과를 비추기에 좋은 도구다. 치료자는 환자에게 반추가 우울증을 악화시키고 추가적인 문제를 야기하는 이차적인 문제 행동으로 작용한다는 것을 보여 줄 수 있다. 누군가에게 커피를 함께하자는 제안을 거절당한 환자를 생각해 보자. 여기서 환자가 다른 시간이 가능한지 물어보거나 다른 사람을 찾기보다 반추만 하고 있다면 우울한 기분과 사회적 고립감은 더 커질 것이다. 찰리(Charlie)와 그의 치료자인 톰(Tom)이 이러한 반추의 결과물을 어떻게 논의했는지 살펴보자.

톰: 지난 목요일에 멜리사에게 커피를 함께하자고 물어봤던 제안은 어떻게 됐어요?

찰리: 거절당했죠. 그럴 줄 알았어요. 믿을 수가 없네요. 일주일 내내 그 일로 낙담했어요.

톰: 한 주 내내 낙심했다는 부분을 좀 더 자세히 말씀해 주세요.

찰리: 그 생각에서 빠져나올 수 없었죠. 그냥 커피 한잔인데…… 그게 큰일은 아니어도 물어보기까지 많이 주저했었는데 거절을 당했을 땐…… 모르겠어요. 모든 것이 무의미하다는 생각을 계속 곱씹게 되네요.

톰: 바로 그런 생각이 머릿속에서 반복되고 있던 것이군요.

찰리: 그렇죠. 한 주 내내.

톰: 반추하고 났더니 어때요?

찰리: 기분은 분명히 더 악화됐어요.

톰: 저도 같은 생각이에요. 반추로 인해 계획했던 다른 일들을 실천하는 데 어려움은 없었나요?

찰리: 저희가 수행하기로 약속했던 대안을 지킬 수 없었어요.

톰: 반추에 빠져서?

찰리: 처음에는 마음이 아파서 다음을 기약하자고 말하기 어려웠어요. 그리고 계속 그 생각
   을 곱씹었어요. 심지어 그녀 옆을 지나면서 가벼운 인사조차 깜빡했고, 주말에 아무도
   만나지 않고 아무것도 못했어요. 앞으로 친구 하나 없이 이렇게 고립된 상태로 살겠구
   나 생각하면서 비참한 기분에 빠져 있었죠.

톰: 지난주는 정말 힘들었겠군요. 하지만 동시에 우리가 배울 점들이 많아 보입니다. 분명히
   그런 곱씹기가 기분을 나쁘게 만든 것처럼 보이네요.

찰리: 네, 확실해요.

톰: 바로 이 점을 유의해야 하겠어요. 반추에 의해 당신은 사회로부터 더 고립됐고, 기분도
   더 악화됐어요.

찰리: 맞아요. 저도 이런 전형적인 상황이 이해되는 것 같아요.

톰은 찰리에게 반추의 부정적인 결과를 강조했고, 이것이 어떻게 기분과 삶
의 맥락에서 부정적인 영향으로 작용하는지에 대한 이해를 도왔다. 다른 한편
으로 치료자는 반추 대신 행동을 선택했을 때의 결과, 즉 문제를 해결하고 목표
를 성취해서 기분이 개선되는 긍정적 결과를 강조할 수도 있다.

결과물을 보여 주는 작업은 환자에게 반추보다는 대안적 행동에 참여할 수
있게 동기를 부여한다. 또 반추에 대항할 전략을 안내하는 기능도 있다. 반추
를 평가하는 과정에 환자의 참여가 중요하다. 환자 스스로 반추의 결과를 인식
할 수 있도록 '과연 이런 생각이 지금 내게 도움이 되는가?'와 같이 자문하도록
한다. 이로 인해 환자는 반추가 비적응적임을 인지하게 된다. 일부 환자들은
부정적인 결과의 알아차림 자체로 행동이 변하고 활성화되는 반면, 다른 환자
들은 인식에도 불구하고 반추를 계속한다. 이들에게는 행동활성화를 위한 다
른 구체적인 대응이 필요하다.

문제를 해결하기

문제해결은 반추사고에 대응할 자연스러운 전략이다. 네주(Nezu, 2019) 등은 '뇌의 과부하'를 극복하기 위해 문제를 단순화하고 실천 가능한 단위로 나누는 일련의 작업을 소개했다. 이것은 행동활성화 치료와 유사점이 크며, 반추하는 환자에게 문제해결 작업을 교육할 때 추구하는 방향이기도 하다. 행동활성화 치료자는 늘 구체성과 명확성을 추구하고, 이러한 맥락에서 우선시되는 작업은 문제의 명료화다. 치료자의 역할은 환자를 도와 반추를 야기하는 문제를 규명하고 적극적 해결 계획을 수립하는 것이다. 환자와 치료자는 함께 협력해서 풀어야 할 문제를 명확하게 파악한다. 그런 다음 몇몇의 가능성 있는 해결책을 모색하고 평가하며, 구체적인 대응책을 마련해서 환자가 변화를 시도할 수 있도록 돕는다.

행동활성화 치료자와 환자는 난해한 대인관계부터 실질적인 고용의 어려움까지 다양한 범위의 문제들을 다루게 된다. 이러한 상황들을 마주했을 때 문제해결 치료는 구체적인 대안 활동을 제공해 반추의 원인을 제거하고 노련하게 대응할 수 있도록 돕는다. 때로는 문제를 아무리 돌이켜 봐도 마땅한 대안이 없어서 고난을 견뎌 낼 수 있도록 하는 것만이 최선인 경우도 있다. 어떤 사람이 건강검진을 받고 결과가 통지되기 전까지 계속 반추한다면, 치료자는 반추로부터 주의를 분산하거나 완화할 대안적 활동을 시도해 보도록 도울 수 있다(보다 자세한 내용은 다음에 이어서 논의). 구체적인 대응법을 찾을 수 있다면 이것이 바로 치료자가 집중할 영역이다. 치료자와 환자는 함께 협력해 제6장에서 다뤘던 전략들을 활용한다. 해결책을 찾고 난 다음에는 구체적인 활동을 구성해 수행할 과제로 정한다. 이전의 장에서 소개했던 상황적 수반성 다루기, 자연스러운 강화의 빈도 증진, 과제 분할 및 계획 세우기와 같은 전략을 문제해결법으로 활용할 수 있겠다.

🎯 체감에 주목하기

현대의 많은 정신치료 기법이 마음챙김(mindfulness)의 임상적 적용에 관심을 기울이고 있다(예: Hayes et al., 2011; Linehan, 1993; Segal, Williams, & Teasdale, 2013). 일반적인 마음챙김의 정의는 "비판단적으로, 의도적으로, 현재의 순간에 집중함"을 의미한다(Kabat-Zinn, 1994, p.4). 반추가 개인을 현재로부터 벗어나게 하는 반면, 마음챙김의 목표는 현재에 머무름이다. 마음챙김은 우울증의 재발을 방지하기 위한 목적으로도 활용되고, 공식적 또는 비공식적으로 명상 요법에서 자주 활용되고 있다(Segal et al., 2013).

많은 정신치료 기법이 명상 요법의 일환으로 마음챙김을 교육한다. 행동활성화 치료의 구성원은 보통 급성기 우울증을 겪고 있는 환자들이 대부분으로 명상 요법의 비중은 크지 않다. 명상은 고도의 집중을 요하며 정적이고 단독적인 형태의 작업이기 때문이다. 하지만 현 순간의 직접적 경험에 관여하는 형태로써 마음챙김 작업은 행동활성화 치료에서 반추의 핵심을 겨냥하는 유용한 도구가 된다. 현재 순간에 전적인 충만감을 경험하도록 환자를 돕는 과정은 반추적 회피 행동을 교정하기 위한 실질적 전략이다. 이러한 연습을 "체감에 집중하기(attention to experience; Martell et al., 2001)"라고 부르며, 환자의 머릿속에 자동적으로 일어나는 생각을 대신해 외부적인 상황과 내적인 감각에 주의를 기울이도록 한다. 달리 말하면 환자에게 그 순간의 시각, 청각, 후각과 같은 다양한 감각적 경험을 알아차리도록 요청한다. 체감에 주목하는 과정은 의식을 그 순간의 상황적 요소로 돌려놓는다. 여기에는 내적인 경험뿐 아니라 외적인 상황에서 벌어지는 행위도 포함된다.

반추가 심한 환자에게 행동활성화 치료와 더불어 마음챙김의 표준 전략을 통합해 활용하면 치료 성과를 높일 수 있다. 이러한 이유로 치료자들에게 우울증의 마음챙김 치료법을 숙지하도록 권장한다(Segal et al., 2013; Williams, Teasdale, Segal, & Kabat-Zinn, 2007). 치료자가 환자에게 마음챙김에 관한 책자나 명상 수련, 요가 수업을 추천할 수도 있다. 어떤 환자들은 이러한 접근법을 통해 과거나 미래에 대한 걱정을 반추하기보다 현재에 집중하도록 도움을 얻는다.

앞의 케네스의 사례를 이어서 보자. 어느 날 저녁 시간에 케네스는 가족과 함께 식탁에 둘러앉아 반추 대신에 시각, 청각, 촉각에 주의를 기울였다. 그의 치료자인 미겔(Miguel)이 순간순간의 다양한 경험을 알아차리도록 인도했다. 방은 조용했는가? 바깥의 차 소리, 새들의 지저귐, 비바람 소리가 안에서도 들렸는가? 식탁 위의 음식 냄새는 어땠는가? 한 숟가락씩 음식을 먹을 때마다 그 맛은 어땠는가? 이런 연습을 통해 케네스는 점차 체감에 주목하는 능력을 키웠다. 여기에 더해 집 주변을 산책하며 이웃의 정원은 어떤 모습인지, 꽃의 색깔과 향기는 어땠는지 같은 추가적인 과제를 수행해 나갔다. 마음챙김을 통해 케네스는 혼자 TV를 시청하기보다 가족들과 어울리고 운동도 열심히 할 수 있게 됐다. 체감에 주목한다는 지침이 반복되는 생각의 고리에서 벗어날 수 있게 체험적 대안을 제공했다.

체감에 주목하기와 문제해결하기 과제는 효과적이지만 다른 모든 활성화 계획과 마찬가지로 계속해서 실천하기가 쉽지 않다. 치료자가 회기마다 "체감에 주목하기" 과제를 부여할 때는 활동 계획이 효과적이기 위한 요소들을 명심해야 한다. 저자들은 지금까지 작은 것부터 시작하길 권장해 왔다. 미겔은 케네스에게 체감에 주목하기 활동을 제안하며 이 원칙을 유념했다.

미겔: 지금까지 당신을 괴롭히는 반복적인 사고 회로에 대한 많은 이야기를 나눴습니다. 어떻게 생각하세요?

케네스: 맞아요. 머물러 있기엔 정말 끔찍한 곳이죠. 아무것도 할 수 없으면서 그저 비참한 감정만 느껴지는.

미겔: 충분히 이해합니다. 다음 주에는 새로운 시도를 해 보면 어떨까요?

케네스: 물론이죠. 그런데 과연 그런 시도가 얼마나 효과적일지는 모르겠어요.

미겔: 이해해요. 그런데 그런 의구심을 기꺼이 수용할 의향이 있는지 궁금합니다.

케네스: 그렇게 하겠어요.

미겔: 이제 '체감에 주목하기'라고 불리는 간략한 활동을 소개하려고 해요. 이것은 비참한 생

각의 고리에 빠진 상태를 대체할 방법이에요. 불편한 반추를 대신해 여기에 초점을 맞출 수 있도록 마음을 훈련한다면, 당신 앞에 놓인 삶에서 즐거움의 기회가 늘어날 것이고, 일처럼 집중이 필요한 상황에서도 도움이 될 거예요. 한번 해 보시겠어요?

케네스: 아마도요. 그래도 아직 확실히 감을 못 잡겠어요.

미겔: 좋은 질문이에요. 예를 들어 보도록 하죠. 먼저 지금 해 보기 적절한 시도로 이 방에서 보이는 여러 색깔에 집중해 보면 좋겠어요. 주변을 둘러보면서 카펫이나 벽지의 색 상과 질감을 느껴 보세요. 짧게 1~2분간 함께 연습해 보도록 하죠.

케네스: 1분간 색상을 보고 있으면 되는 건가요?

미겔: 맞아요. 처음에는 어색할 수 있겠지만 모든 새로운 활동과 마찬가지로 익숙해지는 데 시간이 필요해요. 아마도 중간에 주의가 분산되며 다른 생각들이 떠오를 텐데 괜찮 아요. 모두가 학습의 일환이에요. 그런 생각이 떠오르면 그저 다시 주변의 색상에 집중해 주세요. 만약에 이것이 어렵다는 생각이 들어도 괜찮아요. 우리는 이제 시작 했을 뿐이에요. 이때도 다시 주의를 주변의 색상에 되돌려 주세요.

케네스: 그래요. 한번 해 볼게요.

(그리고 60초의 시간이 흘렀다.)

미겔: 어떤 점을 느끼셨나요?

케네스: 음…… 카펫에 원래는 몰랐던 초록색 얼룩이 있다는 걸 알았고, 벽에 걸린 그림이 참 좋다고 느꼈어요. 그러면서 화가가 누구일지 궁금해졌지만…… 과연 이렇게 하 는 것이 맞는지 모르겠네요.

미겔: 예. 말씀드렸듯이 우리는 주변의 여러 상황에 의해 쉽게 주의가 분산될 경우를 예견했 지요. 당신의 마음은 이러한 활동을 시작하고 곧 익숙한 생각의 습관에, 그리고 아마 도 강력한 반추의 습관에 이끌렸을 거예요. 당신의 역할은 오래된 습관에 빠졌을 때 알아차리기만 하면 되니까 그것도 괜찮아요. 알아차린 뒤에는 다시 주의를 현재의 주변 환경에 맞춰 주면 됩니다.

케네스: 이런…… 아마 수도 없이 그럴 것 같아요!

미겔: 맞아요. 실제로 그럴 거예요. 하지만 놀랍게도 이건 좋은 현상인데, 왜냐하면 그런 상 황이 많다는 점은 당신이 생각에 빠졌을 때 이를 잘 인식해서 다시 체감에 집중하기

를 훌륭히 해내고 있다는 의미이기 때문이죠. 꾸준한 훈습을 통해 상황마다 나타나
는 습관적인 반추를 대신해 점차 체감에 집중하기가 수월해진다는 걸 느끼게 될 거
예요.

케네스: 음…… 이해가 가네요.

미겔: 다음 주에는 이것을 몇 번 정도 연습해 볼까요?

케네스: 하루에 1~2분 정도라면 글쎄요……. 아마도 3회?

미겔: 좋습니다. 훌륭해요. 정확히는 주중에 언제가 괜찮을까요? 그것을 정해서 활동기록지
에 적어 두고 실천에 옮겨 보도록 합시다.

미겔은 변화는 작은 것부터 시작해야 수월하다는 원칙을 염두에 두고 있었
다. 케네스에게 오후의 전부를 할애해 연습해 보도록 제안하는 대신 몇 분간의
과제만을 제안했다. 체감에 몰두하기나 마음챙김을 연습해 본 사람이라면 초
반에는 몇 분이 결코 짧지 않은 시간임을 이해할 것이다. '몇 분'의 시도는 실제
로 합리적이지만 어려운 도전이다. 케네스가 연습을 시작하기 수월한 장소는
그가 특히 불행감을 느꼈고 집중에 어려움을 겪었던 업무 장소보다 집이 적절
할 것으로 판단했다. 미겔은 케네스의 의구심을 실질적으로 다루었고, 그러한
전략이 어떻게 도움이 되는지 설명했다. 어떤 환자들에겐 체감에 집중하는 과
정이 그들이 살아온 방식과 달라서 이질적으로 느껴질 것이며, 실제로 그런 면
이 없지 않다. 미겔은 케네스가 연습 과정에서 주의가 분산되어 반추에 빠질 경
우를 예상했고, 이때 어떻게 대응해서 결국 좋아질 수 있는지 안내했다. 추가로
그가 인식한 점을 기록해 뒀다가 치료 회기에서 논의해 보자고 요청했다. 미겔
은 또한 케네스가 활동기록지에 이 계획을 기입해 과제가 잘 수행될 수 있도록
조치했다.

당면한 과제에 다시 집중하기

이 전략은 주의가 분산된 순간을 인식해야 한다는 점에서 체감에 주목하기와

유사하다. 차이점은 체감에 주목하기가 매 순간의 감각적 경험에 집중하는 반면, 과제의 특정 단계에 다시 집중하게 만든다는 점이 다르다. 환자가 반추를 알아차릴 때마다 과제의 한 지점으로 다시 초점을 돌려 온다. 이 전략은 복잡하거나 연속적인 단계를 지닌 과제를 다룰 때 적합하다.

담보대출 중개인으로 일하고 있는 엘리자베스(Elizabeth)의 예를 살펴보자. 그녀는 매우 고립된 상태로 일을 통해 그나마 위안을 얻고 있다. 하지만 우울증이 심해지면서 업무에도 부정적인 영향을 끼쳤다. 업무 생산성이 떨어졌고 삶에서 유일하게 의미를 주는 직업마저 잃게 될까 염려했다. 그녀가 중요하게 생각하는 첫 번째 어려움이 바로 집중력 문제였다. 때로는 기분이 너무 우울해서 아침에 일어나 제 시간에 출근하는 것도 어려웠다. 그녀는 더 이상 일을 즐기지 못한다는 사실 때문에 자신의 우울증을 심각하게 여겼다. 업계에서 최고가 될 수 없다고 염려했고, 직장 내 입지도 위태로워질 것이라고 걱정했다.

엘리자베스와 치료자는 이러한 반추를 치료 목표로 삼는 것이 우울증의 극복에 핵심적인 열쇠라는 것을 파악했다. 작은 것부터 시작한다는 원칙하에 엘리자베스는 근무 중 10분씩 총 4회의 시간 단위를 당면한 과제에 집중해 보기로 했다. 재무 기록을 검토하면서 그녀는 내적으로 향한 초점을 현재 계산 중인 숫자로 돌려놓았다. 생각은 쉽게 반추로 회귀하길 반복했지만, 그럼에도 불구하고 업무에 집중하던 순간만큼은 기분이 약간 나아졌다. 하루에 총 4회, 10분씩의 작업 계획은 다양한 과제의 연습을 가능하게 했다. 그녀는 통화 중 고객이 하는 모든 말에 주의를 기울이며 그들이 논의하는 문제의 핵심을 규명하기 위해 노력했다. 때때로 집중을 잃고 고객에게 다시 질문하기도 했지만, 전반적으로 보면 최소한 그 순간만큼은 비참한 기분과 생각에 빠지는 경향이 덜했다.

활동은 그 자체로 반추에 대항해 당면한 과제로 집중을 돌려놓는 중요한 치료 인자다. 환자들은 반추보다 높은 보상적 가치를 지닌 활동을 더 쉽게 느낀다. 스케이트를 연습 중이거나 스키를 타고 눈 덮인 산에서 내려오는 순간에는 반추에 빠지기 어려운 것과 같은 이치다. 아이들을 위해 베이킹 파티를 여는 것도 자연스럽게 활동에 참여하는 방법이다. 아이들이 다치지는 않을지 주시하고, 음식을 쏟지 않는지 관찰하며, 신체 활동이 많은 놀이를 함께하는 것처럼 주의집중력이 요구되는 작업을 하면 몰입이 더 수월해진다.

애디스와 마르텔(Addis & Martell, 2004)은 반추를 대신해 활동에 몰두할 수 있도록 머리글자 'RCA'를 소개했다. 이 약어는 "반추는 활동을 촉구하는 신호다(Rumination Cues Action)."라는 의미다. 환자가 반추의 순간을 스스로 인지하고 약어를 상기한다면, 더 이상 부정적인 생각에 고착되지 않도록 다른 활동을 시도할 수 있겠다.

반추사고로부터 주의를 분산하기

주의를 감각 경험과 당면한 과제로 돌리는 작업은 내적인 반추 과정으로부터 마음을 해방시킨다. 신경을 분산시키는 작업도 유용하다. 체감에 주목하는 전략이 주어진 상황에서 특정한 신체적 감각에 주의를 기울이는 것이라면, 주의를 분산하는 작업은 반추로부터 벗어나기 위해 환경에서 무언가를 끌어온다는 점에서 차이가 있다. 전자는 예를 들어 어떤 사람이 운전 중에 반추를 하고 있을 때, 좌석의 푹신함, 운전대를 잡은 손의 촉각, 액셀과 브레이크 페달을 밟는 오른발의 압력, 울퉁불퉁한 길에서의 흔들림, 엔진 소리, 주변의 색상에 몰두하는 방식이다. 주의 분산은 체감이나 당면한 과제와는 다른 새로운 대상을 찾아 집중하는 과정이다. 반추사고로부터 벗어나기 위해 라디오를 청취하거나 가사를 떠올리는 노력이 필요한 노래를 부르는 것처럼 말이다. 이런 활동들은 단순히 현재의 순간에 참여하기를 요구하지 않고 불편한 생각에서 벗어날 목적으로 주어진 상황에 무엇인가를 더한다는 점에서 주의 분산에 해당된다. 애딜린은 밤마다 자려고 노력할 때 반추에 시달렸다. 그녀는 간간히 들리는 자동차 소리에 집중하는 것처럼 늦은 밤 체감에 몰두하는 작업이 기분을 더 불안정하게 만든다고 생각했다. 대안으로 그녀와 메이는 주의를 분산해 보기로 했다. 전처럼 잠들기 어려운 상황에서 알파벳 A로 시작하는 동물들을 순서대로 떠올리는 방식을 택했다. 이후 회기에서 애딜린은 알파벳 G를 넘길 때가 별로 없었다고 기뻐하

며, 잠들기 전 떠올리기에 기린(giraffe)은 그렇게 나쁜 이미지는 아니라고 웃었
다. 주의 분산은 반추에 대한 효과적인 해독제다. 반추로 고민하는 환자를 위
한 다양한 치료적 개입법을 〈표 7-1〉에 기술했다.

〈표 7-1〉 반추사고를 중재하는 방법

환자가 반추사고 때문에 많은 시간을 허비하고 있거나 활동에 전적으로 몰입하지 못
하는 경우 다음의 중재법을 활용해 보도록 하자.

● **반추의 결과물을 보여 주기**

다음과 같은 질문을 스스로에게 물어본다. '반추가 내 기분에 어떤 영향을 주고 있
는가?' '반추가 도움이 되는가?' '그것이 어떻게든 문제해결에 도움을 주는가?' '장단기
적으로 득(슬픔과 같은 불편한 경험을 감소시키는 것처럼)과 실은 어떤가?'

● **문제를 해결하기**

해결되어야 할 문제를 구체적으로 규명한다. 가능한 해결책을 구상하고 평가한
다. 변화를 위한 단계들을 확인한다. 각각의 단계를 실행으로 옮긴다. 그 결과를 검
토해서 문제점을 파악하고 해결한다.

● **체감에 주목하기**

매 순간 반복해서 주변의 감각 경험(시각, 청각, 후각, 촉각, 미각 등)에 주의를 기
울인다.

● **당면한 과제에 다시 집중하기**

과제를 완수하기 위해 필요한 각각의 단계를 파악한다. 그리고 한 번에 한 단계씩
주의를 되돌린다.

● **반추로부터 주의를 분산하기**

반추에서 멀어지도록 신경을 분산시키는 대상에 반복해서 주의를 기울인다. 신체
적 활성이나(운동이나 애완동물과의 놀이처럼) 정신적 활성도를(노래 부르기, 각 알
파벳의 첫 글자로 시작하는 동물이름 대기 같은) 높일 수 있는 작업을 활용한다.

요약

우울증 환자에게 반추는 많은 고통과 문제를 유발한다. 그들에겐 마음 자체가 가장 큰 적이 된다. 우울증적 반추는 적극적인 참여를 방해하거나 활성화를 위한 노력 자체를 약화시킨다. 행동활성화 치료자는 반추의 내용보다 생각하는 과정 자체를 치료 목표로 잡아야 하겠다. 반추는 또한 회피로 작용해서 환자가 어려운 상황을 마주하지 못하게 만든다. 치료자는 환자가 다시 자신의 삶에 참여할 수 있도록 그들의 머릿속을 괴롭히는 생각에서 벗어날 수 있는 기술을 습득하게 도와야 한다. 반추의 결과물을 보여 주는 작업은 환자가 반추를 멈출 수 있도록 동기를 부여하는 전략이다. 문제를 해결하기, 체감에 주목하기, 당면한 과제에 집중하기, 반추로부터 주의를 분산하기 등은 모두 환자가 반추를 대신해 적극적으로 훈습해야 하는 작업이다.

 핵심 요점

- ◆ 우울한 환자는 쉽게 반추사고에 빠진다. 숙고적 반추(reflective rumination)는 적응적인 측면이 있고 문제의 답을 찾는 데 도움이 될 수 있다. 반대로 수심적 반추(brooding)는 기분과 상황의 개선이 불가능해서 결국 아무것도 일어나지 않을 것이라는 수동적인 절망감을 뜻한다.

- ◆ 행동활성화 치료는 이러한 반추사고를 다룰 여러 가지 전략을 제공한다. 반추의 결과물을 보여 주는 작업은 환자가 또 다른 시도를 할 수 있는 동기를 부여한다.

- ◆ 추가적인 전략으로 환자가 수심에 몰두하는 대신 문제를 해결할 수 있도록 교육하고 문제를 규명해서 행동적으로 풀어 갈 수 있도록 돕거나 가능한 해결책을 탐색해 보는 방법이 있다.

- ◆ 환자가 '체감에 몰두'하는 작업을 잘 훈련할 수 있도록 교육해서 반추사고로부터 벗어나도록, 지금 이 순간의 경험에 집중하도록 돕는다.

제8장

활성화를 방해하는
장애물의 극복

활성화를 방해하는 장애물의 극복 제8장

"문제는 최선을 다할 수 있는 기회와 같다."

―듀크 엘링턴(Duke Ellington)

애딜린은 그날의 저녁 파티에서 상심이 컸다. 하지만 메이와 함께 반추를 다루며 새로운 전략을 시도해 보기로 마음먹었고, 교회 봉사와 이후의 커피 모임 시간에 참여하기로 했다. 메이는 과제의 결과가 어땠는지 확인하고 싶었지만 애딜린은 다음 회기에 나타나지 않았다. 20분이 지난 뒤 메이는 그녀에게 근황을 듣고 싶다는 메시지를 보냈다. 애딜린은 이틀이 지나 연락이 왔고, 월요일에 직장에서 너무 우울해서 그 후로 며칠 동안 침대에 누워 있었다고 했다. 메이는 다음과 같이 답했다. "어려운 상황에 제 마음도 무겁군요. 그래도 오늘 이렇게 통화를 할 수 있어서 기뻐요! 기분이 저조할 때 이런 연락이 얼마나 힘들었을지도 이해하고요. 당신에게 어떤 일이 있었던 것인지, 그리고 어떻게 제자리로 돌아갈 수 있을지 다시 만나서 알아보면 좋겠어요. 괜찮을까요?"

다음 날 내원한 애딜린은 메이와 함께 지난주에 있었던 우울증을 악화시켰을 법한 요인들을 하나씩 되짚어 봤다. 검토 후 기분은 일요일 오후까지만 해도 그런대로 괜찮았는데, 이후부터 가라앉기 시작해 월요일 저녁에는 치료 초기 수준으로 악화된 것을 알 수 있었다.

메이: 일요일에 무슨 일이 있었나요?

애딜린: 글쎄요. 잘 모르겠어요. 그때 제가 뭘 하고 있었는지 기억이 안 나요.

메이: 제 기억으로는 그날 아침에 교회에 가기로 이야기를 나눴던 것 같아요. 교회에 들렀던 부분은 기억나세요?

애딜린: 아! 맞아요. 고마워요. 실제로 교회를 다녀왔고 봉사도 끝까지 마쳤어요. 그런데 현관에서 목사님과 인사한 뒤로는 이후의 커피 모임에 참여할 수 없었어요. 제 기억에는 그것도 해 보기로 했었는데 말이죠.

(메이는 과제와 관련된 애딜린의 경험을 매우 흥미롭게 경청하고 있었다.)

메이: 애딜린이 봉사에 대해서 많이 걱정하고 반추했던 것을 잘 알아요. 실제로 현장은 어땠는지 궁금합니다. 그리고 커피 모임에 참석하지 않기로 결정한 순간에 대해서도요.

(애딜린은 당시를 떠올렸다. 처음에는 반추를 별로 안 했다고 생각했는데, 상황을 구체적으로 상기하면서 그렇지 못했음을 인지했다.)

애딜린: 처음에는 그 상황에서 반추를 별로 안 했다고 생각했어요. 하지만 그건 사실이 아니에요. 몇 번의 위기가 있었지만 지난 회기에서 배웠던 기술이 큰 도움이 됐어요. 슬픈 감정을 느꼈고 전처럼 신앙심이 충만하면 얼마나 좋을까 반추에 빠져들었죠. 그런데 제 주변에는 다른 데 집중할 요소가 많았어요. 저는 안식처로써 교회 그 자체를 사랑해요. 아름다운 장미가 그려진 색 유리도 있었죠. 목사님의 설교도 정말 좋았어요……. 그날의 제게 꼭 필요한 내용이었죠. 그렇게 주의를 다시 유리창의 장미와 성가대의 합창, 그리고 목사님의 설교에 몰두했어요.

(메이는 애딜린의 이야기를 반겼다.)

메이: 정말 훌륭해요 애딜린! 우리가 논의한 과제를 실천으로 옮겼고 도움을 받았네요.

(메이는 다른 활성화 과제의 경과도 듣고 싶었다. 그리고 커피 모임은 어땠는지 물어봤다.)

애딜린: 목사님을 만나서 인사하기 전까진 정말 가려고 했어요. 거기엔 제가 아는 몇몇의 사람들이 있었고, 그들은 오랜만에 제 얼굴을 봐서 반갑다고 했어요.

(메이는 이때 애딜린의 표정에 감도는 미묘한 긴장감을 발견했다.)

메이: 거기서 무슨 일이 있었나요?

애딜린: 잘 모르겠어요. 갑자기 압도되는 기분을 느꼈어요. 사람들에게 저의 직업과 현재 사는 곳을 도저히 이야기할 수 없었지요. 제 삶에서 정말 싫어하는 그런 부분들을 말이죠. 마치 제 발이 '계속 걸어가'라고 하는 것만 같았고, 결국엔 교회 밖으로 나가 버렸어요.

메이: 그것은 정말 중요한 정보가 되는 이야기로 들리네요. 그런데 기분은 월요일에 더 악화됐다고 했으니 교회를 나선 후에는 무슨 일이 있었는지도 궁금합니다.

애딜린은 월요일 아침 계획했던 재택근무 대신 출근하기로 결정했다. 제 시간에 집을 나서며 출근하는 과정에서 성취감을 느꼈고 그런 결정을 내린 자신이 대견했다. 하지만 출근 후 지난 금요일에 고객과 마무리하기로 약속했던 업무를 깜빡한 다음부터 우울감이 악화됐다. 고객은 잔뜩 화가 나서 음성 메시지를 남겼고 애딜린의 상사에게도 항의했다. 상사는 애딜린에게 정중하지만 직설적으로 "이 일은 오늘 안에 끝내야 하니 야근을 해서라도 처리해 주세요."라고 지시했다. 그녀는 늦은 밤까지 업무를 마무리해서 고객에게 전달했다.

다음 날 아침 애딜린은 피로감이 심해 늦잠을 잤다. 그녀는 출근하지 않기로 마음을 먹었고 결국 평소보다 2시간 늦게 일어났으며, 강아지와 산책을 한 뒤에야 업무 메일을 검토할 수 있었다. 어제 그 고객이 보낸 메일에는 "비록 늦었지만 일의 끝맺음에 감사드립니다. 하지만 이로 인해 새 제품의 출시가 한 주나 연기됐습니다."라고 적혀 있었다. 애딜린은 고객에게 불편을 드려 죄송하다고 회신하며 상사에게도 참조 메일을 보냈는데, 잠시 뒤 상사에게 "고객과 더 이상 메일을 교환하지 마세요."라는 피드백을 받았다. 애딜린은 침대로 돌아가 울면서 과거의 실패에 대해 반추하기 시작했다. 결국 상담 시간까지 침대에 누워 있다가 메이의 메시지를 보고 자신이 약속을 어겼다는 사실에 기분은 더 악화됐다. 애딜린은 직장에서의 실패와 치료 약속을 어긴 민망함에 이틀이 지난 후에야 메이에게 연락할 수 있었다.

애딜린의 이와 같은 이야기에 메이는 다음과 같이 응답했다. "오늘 여기에 계셔서 정말 기뻐요. 무척이나 힘든 한 주를 보내셨네요. 어려운 상황에서 연락을 주고 이렇게 다시 내원하는 것도 대단하다고 생각해요." 애딜린은 치료자가 자신에게 실망하지 않았다는 사실에 놀랐다. 메이는 온화한 미소와 함께 질문을 이어 갔다. "혹시 교회와 직장에서 있었던 일을 치료 안건에 올려 두고 탐색해 보면 어떨까요?" 애딜린은 고개를 들지 못한 채로 수긍을 표했다. "그렇게 제안하실 줄 알았어요. 도움이 될 것 같아요."

서론

활성화의 과정에서는 항시 장애물을 마주하기 마련이다. 이 장에서는 그런 상황에서 장애물을 극복하는 방법을 소개한다. 행동활성화 핵심원칙 10("활동을 방해하는 잠재적 또는 실질적 장애물을 해결하라.")처럼 우울증 환자와 함께 활성화 계획을 고안하고 적용할 때 필연적으로 마주치는 여러 형태의 문제점들을 잘 다뤄야 한다. 여기서 '장애물 극복하기(troubleshooting)'라는 용어는 구체적으로 제6, 7장에서 소개했던 두 가지 방식의 '문제해결(problem solving)'을 뜻한다. 이는 또한 활동 계획을 세운 뒤 수행 가능성을 최대화하기 위한 검토 과정에서 필요한, 그리고 계획된 활성화 과제의 실천을 어렵게 만드는 방해 인자를 환자와 함께 타개하려는 노력이기도 하다.

문제를 풀어 갈 핵심은 환자의 행동을 평가해서 가능한 해결책을 찾고, 이를 다음 활동 과제에 통합시키는 데 있다. 이번 장에서는 이 부분을 집중적으로 논의하겠다. 먼저 장애물을 효과적으로 극복하기 위해 치료자가 문제에 접근하는 방식을 알아보자.

활성화라는 난제

　치료자는 환자에게 활동 과제를 부여하며 마음속으로 다음과 같은 이상적인 상황을 기대할지도 모르겠다. 다음 회기에 내원한 환자가 "모든 과제를 이행했고, 선생님이 제안한 모든 개입법이 도움이 됐어요! 과제를 실천할 수 있었고, 기분이 나아졌으며, 앞으로 나아갈 동기가 생겼어요. 이제 또 다른 과제를 수행할 준비가 됐습니다!"라는 것처럼 말이다.

　아쉽지만 이는 특히나 치료 초기에 있는 우울증 환자에게 일반적으로 기대할 수 있는 반응이 아니다. 현실은 어려운 환경에서 행동 변화를 시도하며 필연적으로 겪는 좌절과 실망에 가깝다. 환자들은 보통 과제를 완수하지 못하거나 치료자와의 합의가 어긋났을 때(예: 결근과 같은 상황처럼), 그리고 이것이 반복되는 상황에 죄책감과 수치심을 느낀다. 환자는 변화를 원하나 때로는 기분이 그것을 방해한다. 그 결과로 종종 과제를 끝내지 못하고 낙심하거나 부끄러운 마음에 치료 회기에 빠지게 된다.

　이런 기분 의존적 행동은 치료자에게도 부정적 영향을 미칠 수 있다. 과제를 완수한다면 분명히 큰 도움이 될 것으로 예견되는 상황에서 환자가 그렇게 못했을 때, 치료자 역시 낙심하고 좌절하기 쉽다. 치료적 진전이 없는 상황을 환자 탓으로 돌리며 '인격 장애' 혹은 '치료적 도움을 거부하는 성향'(항시 "네, 하지만 그런데 말이죠……."처럼 반응하는 환자들)의 꼬리표를 붙이기도 한다. 실제로 일부에서는 인격 장애를 동반한 경우도 있다. 정확한 진단은 당연히 향후 치료계획 수립에 중요하다. 그런데 치료자의 무력감과 좌절감으로 어떤 환자는 단지 기만적이고, 어떤 환자는 우울감에 계속 머물고 싶어 한다는 반행동주의적, 판단 오류에 빠지기도 한다. 불행히도 이런 판단은 문제해결에 아무런 도움이 되지 못한다. 치료자가 자신의 이런 회의적 시각을 간과하면 치료적 의지는 점차 소진될 것이다.

장애물 해결에 임하는
치료자의 올바른 자세와 방식

활성화라는 도전을 마주하며 제3장에서 다뤘던 다양한 치료적 형식과 구조적 전략을 활용하는 것이 도움이 된다. 환자가 행동활성화의 구조적인 기본 개념을 납득하면 활동 과제의 의미를 스스로 받아들일 수 있다. 환자와 치료자가 활성화의 노선에서 이탈하지 않게 치료 회기의 구조를 잘 유지하는 과정 또한 장애물을 극복할 수 있도록 돕는다. 문제를 대하는 치료자의 추론 방식과 치료적 개입을 선택하는 과정에 대한 환자의 이해가 깊어지면 장애물 극복은 수월해진다. 활성화 과정에서 어려움에 처한 환자를 대하는 치료자의 비판단적이고 온화하며, 진실된 자세는 치료적 여정을 협력적으로 만든다. 마지막으로는 장애물을 해결하는 과정에서 아무리 사소하고 하찮아 보이는 행동이라도 그것에 적응적 기능이 있다면 꾸준히 강화하는 것이 중요하다. 이러한 모든 방법을 통해 치료자는 행동활성화의 여덟 번째 핵심원칙("문제해결을 위한 경험적 접근을 강조하고, 이에 따른 모든 결과가 유용하다는 점을 인지한다.")을 다양한 상황의 치료적 중재에 대한 배움과 개선의 기회로 삼는다.

환자가 활동 과제의 완수를 어려워하거나 반복해서 문제에 봉착하고 같은 실수를 되풀하더라도 비판단적 태도를 유지해야 한다. "음…… 우리가 아직은 이 문제를 해결하지 못한 것 같습니다. 좀 더 자세히 들여다보고 무엇이 방해가 됐는지, 그리고 무엇을 배울 수 있는지 함께 알아보도록 하죠." 또는 "그렇군요. 이것이 반복되는 어떤 이유가 있겠지요. 지난 회기에서 이 과제를 다룰 때 우리가 놓친 부분이 있거나, 어쩌면 새로운 문제가 대두된 것일지도 모르겠어요. 과연 무엇이 문제였는지 자세히 알아보도록 하죠."처럼 말이다.

이러한 소통 방식은 과제를 끝내지 못한 환자를 비난하지 않고, 여전히 긍정적인 자세로 문제를 해결하려는 치료자의 의지를 보여 준다. 초점은 '우리가 여기서 무엇을 배울 수 있을까?'에 맞춰져 있다. 이와 같은 치료자의 모습에 환자들은 보통 안도감을 느끼고(숙제를 못했어도 혼나지 않은!), 수행 과제와 활동에서 어떤 어려움이 있었는지 알아보는 생산적인 행동 평가를 이행할 수 있게 된다.

환자의 활동기록지를 검토하는 상황에서 치료자는 감정을 배제한 사실 관계에 입각한 어조를 사용한다. 사생활에 해당되는 활동과 기분이 기록된 내역을 검토하는 과정을 환자는 불편하게 느낄 수 있다. 환자가 계획된 활동을 수행하지 못했거나, 비생산적이거나 문제가 되는 활동을 했을 때 치료자는 비난하거나 실망스러운 어조로 반응하지 않는다. "토요일에 계획했던 활동을 수행하지 못하신 것 같군요. 그날 오후에는 어떤 일이 있었나요?"와 같이 간단한 질문으로 반응하면 된다. 문제 상황을 있는 그대로 짚어 내고 환자가 그것이 왜 잘못됐는지 변명할 필요 없이 당시 상황을 편히 이야기할 수 있도록 한다.

효과적으로 활동하지 못하도록 방해했던 우발적인 상황을 파악하는 것도 중요하다. 치료자는 "아, 그렇군요. 세부적인 상황을 알게 되어 도움이 됐습니다."라고 반응하거나, "그것은 당신에게도 별로 생산적이지 못한 시간이었군요. 더 나은 시간을 한번 같이 고민해 보고, 이번 주에는 과제를 보다 성공적으로 수행할 수 있을지 지켜보도록 하죠."처럼 상황에서 배운 부분을 타당화할 수도 있다. 환자는 이러한 치료자를 거울삼아 우발적인 상황에서 행동을 조종하며, 단지 '게으르다'는 판단은 도움이 안 되고 효과적인 문제해결을 방해한다는 사실을 깨닫게 된다. 우발적 변수를 평가한 뒤로는 치료 목표를 향해 활성화 계획을 조정하거나 문제해결 접근을 다시 적용할 수 있다.

수행 과정에서 마주한 문제점을 분석할 때도 사실 관계를 객관적으로 보려는 태도가 필요하다. 환자가 "무슨 일이 있었나 모르겠어요. 저희가 이번 주에 약속한 것과 정반대로 행동했어요."라고 했다면, 이때 치료자는 사실 관계에 입각한 단순한 어조로 "그것에 대해 말씀해 주세요."라고 관심을 보이며 소통한다.

행동활성화 치료자는 활성화의 여정에서 야기된 문제에 긍정적인 자세를 취한다. 제6장에서 논의한 바와 같이 행동활성화 치료자는 각각의 문제를 환자가 해결하거나 적응하도록 도울 대상으로 바라본다. 행동주의 학자들은 변화란 장시간 반복된 시도를 요하는 어려운 과정이라는 것을 안다. 행동 변화는 한 방향으로 꾸준히 이뤄지기도 하지만, 때로는 2보 전진 및 1보 후퇴의 형태를 띠기도 한다. 후퇴 장면에서도 긍정적 시각을 잃지 않는 치료자는 환자에게 도움이 된다. '모든 결과가 유용하다.'라는 여덟 번째 핵심원칙과 행동 변화는 풀어내야 할 퍼즐과 같다는 관점을 염두에 둔다면, 치료자와 환자는 여러 장애물에도 불구하고 목표를 향해 전진할 수 있다.

긍정적인 마음은 인내심도 불러일으킨다. 행동활성화 치료자는 '처음에 성공하지 못하더라도 계속해서 시도하면 된다.'라는 시각을 견지한다. 행동을 분석해서 해결책을 고안하는 작업은 필연적으로 되풀이되기 마련이다. 환자가 과제를 소홀히 했을 때 치료자가 인내심을 잃는다면, 의도하지 않게 회피를 강화하거나 환자의 무망감에 함께 갇혀 버리는 결과로 이어진다. 과제 검토가 원활히 이뤄지지 않으면 변화의 징후를 강화할 기회를 놓친다. 행동활성화 치료자는 사소한 변화라도 강화할 수 있도록 눈여겨봐야 한다. 치료자가 과제에 대한 질문을 중단하거나 직면한 문제를 다루지 않는다면, 환자는 변할 수 없다고 단정 짓게 된다. 물론 이 역시 가능한 해석 중 하나다. 하지만 그것은 실패를 설명할, 실제로 어떤 일이 있었는지 납득할 수 있는 유용한 행동 정보를 제공하지 않는다. 이런 정보 없이 남겨진 문제를 해결하기는 불가능에 가깝다. 치료는 본질적으로 변화가 불가능해서가 아니라, 문제를 주의 깊게 분석하지 않아 방해물을 간과한 환자의 행동에 좌절하고 낙심한 치료자 요인으로 노선에서 이탈한다.

마지막으로 언급할 부분은 일반적인 환자들, 특히 우울증 환자는 실패 앞에서 자신을 탓하는 경향이 있다는 점이다. 여기서 모든 행동에는 합당한 이유가 있다는 시각은 문제를 효과적으로 해결할 수 있도록 인도한다. 행동활성화 치료자는 학습과 생물학적 요인의 영향에 같이 초점을 맞춰서, 이 두 영역의 취약성이나 결핍 모두가 치료를 방해할 수 있다고 강조한다. 이러한 접근 방식은 효과적인 문제해결을 방해하는 비난, 수치심, 분노, 죄책감 등을 완화하는 데 도움이 된다. 치료적 핵심은 실패를 다음의 성공을 위해 노력하도록 환자를 이끄는 데 있다.

행동활성화 치료자는 환자가 함께 꾸려 가는 치료 작업에서 스스로 과제를 적절히 분할하지 못했거나 잠재적 방해물을 충분히 고려하지 못했을 가능성에 대해 열린 자세로 받아들여야 한다. 해결책을 적용하기 전에 다른 가능성을 검토했는지, 과제가 환자에게 너무 과하지는 않았는지 등을 고려한다. 이러한 과정을 통해 환자는 치료자와 좋은 팀워크를 형성하고 자책에 대항할 힘을 얻는다. 이것은 다음 과제를 계획하는 데도 영향을 준다. 치료자와 환자는 계획된 활동을 방해할 법한 상황을 미리 논의해 볼 수 있다. 외부의 장애물과(마당에서 일하기로 계획했으나 큰 비가 예상되는 경우처럼), 내부의 장애물(잠에서 깼지만 그저 그 것을 할 기분이 아닌 경우처럼) 모두를 따져 본다. 회기를 마친 환자가 다양한 대안을 갖고 떠날 때 과제의 성공률은 높아진다.

치료자는 환자에게 회기 동안 제시된 과제의 완수를 방해할 만한 장애물에 대해 미리 물어볼 수 있다. 예측하기는 어렵지만 후속되는 활동기록지를 통해 과제를 방해했던 문제를 확인할 수도 있다. 애딜린은 정원에 뿌릴 거름을 구입하려고 했지만 운반이 어려워 가게 점원이나 이웃에게 도움을 요청해야 했다. 거름을 구입하는 일을 미루지 않도록 주변에 미리 도움을 청해 둘 수도 있다. 활동 계획을 최대한 실현 가능하도록 만드는 것이 중요하다. "좋아요. 당신은 월요일에 에드에게 전화해서 목요일 저녁에 정원 일을 도와줄 수 있는지 물어보기로 했습니다."처럼 간단하지만 많은 논의가 필요한 경우도 있다. 치료자와 환자는 활동의 순간에 동기가 강화될 수 있도록 가치를 상기시키는 목록을 만들어도 좋다. 계획의 확실한 이행을 돕는 추가적 방법으로 환자가 과제를 시도하려는 순간이나 완수한 뒤에 치료자에게 연락하도록 조치할 수도 있다.

행동활성화에 반하는 치료자의 자세와 방식

활성화를 어렵게 하는 환자 측 요인 외에도, 치료 또는 치료자 요인이 호전을 방해하기도 한다. 치료자가 좋은 의도로 최선의 노력을 다해도 경과가 헝클어질 가능성이 존재한다. 이는 보통 치료자의 자세와 방식(stance & style)과 관련된 문제에서 기인한다. 너무 성급하게 환자가 변화하기를 기대하고, 기계적으로 반응하며, 빨리 포기하는 것처럼 말이다.

행동활성화 치료자에게 요구되는 낙관성이라는 덕목이 때로는 너무 빠른 변화를 기대하도록 만들 위험이 있다. 가끔은 의제로부터 한 걸음 물러설 필요가 있는데 환자가 처한 삶의 여건으로 인해 변화를 기대하기 어려운 순간이나 치료 속도를 따라갈 여력이 부족한 경우가 있기 때문이다. 치료자는 잠시 숨을 고르고, 치료적 관계를 쌓으며, 환자의 근황을 확인하고, 이를 통해서 다른 가능한 시도를 하거나 치료의 기대치를 재점검한다. 환자에게 성급한 변화를 바라면 치료적 관계를 해칠 수 있다. 열린 마음과 자세로 개방적이고 편견 없는 태도로 시작하고, 장기적으로는 작은 변화만을 기대할 필요도 있다.

기계적이고 사무적인 태도에 빠질 위험도 주의한다. 행동활성화 치료자에게 요구되는 덕목은 온화함과 진정성이다. 치료적 전략이나 기술에 너무 집중한 나머지 환자의 신뢰나 협력적 관계를 놓치면 역효과를 낳는다. 환자가 활동을 증진하고 회피를 줄이도록 돕는 데는 신뢰가 필수적이다. 행동활성화 치료는 일관된 기계적인 방법이 아닌, 개별 환자 각각에 맞춘 방식에 기반하므로 환자와 치료적 관계를 잘 수립하는 것이 중요하다. 따라서 치료 경과가 고착되거나 난관에 마주하면 치료자는 관계적 측면의 문제를 살펴봐야겠다.

마지막으로 유의할 부분은 성급한 포기라는 위험이다. 행동활성화 이외의 새로운 치료법을 배우는 치료자들에게 공통적으로 보일 수 있는 문제이기도 하다. 환자가 과제를 완수해도 변화가 빠르지 않거나 치료에서 요구하는 행동 양식을 수행할 여건이 안 된다고 여길 때(환자가 너무 바쁜 경우와 같이), 이 치료가 실제로 도움이 될 수 있는데도 성급하게 다른 치료법으로 넘어갈 우려가 있다. 계속해서 고착된 상태에 놓이거나 경과가 악화되는 환자에게 같은 치료를 반복하는 것도 문제이지만, 빨리 포기하지 않는 것도 중요하다. 치료자는 인내심을 갖고 두 경우 모두를 주의해야 한다.

잘못된(될) 점을 파악하기

왓슨과 타프(Watson & Tharp, 2002)는 행동 교정에 관한 그들의 저서(『Self-Directed Behavior(제8판)』)에서 행동 변화의 성공은 자기 관찰, 활동 계획 그리고 작동하지 않는 계획을 수정하는 능력에 달렸다고 강조했다. 행동활성화 치료에서도 마찬가지로 이런 유연성이 중요하다.

어떤 문제가 활동 계획을 방해할지 예측하거나, 계획을 이행한 뒤 어떤 문제로 방해받았는지 규명하는 작업은 지속적인 행동 평가를 통해 가능하다. 제4장에서 논의한 바와 같이 무엇이 우울증을 지속시키는지, 어떤 행동이 기분과 삶의 여건을 개선시키는지에 대한 가설의 재검토가 필요하다. 치료가 원활치 않을 때 문제해결의 일환으로 상황에 대한 환자의 이해도를 높이고, 기술적 대응법을 얼마나 숙지하고 있나 재평가하며, 무익한 행동을 강화하거나 유익한 행동을 억제하고 있을지도 모르는 상황을 인식시키는 과정이 필요하다.

왓슨과 타프는 장애물 극복하기를 계획의 '조정'이라고 불렀다. 여기서 조정이란 기본적인 활동 계획에서 파생된 작은 변화를 의미하지만, 이것이 결정적인 조치가 되기도 한다. 행동 평가의 목표는 활동 계획을 모두 포기하는 것이 아니라 그것을 조정해서 꾸준히 지속하는 것이다. 이러한 접근 방식은 성공과 실패를 논하기 전에 서서히 변화를 만들어 가면서 일상에 통합하도록 환자를 교육하는 것과 궤를 같이한다. 행동 평가를 통해 치료자와 환자가 문제해결 과정에서 발생한 장애물과 효과가 없었던 해결책을 파악할 수 있다.

밝혀진 장애물을 극복하기 위해 사전 계획을 부분적으로 조정하기도 한다. 이것은 연속적인 치료 개입 과정에서 평가가 어떻게 구현되는지 보여 준다. 모든 활성화 과제는 개별적인 작은 실험으로 여겨진다. 새로운 계획을 시도해 본 환자는 다음 회기에서 치료자와 결과를 논하며, 성공적/부정적 측면을 모두 검토한 뒤 계획을 추가로 조정한다.

행동 평가 시 고려할 요소에는 행동에 영향을 줄 수 있는 시간, 장소, 사람과 행동을 증감시키는 활동 결과물 등이 있다. 그리고 장애물로 작용하는 요인들은 보통 다음과 같다. 첫째, 수행할 과제의 의미를 환자가 충분히 이해하지 못했을 수 있다. 둘째, 환자에게 과제의 완수에 필요한 기술이 부족한 경우다. 셋째, 처음에는 적절해 보였던 과제가 실제로는 적당한 수준으로 나뉘지 않은 경우도 있다. 넷째, 환자의 활동 관찰이 미흡해 기분과 정서에 대한 정보가 부족할 수 있다. 다섯째, 환자 주변에 약속된 과제를 상기시킬 만한 단서가 부족할 때가 있다. 여섯째, 우발적 상황도 고려해야 한다. 일곱째, 이미 형성되어 있는 고전적 조건 반응이 환자도 인식하지 못한 채 특정 기분과 행동을 유발할 수도 있다. 각각의 해결책은 다음에 이어서 다루도록 하겠다. 포괄적으로 해결책을 제시하지는 않았지만 장애물을 다루는 유용한 치료적 도구로 활용될 것이다.

활성화의 여정에서 마주하는 공통된 문제

우울증 환자는 각자의 고유한 특성이 있지만, 치료가 진행되면서 드러나는 공통적인 문제도 있다. 환자가 과제를 수행하는 데 있어 최선의 계획도 궤도를 이탈할 수 있다는 점을 치료자는 지속적인 행동 평가로 확인하게 된다. 그런데 어떤 문제들은 반복되는 경향이 있으므로 미리 예측하고 대비할 수 있다. 치료자는 이 점을 염두에 두고 과제를 고안할 때나 이행 과정에서 발견된 장애물을 해결해 간다. 이와 같은 공통된 문제점들에 대한 효과적인 대응법을 하나씩 살펴보자.

과제의 의미를 잘 이해하지 못해서 생긴 문제

회기를 마치기 전에 환자가 다음 활동 과제를 명확히 이해했는지 확인한다. 아쉽게도 이런 재확인 절차가 자주 생략되는 것 같다. 과제가 잘 이행되지 않았을 때는 먼저 환자가 충분히 이해했는지 확인한다. 간단한 예방법 중 하나는 부여된 과제를 환자에게 요약해 보도록 요청하는 것이다. 확인은 두 가지 이유에서 중요하다. 첫째, 같은 말이라도 사람에 따라 다르게 해석하는 경향이 있고, 둘째, 환자들은 때때로 자신이 이해하지 못했다는 점을 알리는 데 주저하기 때문이다. 이러한 이유로 과제는 구체적이고 세밀할수록 좋다. "좋아요. 상사에게 당신의 의견을 한 차례 이상 피력하는 것이 이번 주의 과제입니다."는 구체적이지도 세밀하지도 않다. "이번 주에 상사에게 당신의 의견을 피력할 방법을 한번 생각해 봅시다. 소프트웨어 업무에서 명확한 방침이 주어졌으면 좋겠다고 하셨죠. 이번 주에 시간을 내어 그들에게 이 안건에 대해 자세히 검토해 달라고 요청하실 수 있겠습니까?"처럼 환자가 직접 수행해야 할 부분을 구체적으로 언급하는 것이 중요하다. 여기에는 질문하는 방식(메일, 음성 메시지, 대면 등)과 시기가 포함될 수도 있다. 이렇게 계획된 과제를 환자에게 요약해 보도록 해서 충분히 이해했는지 확인한다.

🎯 기술적 측면에서 비롯된 문제

일반적으로 행동활성화 치료는 환자에게 일상에 필요한 기술을 안내하는 데 의존하는 편은 아니지만, 특정 기술의 부재로 우울증이 지속되거나 삶이 방해받는지를 살펴볼 필요가 있다. 이것은 간과하기 쉬운 주제로 많은 환자가 일상적인 기술이 부족하다는 것을 스스로 잘 인지하지 못하고 있다. 치료자 또한 성인이라면 응당 기본적으로 갖추고 있을 부분으로 여겨 그런 결핍을 놓치기도 한다. 수입과 지출을 제대로 관리하지 못하고 상사에게 자기주장을 하는 방법이 서툴 수 있다. 정서 조절, 일상생활의 균형, 문제해결 능력도 포함된다. 치료자가 과제를 부여할 때는 종류를 막론하고 환자가 그것에 대한 사전 경험이 있는지, 또는 필요한 단계를 숙지하고 있는지 미리 평가한다. 환자가 그렇다고 말하더라도 과제를 완수하지 못했다면, 치료자는 실제 환자가 어떤 일을 했는지(혹은 시도하려고 했는지) 면밀히 검토해서 생활에 필요한 기술이 부족한 것은 아닌지 살펴봐야 한다.

이런 문제는 때때로 여러 번의 실패 후에야 비로소 드러나기도 한다. 반복되는 문제에 대응하기 위한 계획을 갖고 실행해도 충분한 치료적 진척이 없는 상태가 지속되는 경우가 전형적인 예다. 기초적인 자기 관리 기술은 행동활성화 치료에서 일반적인 목표로 삼는 주제다. 과제를 분할해서 순서를 정하고, 소요 시간을 예상하며, 목록을 작성하고, 결과를 평가하는 작업은 우울증 환자를 위한 행동활성화 치료의 핵심이다. 과제를 완수하지 못하는 상황에서 동일한 과제를 부여하게 되는 것은 예상보다 긴 시간을 필요로 하는 작업이라는 것을 의미한다. 한편으로는 주어진 시간 안에 실현 가능성을 스스로 잘 판단하지 못하는 것이 문제인지도 살펴봐야 한다. 이와 같은 문제는 계획을 수립할 때 예기치 못한 상황을 감안하도록 교육하고, 과제를 완수하는 데 시간 여유를 두도록 해서(항상 예상보다 실제로는 긴 시간을 필요로 하기에) 해결할 수 있다.

우울증 환자의 치료에서 대인관계 기술의 함양도 중요한 목표다. 어떤 환자는 자기를 소개하거나 전화로 안부를 묻는 데 어려움이 있을 수도 있다. 또는 원하는 것을 요청하기 어려워하고, 적절하게 표현하는 데 서투른 경우도 있다. 이때는 치료의 초점을 효과적인 대인관계 기술에 두며, 특히 주변 인물에게 적극적으로 의사를 표현해 보도록 환자를 도와준다. 다른 환자에겐 사회공포증이 치료를 방해하므로 이 부분도 같이 다뤄 준다.

마지막으로 어떤 환자는 정서를 조절하는 기술이 부족하거나 외부 자극에 과민하게 반응하는 문제를 갖고 있다. 친척과 논쟁을 벌인 환자가 너무 격분해서 논리적으로 대화를 이어 갈 수 없고 해결책을 논의하기도 어려운 경우를 생각해 보자. 이때는 호흡법이나 이완요법 또는 타임아웃 같은 정서조절 기술을 교육할 수 있다. 반대로 일부 환자는 오랫동안 자기 감정에 주의를 기울이지 않고 지내서 그들의 정서를 인지하는 데 어려움을 겪고, 적절한 반응에 필요한 정서적 정보를 놓치기도 한다. 이들에게는 다양한 정서의 특징을 설명하고 그것을 알아차릴 수 있도록 교육한다. 이와 같은 문제들은 기술적 결핍으로 개념화할 수 있고, 행동활성화의 맥락에서 기술 훈련을 통해 대응해야 한다.

🎯 과제의 부적당한 분할 문제

환자에게 과제 완수에 필요한 기술을 습득시키는 과정은 단순한 것에서 시작해 복잡한 활동에 이르는 새로운 행동을 교육하는 것이다. 과제는 환자의 경험을 고려해 현실적으로 구성해야 한다. 행동활성화의 다섯 번째 핵심원칙 "작은 일부터 시작할 때 변화는 쉽게 일어난다."에 비춰 볼 때 적절한 수준으로 나뉘지 못한 과제는 엉망이 될 가능성이 높다. 적당한 수준의 과제를 담보할 수 있는 방법은 먼저 작업을 세밀히 나누고(제5장의 설명처럼), 일반적으로 행동 변화가 어렵고 서서히 이뤄지는 과정임을 치료자가 명심하고 있는 것이다. 여러 가지 이유로 환자들은 목표를 높게 잡는 경향이 있어서 치료자가 작은 시작의 중요성을 강조할수록 환자의 노력이 빛을 발할 가능성이 높다. 과제를 성공적으로 완수함으로써 환자의 노력이 강화되고, 이를 통해 다음 단계로 나아갈 동력을 얻는다.

환자가 과제에 숨겨진 난관을 간과할 때가 있고, 이것이 과제 완수를 어렵게 만드는 위험 요인이 된다. 미완의 과제는 분할한 과제를 재부여해서 환자의 이행 여부를 평가하는 방식으로 검증할 수 있다. 치료자는 우울증 환자들이 치료 초기부터 활성화에 많은 노력을 할애할 것이라고 기대한다는 사실을 감안해야 한다. 어떤 환자는 우울증 이전의 삶을 이상화해서 자신이 할 수 있는 일을 실제보다 과대 해석한다. 자기보다 많은 성취를 이뤄 낸 타인과 불공평한 비교를 하기도 한다. 그런 비교에는 큰 성취를 거둔 사람은 삶에서 아무런 스트레스나 걱정 및 방해 없이 편하게 이뤄 냈을 것이라는 가정이 포함되어 있다. 치료자는 이의 타당성 여부를 따질 필요 없이 환자에게 "변화는 아주 조금씩 일어난다고 했을 때, 여기서 조금이란 정말로 작은 성취를 뜻합니다. 이 작업들을 기반으로 성공 가능성을 최대화하려고 하니 정말 작은 일부터 시작하도록 합시다. 물론 당신이 추가로 여기에 무엇을 더해도 괜찮습니다. 제가 확실히 하고 싶은 부분은 만약 과제의 작은 첫 단계를 이행했다면 당신은 이것을 성공으로 여기길 바란다는 점입니다."처럼 이야기하며 과제를 적절히 분할한다. 환자가 과제에 압도되어 용기를 잃거나 실수를 계속 저지르며 실패가 반복되면 작업의 분할이 잘 이뤄지지 않았음을 의미한다. 이런 의심이 들 때는 과제를 보다 작은 단계로 나눠야 하며, 이를 통해 환자는 성취를 경험할 가능성이 높아진다.

🎯 미흡한 관찰에서 기인한 문제

치료 초기에는 활동기록지 작성에도 어려움이 있을 수 있다. 환자들은 가끔씩 기록지 내용을 단순히 빠트리기도 한다. 이 상황에서 치료자는 구체적으로 무엇이 온전한 기록을 방해했는지 환자의 행동을 분석해서 이해하고 문제를 해결한다. 불충분한 기록은 직접적이고 즉각적으로 다뤄야 할 문제로 그 원인을 확인해야 한다.

때로는 환자들이 "제 기분을 낱낱이 들여다보기 싫어요. 오히려 기분만 더 나빠지는데 도대체 왜 그래야 하죠?"라고 질문한다. 그럴듯하게 들릴지 몰라도 이는 단기적으로 불편을 회피하는 경우(관찰이 이뤄졌다면 장기적인 관점에서 이득으로 작용할)에 해당된다. 이와 같은 난관 앞에선 활동 관찰을 덜 부담스러운 방식으로 수행할 수 있게 문제해결적 자세로 환자와 협력한다. 작업을 더 작게 분할하거나, 부정적인 정서보다는 활동 자체에 비중을 두는 방식으로 변경해야 한다. 관찰 간격이나 시간을 줄여 볼 수도 있다. 이렇게 자기 관찰에 익숙해지고 불편이 줄어든 환자는 점진적으로 활동과 기분을 더 면밀히 평가할 수 있게 된다.

활동기록지 작성 시 특정한 양식을 고집할 필요는 없다. 기록지는 단지 환자에게 주어진 상황적 맥락에서 활동과 기분의 관계를 이해하고, 기분과 관련된 문제를 발견하고 개선해, 궁극적으로는 삶에서 긍정적 강화를 늘려 가도록 돕는 도구일 뿐이다. 어떤 환자에겐 기록지 작성과 같은 서류 업무가 학창 시절의 숙제를 연상시킬 수도 있다. 이런 경우는 환자와 함께 기록지 작성을 대신할 다른 관찰 방법을 논의한다. 누구는 녹취를 선호하기도 하고, 특정 행동의 빈도를 체크하기 위해 골프 기록지 같은 것을 선호하는 이도 있다. 모든 환자에게 적합한 최선의 방식이 존재하는 것이 아니니, 치료자는 환자와 협력해 효과적이고도 구미에 맞는 최선의 방식을 찾도록 한다.

부족한 정보(기분 및 정서에 대한) 문제

또 다른 흔한 상황으로 환자가 활동기록지의 일부만 작성해 오는 경우가 있다. 활동을 기록하면서 환자들은 기분에 큰 변화가 없는 것으로 기록하거나 아무런 언급조차 없을 때도 빈번하다. 그런 환자들은 보통 이렇게 이야기한다. "저는 항상 우울해요. 아무것도 제 기분을 낮게 하지 않아요." 치료자는 우울한 상태에선 미묘한 기분 변화를 알아차리기 어렵고, 이것은 우울증 치료에서 흔히 있는 일이라고 강조해서 이야기한다. 여기서 자기 관찰은 훌륭한 대응법이 되는데, 관찰이라는 과정 자체가 환자의 내적 경험에 대한 인식을 증진시킨다. 활동 관찰은 행동 자체에도 영향을 준다. 행동은 관찰에 대한 반응적 결과물이기 때문이다(Mace & Kratochwill, 1985). 치료자는 다음과 같이 말할 수 있다. "당신이 우울할 때는 모든 것이 어둡게 보여서 미묘한 기분 변화를 놓치기 쉽습니다. 여러 치료적 경험에 비춰 보면 내적인 기분 상태를 면밀히 관찰하려는 노력은 미세한 변화를 탐지하는 데 도움이 될 것입니다. 우리는 이 변화를 참조해서 기분에 도움이 된 행동은 늘려 나가고, 기분을 악화시킨 행동은 줄여 나가는 기회로 삼을 수 있습니다." 이와 같은 상황에 대한 간단한 연습법으로 환자에게 내원하기 몇 시간 전의 활동과 연관된 기분 변화를 떠올려 보도록 하는 방법도 유용하다.

과제를 상기할 단서의 부재에서 비롯된 문제

치료자가 과제를 질문하면서 단순히 환자가 과제를 깜빡했는지 확인하는 모양새를 취하게 되는 경우가 있다. 그런데 이런 문제는 지난 한 주간 환자가 계획했던 행동을 떠올릴 적절한 단서가 없었기 때문일 수 있다. 달리 말하면 환자의 치료 동기 부족이 아닌, 주변에서 과제를 상기할 만한 단서가 없었던 것이다. 이럴 경우 활동기록지 작성을(또는 자기 관찰 작업을) 깜빡하거나 약속 시간에 (또는 빠지거나) 늦기도 한다.

이때 치료자는 부족한 동기를 환자 탓으로 돌리기보다 무엇이 과제를 방해했는지 단순하게 물어봐야 한다. 처음에 환자들은 어떤 일의 인과관계를 잘 인지하지 못해서 "글쎄요. 그냥 못했던 것 같아요."처럼 답하거나, 의무감에 어떤 설명이나 다른 동기를 만들어 내야 한다는 압박감을 받기도 한다.

미완의 과제 앞에서는 늘 상황의 연쇄적인 과정을 분석해 보기를 권장한다. 간단한 방법은 환자에게(특히 첫 과제의 경우나 치료의 초반부에) 지난주 활동 과제에 대해 생각해 봤는지 또는 기억했는지 질문하는 것이다. 이런 질문에 환자들은 회기가 종료된 뒤 과제가 전혀 떠오르지 않았다고 답하기도 한다.

환자가 도움이 된다고 선호하는 방식에 따라 시각적 단서(상기할 단서를 문 앞, 책상, 침대에 놓거나 잘 보이는 자리에 쪽지를 붙이기) 또는 청각적 단서(음성 메시지를 남겨 두거나 알람이나 타이머를 설정하기)를 활용할 수 있다. 혼동을 방지하고 기억을 돕기 위해 회기 내에 치료자나 환자가 과제를 기록해 둘 필요도 있다. 바쁜 스케줄과 함께 우울증에 의한 집중력 저하로 과제를 자주 깜빡했던 한 환자는 회기 중에 직접 휴대폰에 메시지를 남기는 방식으로 기억을 도왔다. 중증의 환자에겐 회기와 회기 사이에 치료자와 통화하는 방식으로 계획된 과제의 중간 점검을 도울 수 있다. 치료자와 통화 약속을 잡아 두는 방법은 과제의 상기를 돕고 완수 가능성을 높인다.

제반 상황을 고려하지 못한 문제

행동의 선행인자나 결과물을 완전히 파악하지 못해서 활동 계획을 실천하지 못하는 경우도 흔하다. 구체적이지 못한 행동 계획이나 세심한 행동 평가의 결여, 또는 두 가지 모두 문제가 될 수 있다. 실현 가능성을 최대화하기 위한 방법으로 환경을 조정하는데, 이것이 수반성 관리의 핵심이다.

활동기록지를 검토한 후 환자의 기분이 쇼핑을 하면서 나아졌음을 알아차린 상황을 가정해 보자. 쇼핑이 환자의 기분을 개선시켰으므로 이것을 증진시켜야 할 행동이라고 가설을 세우고 시험해 볼 수 있다. 이런 가능성을 환자와 논의해서 주 3회 간단한 쇼핑을 시도해 보도록 계획했다. 다음 회기에 활동기록지를 검토한 치료자는 3회의 과제를 모두 완수했음에도 불구하고 환자의 기분이 악화된 것을 확인했다. 치료자는 보다 세심한 주의를 기울이며 하루 중 언제쯤 쇼핑을 갔는지, 귀가 시 어떤 일이 생겼는지 등과 같은 활동 전후의 상황을 검토했다. 그 결과 이번 주에는(지난주와는 달리) 환자가 저녁 식전에 쇼핑을 다녀오면서 식사 준비가 지연됐다는 사실을 인지했다. 쇼핑을 마치고 집으로 돌아왔을 때 환자는 배고픈 아이들의 짜증스러운 모습을 마주했고 피로감과 부담감을 느꼈다. 이처럼 행동의 전후 사정과 결과를 인지한 치료자와 환자는 가족 구성원 모두에게 만족스러울, 보다 적당한 시간을 선택해야 한다는 것을 깨달았다. 사례를 통해 과제의 일정 관리와 예견된 문제의 해결책을 대비하는 방식이 활동을 완수하도록 돕고 환자에게 실질적 보상으로 작용함을 알 수 있다. 이 과제에서 문제를 대비하기 위해 다음과 같은 간단한 질문을 던질 수 있다. "쇼핑을 하면서 마주할 예기치 못한 어려움은 없을까요? 계획한 시간에 계획된 활동을 어렵게 혹은 쉽게 할 만한 일이 있을까요?" 문제해결적 접근 방식은 치료 목표에 부적합한 계획을 수정해서 한 주간 새로운 활동을 시도할 수 있는 기회를 제공한다.

치료자가 몰랐던 이차적 이득(secondary gain)과 관련한 문제가 발생하기도 한다. 해결되지 않은 법적 문제나 장애 판정 같은 상황도 여기에 해당된다. 상반된 이익(정서적, 심리적 편안함 대 합의의 달성)에 대한 어려움을 논의하는 과정은 이러한 갈등이 환자의 행동에 미치는 영향을 완화하는 데 기여한다. 이와 같은 난제에 빠져 있는 환자가 의도적으로 치료자에게 잘못된 정보를 주거나 사실을 왜곡하지는 않는다. 환자들은 때때로 자신의 행동과 관련된 모든 상황을 충분히 인식하기 어렵다. 문제적 행동(예: 침대에 계속 누워 있는)을 통해 환자가 배우자로부터 관심을 끌어내려는 관계적 상황이 치료적 변화에는 도움이 되지 않는다는 사실을 환자는 의식하지 못할 수 있다. 이때 치료자는 환자의 배우자를 회기에 참석하도록 요청해서 함께 상황을 논의하고, 변화를 도울 수 있는 중요한 인물로 고려해 둔다.

고전적 조건화된 행동 문제

우울증 환자들은 큰 상실적 경험이나 외상적 기억을 갖고 있는 경우가 많다. 현재의 상황적 단서로 과거의 외상을 떠올리게 되며, 이것이 전형적인 회피 반응으로 이어진다. 과거의 불편한 경험을 상기시킬 수 있는 다양한 단서로 인해 환자는 위축된 또는 회피적인 대응을 반복하게 된다. 술에 대한 갈망은 특정한 장소, 상황, 사람들과 고전적 조건화를 이룬다. 행동의 선행인자와 결과를 면밀히 분석한다면 그 행동이 특정 단서에 대해 자동 반응으로 유발됐는지를 알 수 있다. 어떤 환자가 동료들과 저녁 식사를 할 때 과음하는 예를 생각해 보자. 과음은 알코올이 주는 취기나 동료와의 유대감에 의해 긍정적으로 강화될 수 있다. 반대로 불쾌한 내적 기분 상태나 불편한 대인관계 같은 외적인 혐오 자극을 회피하고 일시적인 안도감을 얻는 부정적인 강화로 작용할 수 있다. 이처럼 문제 행동이 외부의 자극이나 단서에 의해서 자동 반응 형태로 발생될 수 있음을 인지한다면, 치료자는 그런 반응을 탈감작(desensitization)해서 완화시켜야 할지, 아니면 보다 기능적으로 행동하기 위해 피해야 할 자극인지 감별할 수 있다.

요약

활성화의 과정에선 늘 문제를 마주하게 되며, 이것은 환자를 깊이 이해할 수 있는 기회로 작용한다. 문제해결에 도움이 될 내용을 〈표 8-1〉에 제시했다. 이 장에서 언급된 부분들은 임상에서 흔히 겪는 고충으로, 이를 치료자가 인지하게 되면 문제해결적 접근을 통해 효과적으로 다뤄 나갈 수 있다. 주의 깊게 확인하지 않는다면 쉽게 간과될 수 있고 활성화 계획은 틀어지기 마련이다. 공통된 문제들을 예견해서 대비책을 세워 둬야 성공적인 치료를 위한 긴 여정을 이어 갈 수 있다.

〈표 8-1〉 문제해결적 접근

치료자는 행동활성화 과정에서 발생한 장애물과 문제를 해결할 때 다음 지침들을 염두에 둬야 한다.

● 환자가 활성화 과정에서 문제를 겪더라도 치료자는 비판단적 자세를 유지한다.
● 활동에 영향을 미치며 성공을 가로막는 사항들을 고려한다.
● 활성화를 어렵게 만들 잠재적인 문제를 평가한다.
  − 환자가 과제나 작업을 이해하지 못하고 있는 경우
  − 환자가 수행할 수 있을 정도로 과제가 충분히 분할되지 않은 경우
  − 새로운 작업을 시도하기 전에 환자에게 기술적인 훈련이 필요한 경우(자기주장, 시간 관리 등)
  − 과제 모니터링을 잘 수행할 수 있도록 교육이 필요한 경우(적합한 세부 내용을 기록하거나 특정한 정서나 기분의 강도를 파악하기 등)
  − 과제를 상기할 만한 단서가 부족한 경우
  − 과제를 방해할 상반된 상황에 처한 경우
  − 조건화된 반응이 과제를 방해하는 경우(예: 이별을 힘들어했던 환자가 활동 과제를 위해 우연히 이별 대상이 거주했던 지역을 방문했을 때 정서적으로 압도될 수 있는데, 이는 관련된 상실과 슬픔을 떠올리게 하는 조건화된 자극이 작용했기 때문이다.)
● 계획의 보완이나 수정이 필요한지 검토한다.

◑ 핵심 요점 >>>>>>

◆ 행동활성화의 여정에서 마주하는 문제를 대하는 가장 우선시되는 전략은 환자와 굳건한 협력 관계를 맺는 것이다.

◆ 치료자는 긍정적인 자세와 함께 인내심을 유지해야 한다.

◆ 치료자는 아직 준비가 안 된 환자의 변화를 촉진하기 위해 노력하고, 환자 스스로 변화를 만들 준비가 된 시점에는 뒤로 물러나 환자의 흐름에 발맞춰 간다.

◆ 빠른 변화를 기대하거나 그렇게 되지 않는다고 쉽게 포기해선 안 된다. 행동활성화 치료에 관한 여러 임상 시험에서 24회기의 치료가 효과적이었고, 어떤 환자에게는 그 이상의 기간이 필요했다.

◆ 치료를 너무 오래 끌어서도 안 된다. 환자에게 행동활성화 치료를 강요할 필요는 없다.

제**9**장

치료 경과를 평가하고 종결을 준비하기

치료 경과를 평가하고 종결을 준비하기 — 제9장

"오직 측정된 부분만 관리가 가능하다."

－펄 주(Pearl Zhu)

12회기를 지난 시점에서 메이와 애딜린은 서서히 치료 종결을 논의하기 시작했다. 치료를 시작하는 시점부터 메이는 애딜린의 기분을 향상시키고 재발을 방지할 학습 전략과 변화의 중요성을 강조했다. 18회기에 들어서면서 치료의 초점은 애딜린이 어떻게 장기적으로 스스로를 잘 돌볼 수 있는지에 맞춰졌다.

첫 회기부터 애딜린이 기입한 우울증 척도의 점수를 검토했을 때, 여러 차례 호전과 악화가 있었지만 최근 3회기에서는 연속적으로 우울증 선별도구(PHQ-9; Kroenke et al., 2001) 점수가 정상 범주에 있었다. 범불안장애 7항목 척도(GAD-7; Spitzer et al., 2006) 점수는 경도 수준이었지만, 불안을 마주하는 데 있어서 애딜린은 전보다 자신감이 생겼다. 메이는 애딜린에게 우울증의 행동활성화 척도(Behavioral Activation for Depression Scale: BADS; Kanter, Mulick, Busch, Berlin, & Martell, 2007)를 치료 1회기와 10회기, 그리고 종결을 고려하고 있는 현 시점의 18회기에서 측정해 보도록 요청했다(BADS는 [부록 5]와 함께 이 책의 부속 웹 사이트에도 첨부; 차례 하단에 위치한 박스를 참조). 이를 통해 애딜린이 과거에 비해 회피가 감소하고 활동 참여가 증가했다는 것을 확인할 수 있었다. 또한 반추 대처 기술을 자주 사용하고 있음을 알 수 있었다.

애딜린은 우울증에서 벗어나고 있었고, 우울한 시간들을 보다 잘 다룰 수 있게 되었으며, 삶에서 중요한 변화를 만들어 가고 있었다. 그녀는 친구와의 만남을 늘려 가는 것 외에도 주거 여건이 나은 지역으로 이사를 계획했다. 또한 사교와 소통을 위해 재택 근무보다 사무실 출근을 늘렸다. 집에서 기본적인 가사를 처리할 수 있었고, 강아지 산책도 매일 했다. 갈등이 두려워 상사를 피하기보다는 마주할 수 있는 전략도 마련해 두었다. 하지만 아직 근사한 직장을 구하는 문제가 남아 있었고, 애딜린도 최근의 회기에서 장기적으로 안정적인 근무가 가능한 직업을 원했으므로, 그녀와 메이는 이력서를 다듬고 보충하며 새 직장을 구할 방법에 대해 논의했다.

애딜린은 미래를 점차 긍정적으로 표현하기 시작했다. 하지만 한편으로는 우울증을 앓았던 사람이 완치 후 재발할 가능성에 대해 알고 있었고, 자신도 그렇게 되지 않을까 염려했다. 이에 치료가 종결을 향해 가면서 회기의 주제도 재발 방지에 초점이 맞춰졌다. 치료 과정에서 유용했던 요소를(그녀가 새로 학습한 기술과 그녀가 만들어 낸 삶의 변화) 면밀히 검토하면서, 향후 마주할 가능성이 있는 취약점을 알아보고 효율적 대응법에 대해 논의했다.

서론

행동활성화 치료는 각 시기별로 합당한 단계를 거친다. 초반에는 치료 모형을 설명하고 사례 개념화를 발전시키고 다듬는 데 집중한다. 그리고 활동기록지를 위주로 한 활동과 기분의 자가 관찰을 강조한다. 치료자와 환자는 어떤 행동이 항우울제로 작용하고 삶에서 자연히 얻어질 긍정 강화의 기회를 늘릴 수 있을지 확인한다. 이러한 방식으로 우울증의 악화 및 유지에 기여하는 위축과 회피라는 이차적인 문제를 치료 목표로 삼는다. 이차적인 문제를 우선적으로 다뤄 가며 환자는 우울증의 악순환 고리에서 벗어날 수 있고, 결국 일차적인 문제 또한 쉽게 풀어 갈 수 있게 된다. 어떤 환자들에겐 이차적인 문제가 치료의 유일한 목표가 되기도 한다. 하지만 많은 경우에 있어서는 취업과 같은 일차적인 문제들 또한 치료에서 다뤄진다. 이 장에서는 환자가 치료를 끝마칠 준비가 됐을 때, 궁극적인 종결을 향해 치료를 마무리하는 과정을 소개한다.

치료 경과의 측정

행동활성화 과정 내내 치료자는 환자를 도와 문제를 해결하며 삶의 변화를 만들어 가는 조력자 역할을 한다. 환자와 치료자는 협력해서 항우울제로 작용할 활동을 구조화하고 계획한다. 회피 행동이나 반추와 같은 장애물을 마주하면 그것을 배움의 기회로 받아들이고 비판단적, 문제해결적 자세를 취한다. 정리하자면 행동활성화 치료는 '활동의 관찰, 구조화, 계획, 문제해결, 장애물 극복'을 반복하는 과정이다. 이러한 요소들은 여러 연구에서 다양한 회기에 걸쳐 활용됐다. 저자들의 임상 연구에선 보통 최대 24회기가 소요됐고, 8~15회기에 걸친 보다 짧은 과정의 행동활성화 치료 모형도 존재한다(Hopko, Lejuez, Ruggiero, & Eifert, 2003). 최근에는 이를 더 간략한 형태로 축약한 연구가 진행 중이다(Chowdhary et al., 2016; Patel et al., 2017; Singla, Hollon, Fairburn, Dimidjian, & Patel, 2019).

모든 연구에서는 회기별로 우울증의 심각도와 불안이나 스트레스처럼 연관된 증상의 경과를 측정하기 위해 몇몇 평가 척도를 활용한다. 자주 사용되는 척도로는 벡 우울척도(Beck Depression Inventory-II; Beck & Steer, 1987), 우울증 선별도구(PHQ-9), 벡 불안척도(Beck Anxiety Inventory; Beck et al., 1988), 범불안장애 7항목 척도(GAD-7) 등이 있다. 우울증 선별도구(PHQ-9)는 아홉 가지 우울

증상을 평가하며, 범불안장애 7항목 척도(GAD-7)는 일곱 가지 불안 증상을 측정한다. 벡 척도는 오랜 기간 여러 연구에서 활용된 대표적인 도구다. PHQ-9와 GAD-7는 『정신질환의 진단 및 통계 편람(Diagnostic and Statistical Manual of Mental Disorders: DSM)』에서 제시된 증상 항목을 평가하고, BDI-II는 다양한 측면에서 자신과 미래에 대한 생각을 질문한다. BAI는 불안의 신체적 증상을 확인하는 데 초점을 둔다.

행동활성화 치료의 경과를 측정하기 위해 고안된 '우울증의 행동활성화 척도(Behavioral Activation for Depression Scale: BADS)'가 있다. 이것은 환자의 일상에서 활성화와 회피의 정량적 지표를 제시하고, 총 25개 항목마다 4개의 세부 척도(활성화, 회피/반추, 직무/학업적 손실, 사회적 손실)를 질문하는 형식으로 구성된다([부록 5] 참조). BADS는 지난 한 주의 경과를 평가할 수 있도록 고안되어 주 단위로도 적용이 가능하다. 애딜린의 사례에서 메이는 BADS를 치료 시작과 중기 그리고 종결을 앞둔 후반에 총 세 차례 적용했다. BADS는 치료가 종결되고 몇 주에서 몇 개월 후의 경과를 확인하는 데도 유용하다. 신뢰도와 타당도가 검증되고 간소화된 형태의 BADS도 있는데(Manos, Kanter, & Luo, 2011), 환자에 따라 이것을 더 선호할 수 있고, 매주 단위로 측정하기엔 더 간편한 방법이다.

치료 종결과 이후의 준비

환자가 치료를 통해 새로운 활성화 양식을 습득하고, 치료 후에도 유지할 가능성을 극대화하는 것이 중요하다. 치료가 종결을 향하는 시점에선 지금까지 무엇이 도움이 됐는지 검토해서 공고히 다지고, 재발 위험성에 대비하는 과정이 필요하다. 지금부터 이러한 부분을 논의해 보겠다.

재발이 잦은 주요우울장애의 특성을 고려할 때, 모든 우울증의 치료법은 현재의 불편을 개선함과 동시에 재발을 방지할 수 있어야 한다. 행동활성화 치료에서는 회기 초반부터 재발 방지에 초점을 두며, 후반으로 갈수록 여기에 더 집중한다. 이 장에서는 이와 관련된 치료의 핵심적인 요소를 소개할 계획이다. 우선 모든 행동활성화 치료 회기의 구조와 불가분의 관계로 연결된 일반화(generalization)의 중요성을 살펴본 뒤, 재발 방지를 위해 치료자가 적용할 수 있는 구체적인 전략들을 논의하겠다. 그러한 전략 중 많은 부분은 말랏과 고든(Marlatt & Gordon, 1985)이 약물 남용 환자를 대상으로 활용했던 것으로, 추후에 우울증 환자에 적합하도록 수정 및 보완됐다(Wilson, 1992). 이는 항우울적 행동 요소를 규명하기, 다양한 삶의 영역으로 활성화를 확장하기, 재발 위험성이 높은 상황을 미리 파악해서 대비하기, 치료의 종결 이후 추가적인 회기를 갖기 등으로 구성된다.

🎯 일반화

일반화란 치료적 훈습 과정이 삶 전반으로 확장된다는 뜻으로, 모든 종류의 행동치료에서 중요한 개념이다. 특정 상황에서 습득된 기법이 일반화되면 다른 상황에서도 적용이 가능해진다. 재발 방지 계획의 핵심은 한 상황에서 터득한 기술을 다른 상황에도 활용할 수 있는 능력을 키우는 것이다. 우울증을 유발했던 상황에 처한 환자가 전과 달리 효과적으로 대응할 수 있게 돕는다.

행동주의자들은 일반화 과정을 자극 일반화(stimulus generalization)와 반응 일반화(response generalization)로 구분한다(Sulzer-Azaroff & Mayer, 1991). 자극 일반화는 각기 다른 상황에서 같은 반응이 일어나는 경우다. 가벼운 사회 불안증을 앓고 있는 소심한 성격의 윌리엄이 치료자와 함께 자기 주장 기술을 습득한 뒤로 직장 동료나 다른 사회적 관계에서 적극적으로 변했다면, 그의 자세가 다양한 자극에 일반화됐다고 한다. 반응 일반화는 시간이 지남에 따라 다양한 상황 속에서 반응 양상이 변하는 것이다. 윌리엄의 적극성이 일반화되면서 치료자에게 "제 일정상 치료 시간을 아침 9시보다는 오후 3시로 잡는 것이 좋겠어요."처럼 자기 의견을 명확히 표현할 수 있다. 나중에 동료에게 "부탁이 하나 있습니다. 혹시 괜찮으시면 저의 목요일 당직근무 일정을 바꿔 주실 수 있을까요?"와 같이 말할 수도 있다. 윌리엄은 치료자에게 직접적으로 요점을 이야기했고, 이러한 적극성은 동료에게도 일반화되어 나타났다. 윌리엄은 파티에서 자신을 소개할 때도 유사한 자기 주장 기술을 활용했다. 그의 행동은 각기 다른 자극(치료자, 동료, 파티 참가자)에 일반화되면서 상황에 따라 조금씩 다른 반응으로 발현됐다.

이와 같은 일반화 과정을 행동치료 프로그램에 통합하는 여러 방법이 있다 (Stokes & Baer, 1977). 핵심은 다양한 기법을 각기 다른 환경과 사람들 속에서 적용하는 것이다. 궁극적으로는 새롭게 학습된 행동을 자연스러운 주변 환경에 일반화되도록 돕는다(Martell, 1988). 치료는 진료실과 같은 임상적 환경에서 이뤄지므로 자연적인 환경(치료실 밖 환자의 일상)에서의 훈련은 수월하지 않다. 이런 이유로 행동활성화는 과제에 큰 비중을 둔다. 진료실에서 벌어지는 일보다는 일상에서 환자가 무엇을 하는지 초점을 맞춘다. 과제를 활용하는 방식으로 다양한 상황에서 구체적인 활동을 반복하도록 환자를 훈련한다. 같은 활동을 다른 상황에서 연습할 때 일반화가 잘 일어난다(다른 시간대, 다양한 물리적 환경, 각양각색의 사람들). 새로운 행동을 규칙적인 일상에 통합시키면 일반화가 더 촉진된다. 환자가 적응적 행동을 일반화할수록 우울증 재발 위험은 감소한다.

때로는 환자의 가족이나 주변 사람이 일반화를 돕기도 한다. 새로운 항우울적 행동(예: 친구들과 어울리거나 과제를 완수하는)이 유의미한 관계에 의해 강화될 때 일반화가 잘 일어나고, 반대로 우울 행동(예: 침대에 누워 있기 같은)은 소거된다. 주변 사람을 치료에 참여시키려면 사전에 관계에 대해 철저히 검토해야 한다. 어떤 관계가 도리어 환자의 문제를 악화시킨 원인일 수 있기 때문이다. 이처럼 가까운 관계를 일반화의 증진에 활용하는 방식이 항상 좋은 것은 아니다. 이는 문화적 차이 또한 고려해야 한다. 집단주의적 문화권에서는 가족의 참여가 일반적이다. 이들 문화권에서는 행동활성화 치료의 한 기법으로 가족이나 사회적인 연계를 증진시키는 활동이 포함된다(Chowdhary et al., 2016).

항우울적 행동 목록

행동활성화 치료에서 배운 내용을 바탕으로 환자가 간략한 노트를 만드는 것도 재발 방지에 도움이 된다. 즉, 환자 개개인에게 맞춰진 항우울적 행동 목록을 작성해 보는 것이다. 치료에서 유익하게 느꼈던 다양한 활동을 한 페이지에 정리된 노트로 만든다. 활동기록지가 포함될 수도 있고, 치료 회기 중 기록했던 메모를 요약해 둘 수도 있다. [부록 2, 3](부속 웹 사이트에도 첨부; 차례 하단에 위치한 박스를 참조)에 정리를 도울 몇 가지 예시를 소개했다. [그림 9-1]에는 애딜린이 치료에서 연습했던 핵심적인 활성화 방법들이 기록되어 있다. 개별 환자에 적합하도록 구성해야 하고, [부록 3]의 내용도 환자의 필요나 선호에 따라 수정 및 보완한다. 치료자의 역할은 환자에게 실질적으로 도움이 됐던 치료적 인자를 검토하는 것이다. 제2장에서 언급한 활성화의 핵심원칙, 행동의 선행요인과 결과를 이해하기 위한 'ABC' 분석, 기분에 의거하지 않고 '바깥에서부터 안으로' 활동하기, 활성화를 가로막는 회피와 반추에 대항하기와 같은 명제를 고려한다.

● **내가 우울증에 취약해지는 상황은?**
- 불만족스러운 주거 환경
- 친구들과 소원해질 때
- 능력 밖의 일을 해야 할 때
- 돌이킬 수 없는 힘들었던 과거를 반추할 때

● **우울증의 악순환을 지속시키는 내 행동은?**
- 친구에게 연락하지 않거나 회신하지 않는 경우
- 스스로에게 '너무 피곤해서'라고 하면서 신체적 활동을 미루는 일
- 특히 집 청소와 같은 일상의 잡무를 미루는 것
- 하루에도 수차례 '이건 완전히 버거운 일이야.'라고 되뇌는 경우
- 교회 모임과 같은 사회적 활동을 피하는 것
- 반복해서 재택근무를 하는 경우
- 내가 불편하게 생각했던 사람들을 피하는 것

● **내가 지향해야 할 항우울적 행동은?**
- 핵심은 사회적 교류에 있다. 내가 우울할 때라도 친구들과 연락하며 짧은 시간이라도 대화를 해야 한다. 내 우울감을 이야기할 필요 없이 그저 그들이 어떻게 지내는지 물어보면 된다. 때로는 힘든 시간을 보내는 중이라고 말할 수 있지만, 굳이 모든 것을 이야기할 필요는 없다.
- 신체적 활동을 활발히 하고 스스로 즐거운 일을 하는 것이 정말 중요하다. (예: 강아지 산책이나 정원에서의 작업)
- 집도 깨끗이 관리할 필요가 있다.
- 가끔씩 교회 모임에 참석하는 것도 도움이 된다.
- 기분이 다운되기 시작할 때에는 재택근무보다 출근해서 일하는 방식이 낫다.
- 직장 동료와 갈등이 생기면 문제해결적 기술을 활용하거나 친구와 상의해 본다.
- 막막한 상황에선 작업을 세분화해서 하나씩 처리해 나간다.
- 불안한 기분이 들 때는 말하기 전에 잠시 숨을 고르며 생각하는 것이 도움이 된다.

● **어떻게 하면 항우울적 행동을 계속해서 실천할 수 있을까?**
- 매일 아침마다 기분의 증진에 도움이 될 만한 핵심 활동을 계획해 적어 두고 실천한다.
- PT를 등록해서 규칙적으로 꾸준히 운동한다.
- 재택근무도 가능하지만 주중에는 가급적 매일같이 출근하겠다고 상사에게 이야기해 둔다.
- 업무가 미뤄지지 않도록 하루에 최소 5시간 이상은 근무한다.
- 업무에 문제가 생겼을 때 처리할 수 있도록 상사와 함께 매주 확인하는 시간을 마련한다.
- 매주 한 명 이상의 친구와 연락한다. 두 명의 친구에게 이런 계획을 알리고 협조를 요청한다.
- 봄, 여름, 가을 중 날씨가 괜찮은 주말에 최소 한 번은 텃밭을 가꾼다.

[그림 9-1] 치료의 종결과 이후를 준비하는 애딜린의 노트

새로운 삶으로 활성화를 확장하기,
치료 종결 이후의 목표

　환자가 우울증에 대항해 회피 행동을 인지하고 극복하며 건강한 일상을 유지할 수 있도록 교육하는 과정이 행동활성화 치료의 핵심이다. 치료의 기본적인 전제 중 하나는 환자가 항우울적인 삶의 방식을 습득해서 재발을 방지한다는 점이다. 이러한 작업의 대부분은 치료 내에서 다뤄지지만, 치료가 종결된 후에도 변화를 유지하기 위해 꾸준히 노력해야 한다. 행동활성화 치료는 삶의 끝없는 도전을 회피하기보다 적극적으로 마주하는 새로운 습관 형성을 목표로 한다. 어떤 사람들은 우울증에 취약하고 그런 취약성은 발병 후에 더 악화되므로, 치료의 마지막 초점은 환자가 새로운 행동 양식을 종결 후에도 계속 이어 갈 수 있도록 돕는 데 있다.

　증상이 개선되고 활동이 증가하며 회피 행동이 감소하는 환자는 삶에서 보다 큰 문제에 도전할 준비가 됐다고 볼 수 있다. 치료 초기에 애딜린과 치료자는 회피 행동이 어떻게 죄책감과 고립을 악화시켰는지 확인했다. 치료가 진행되면서 애딜린은 목표를 향해 작은 움직임을 취하는 것이 아무것도 하지 않는 것보다 낫다는 사실을 깨달았다. 강아지와 산책하며 다른 이웃들과 가볍게 소통하는 새로운 습관을 만들었고, 친구들과 간단한 안부인사도 하게 됐다. 이러한 방법을 통해 애딜린은 고립과 외로움을 다뤄 나갔다. 직업적 문제도 눈여겨보기 시작했다. 메이는 애딜린과 함께 그녀가 추구하는 방향의 직업을 찾을 수 있도록 힘을 보탰고, 만족할 만한 지역으로 이사할 수 있는 급여의 범위를 알아봤으며, 큰 비용을 들이지 않고도 직업 기술과 능력을 개발할 수 있는 프로그램들을 찾아봤다. 이와 같은 작업은 치료 후반에 시작됐으나, 종결된 후에도 애딜린이 계속 노력할 수 있도록 돕는 것이 중요했다.

　긍정적인 기분과 안녕을 지속하기 위해 다양한 삶의 맥락에서 요구되는 변화를 환자 스스로 파악할 수 있도록 돕는다. 대인관계, 여가 생활, 학업, 직업, 경제적 측면, 주거 환경 모두가 고려 대상이다. 치료자는 환자를 도와 이러한 목표와 여기에 필요한 단계를 규명한다. 마지막 회기에서 메이와 애딜린은 희망하는 직업을 찾기 위한 중요한 과정들을 검토했고, 치료가 끝난 후에도 그러한 단계를 성공적으로 이행하는 데 필요한 것이 무엇인지 확인했다. 대인관계에서도 애딜린이 장기적으로 어떤 변화를 원하는지, 이전의 사회생활에서 만족스러웠거나 그렇지 못했던 부분이 무엇인지도 탐색했다. 애딜린은 향후에 좋은 배우자를 만나고 결혼해서 아이를 갖고 싶다고 했다. 그녀는 공원이나 식당에서 즐거운 시간을 함께하는 가족들을 볼 때마다 외로움을 느꼈다. 애딜린은 친밀한 관계를 맺고 싶다고 했다. "아직 멀었다는 것을 잘 알아요. 하지만 일과 집 문제, 그리고 다른 많은 문제를 해결하고 나면 제 삶에도 가족이 있었으면 좋겠어요." 메이와 애딜린은 그녀가 친구와 상사, 동료를 대하며 학습한 새로운 행동 양식을 연애의 관점에 어떻게 적용할지 탐색했다.

🎯 위험 요인을 예견하고 대비하기

치료 종결을 준비하는 과정에선 재발의 잠재적인 위험을 파악하는 것이 필수다. 이를 확인하기 위한 질문의 요점은 다음과 같다. "위험한 상황이 언제 일어날 것 같은가? 상황을 예방하기 위해 무엇을 할 수 있는가? 만약 그런 상황에 처하면 어떤 결과가 초래되는가? 충격을 최소화하기 위해 무엇을 할 수 있는가?"(Wilson, 1992, p. 147).

행동활성화 치료에서 증례를 구성하는 방식은 위험한 상황을 규명하는 데 도움이 된다. 과거 우울 삽화에 선행했던 상황은 미래의 위험을 예견하는 단서다. 애딜린의 사례를 보자. 그녀는 우울증을 앓기 전에 직장에서의 해고, 지루한 새 직장, 작은 집으로의 이사와 같은 상황이 있었다. 이러한 요인들은 향후에도 애딜린이 지위의 상실, 주변 사람들의 비난, 노력에 기반한 보상 획득 기회의 저하(아프거나 다쳐서 좋아하는 정원 일이나 산책을 못하게 되는)와 같은 상황에 취약하다는 것을 시사한다. 그녀는 불만족스러운 동네에 거주한다는 사실에 불행했는데, 대학 시절의 불편했던 경험이 상기되어 삶이 과거로 퇴보한 것처럼 느꼈다. 과거

의 다른 사건(예: 어머니와의 관계에서 비롯된 강렬한 정서를 자극하는 상황)을 떠올릴
만한 요인들 역시 재발의 위험을 높일 수 있다. 메이와 애딜린은 취약한 상황들
을 예견하고 명료화해서 재발 위험에 대비했다.

행동활성화 치료는 우울증이 재발했을 경우 환자 스스로 대항할 방법을 이끌
어 낼 수 있도록 돕는다. 활동기록지를 검토하면 우울감을 비롯한 여러 부정적
인 기분과 연관된 상황을 파악할 수 있다. 이러한 정보는 미래를 대비할 때 도
움이 되며, 치료자는 마지막 회기에서 환자에게 이것을 상기시키고 검토해 보
도록 권한다. 어떤 환자의 활동기록지에서 홀로 TV를 시청하는 주말 낮 시간에
우울감이 악화된 양상이 보였다면, 구조화되지 못한 여가 시간이 우울증의 위
험 요인이라고 예측할 수 있다.

치료자는 벡 우울척도(BDI-II) 같은 객관적인 측정법을 활용해 시간의 경과에
따른 증상 변화를 확인할 수 있다. [그림 9-2]는 총 18회기에 걸친 애딜린의 BDI-II
점수를 표기한 도표다. 메이는 애딜린에게 도표를 제시하면서 점수의 변화 양
상, 치료 중 기분이 악화됐던 시기, 이를 통해 예견할 수 있는 향후 위험과 대응
전략에 대해 논의했다.

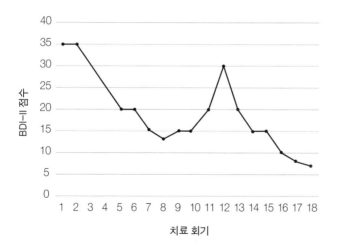

[그림 9-2] 애딜린이 18회기에 걸쳐 측정한 벡 우울척도 점수

메이: 애딜린, 이 그래프는 지난 18회기 동안 당신이 체크한 우울척도의 점수입니다. 이것을 보면서 어떤 인상을 받았는지 궁금하군요.

애딜린: 처음에 비해서 많이 좋아진 것 같아요!

메이: 그렇습니다. 시간이 갈수록 많은 변화가 생겼죠. 도표에서 변화의 양상을 볼 때 특이점을 발견하셨나요?

애딜린: 다른 것은 모르겠고 중간에 잠깐 상태가 안 좋았던 기간이 보이네요.

메이: 저도 그 점을 눈여겨봤어요. 사실 회기 시작에 앞서 관련 기록을 미리 살펴봤습니다. 중간에 우울 척도 점수가 가장 높았던 12회기쯤, 당신은 기계적으로 사는 듯한 느낌이 들었고 주어진 상황을 회피하려고 했지요.

애딜린: 저도 기억해요. 그때 제가 치료도 빠지지 않았었나요?

메이: 그래요. 직장에서 힘든 일을 겪고 나서 하루 종일 침대에서 시간을 보냈죠.

애딜린: 그땐 정말 힘들었어요.

메이: 맞아요. 이 도표를 통해 우리가 배울 점은, 앞으로 기분이 우울해질 수 있는 상황을 예측해서 대처할 방법을 알아 둘 필요가 있다는 것입니다.

애딜린: 음…… 12회기는 제가 업무를 망친 다음에 상사에게 심하게 혼났던 때로 기억해요.

메이: 그렇다면 중요한 목표를 달성하지 못해서 타인에게 비난을 받을 때가 당신이 특히 취약한 순간이군요. 이것도 목록에 적어 두면 어떻겠어요?

애딜린: 좋은 생각이에요. 치료를 빠지고 집에만 있었던 판단도 좋지 못했던 것 같아요.

메이: 저도 같은 생각을 하고 있습니다. 회피와 고립이 우울증의 악순환에 얼마나 큰 기여를 하는지 지금까지 많은 이야기를 나눴지요. 침대에만 머물면서 치료나 친구 또는 동료와의 모임과 같은 사회적 약속을 회피하면 기분이 악화될 것이라고 생각해요.

애딜린: 그런 것 같아요. 해야 될 일을 미뤘을 때 기분이 더 우울해지고는 했어요.

메이: 이 부분은 향후에도 염두에 둬야겠어요. 당신이 비판을 받는 상황에 놓였을 때, 회피하지 말고 활동에 참여하는 자세가 중요합니다. 그런 시기에 활용할 수 있도록 학습했던 활동을 구체적으로 이야기해 보도록 하죠. 생각나는 것이 있으세요?

애딜린: 네, 일단 작은 것부터 시작해야 하겠죠.

메이: 맞습니다! 상황을 전적으로 회피하기보다는, 최소한의 단위로 세분화해서 행동으로

옮기는 일이 우울증의 위험으로부터 보호할 것입니다. 기계적으로 사는 것처럼 느껴질 때, 반추에 빠지기보다는 체감에 집중하는 것도 도움이 될 겁니다.

애딜린: 저도 그렇게 생각해요. 그 부분도 적어 둬야겠어요.

메이는 애딜린과 함께 우울증의 행동활성화 척도(BADS) 점수를 검토했다. 이는 활성화, 회피/반추, 직무/학업적 손실, 사회적 손실의 변화 추이를 파악할 수 있다. 애딜린의 경우 활성도는 증가했고, 회피/반추와 사회적 척도는 감소했으나, 직무/학업적 척도에서는 뚜렷한 변화가 없었다. 애딜린에게 직장은 여전히 스트레스 요인으로 작용했지만, 과거와 달리 적절히 대응할 수 있으므로 기분에 미치는 부정적인 영향도 덜했다. 일 때문에 기분이 우울한 날에도 여전히 의미 있는 활동을 지속했고 친구들과 소통을 유지했다.

메이와 애딜린의 사례처럼 몇몇 취약한 요인들을 규명하고 나면 치료자는 환자와 함께 항우울적 행동을 적용하기 위한 방법을 찾는다. 발생 가능한 모든 상황을 다 대비할 수는 없겠지만, 합리적으로 예견되는 위험이 있을 때에는 대응 전략과 충격의 완화법을 계획해야 한다. 재발 위험을 최소화하기 위한 계획은 치료에서 효과가 있었던 경험적 근거를 바탕으로 구체적으로 구성한다.

🎯 추가 회기와 간헐적 회기

치료를 끝낸 환자가 과거의 생활 양식으로 회귀하며 우울 삽화가 재발할 때는 단기간의 '추가 회기(booster session)'를 시행할 수 있다. 환자가 고립되기 시작하고 활동의 즐거움을 잃어 가면서 스스로 빠져나오기 어려워할 때가 치료자를 다시 만나야 할 시점이다. 현재의 스트레스 요인과 과거의 치료에서 도움이 됐던 전략을 검토하고 논의해서 대응 전략을 구성한다.

유지 치료를 계획하는 것도 괜찮다. 행동활성화 치료에서 관련된 자료는 없지만, 인지치료나 행동치료에서 유지 치료의 효용성이 입증된 바 있다(Jarrett, Vittengl, & Clark, 2008). 행동활성화 치료가 종결을 향하는 시점에 회기 간격을 간헐적으로 늘리는 방법도 유용하다. 환자는 그간 도움이 됐던 전략을 보다 긴 시간 연습할 수 있고, 다시금 치료자와 함께 문제를 해결할 수 있다. 마지막 회기 간격을 늘리면 환자가 적응할 다양한 상황적 변수가 늘어나므로 추가적인 검토 기회가 생긴다. 환자가 어려운 상황에서 회피나 고립을 택하기보다는 활동적으로 적응할 수 있는 전략을 새롭게 하는 데 도움이 된다.

◎ 치료자의 역량 평가

치료자의 역량도 평가가 가능하다. 이는 무작위 대조연구(RCT)에서 치료자의 역량이 비균질적이면 안 될 때 필요하다. 인지치료의 경우에는 치료자를 훈련하고 연구에도 활용되는 인지치료 평가척도(Cognitive Therapy Rating Scale: CTRS-Ref)가 있다. 행동활성화 치료에서는 휴블리와 돕슨(S. Hubley & K. Dobson) 등이 개발한 행동활성화 치료의 질적 평가척도(Quality of Behavioral Activation Scale: Q-BAS; Dimidjian, Hubley, Martell, & Herman-Dunn, 2016)가 임상 시험에서 활용됐다(Q-BAS는 [부록 6a, 6b]와 함께 이 책의 부속 웹 사이트에도 첨부; 차례 하단에 위치한 박스를 참조). 이 척도를 활용해 연구에 참여한 치료자들이 행동활성화 치료를 충실히 이행하는지 알 수 있다. Q-BAS의 평가는 행동활성화 치료 전문가가 시행한다. 치료자가 스스로의 치료를 검토하는 데 활용했던 연구는 없지만, 나름의 유용성이 있다고 보인다. 치료자는 회기가 끝나고 치료 충실도를 되돌아보기 위해 자가보고식 검토 항목(회기 후 충실도 체크리스트)을 이용할 수 있다([부록 7]과 함께 이 책의 부속 웹 사이트에도 첨부; 차례 하단에 위치한 박스를 참조). 이러한 평가법은 행동활성화 치료를 배우거나 치료 원칙에 충실하길 희망하는 치료자에게 도움이 될 것이다.

요약

　행동활성화 치료는 환자와 치료자가 함께 만들어 가는 협력적인 과정으로, 치료의 종결 시기 또한 상호 협의하에 결정한다. 일부의 경우를 제외하고는 임의적으로 시간 제한을 둘 필요가 없고, 치료 전반에 걸쳐 환자의 경과를 살펴 판단하도록 한다. 이 장에서는 치료를 인도하고 종결을 결정하는 데 도움이 될 수 있는 객관적인 평가척도를 알아봤다. 환자와 치료자는 종결 이후로 추가 및 유지 회기를 갖는 이점에 대해 논의해 볼 수 있다. 치료자는 치료의 전 과정에서 일반화를 염두에 두고, 치료에서 논의된 부분을 환자의 삶으로 확장할 수 있도록 회기 사이의 과제를 부여한다. 치료를 마무리하기 전에 종결의 일환으로 재발 방지 전략도 꼭 다뤄져야 한다. 환자에 대한 평가 외에도 치료자 측면의 평가법도 존재하며, 행동활성화 치료자로서 자신의 역량과 기술을 검토하는 데 이러한 척도를 활용할 수 있다.

◀ 핵심 요점　　　　　　　　　　　　　　　　　　　　　>>>>>>

◆ 치료자는 활동의 일상적인 확장과 치료 경과에 대한 환자의 견해를 청취하고 객관적인 평가척도를 활용해서 치료의 진척을 확인할 수 있다.

◆ 치료 종결은 상호 협의하에 이뤄진다.

◆ 재발을 방지하기 위해서는 환자에게 유용한 항우울적 행동을 규명하고 활성화를 계획해서 미래의 취약한 상황에 대비하는 과정이 필요하다.

◆ 치료 종결에 앞서 환자는 향후를 대비하는 자조 계획이 담긴 간략한 노트를 정리해 보도록 한다.

◆ 행동활성화 치료에 부합하는 역량을 함양하기 위한 방법의 일환으로 치료자는 자신의 치료를 평가해 볼 수 있다.

제10장

행동활성화 치료
범주의 확장

행동활성화 치료 제10장
범주의 확장

"행동을 취하는 것 이외의 현실은 존재하지 않는다."
–장 폴 사르트르(Jean-Paul Sartre)

"미래는 항상 지금으로부터 시작된다."
–마크 스트랜드(Mark Strand)

치료가 종결된 수개월 후 애딜린은 메이에게 연락해서 몇 가지 상황을 논의하기 위해 추가 회기를 가질 수 있는지 문의했다. 반가운 소식을 접한 메이는 그녀가 어떻게 지냈는지 궁금했다. 추가 회기에서 애딜린은 이사한 동네도 마음에 들고 룸메이트와 함께하는 생활도 즐거웠다면서 우울증에 잘 대처하며 지냈다고 했다. 그녀는 큰 변화를 계획 중이라고 했다. 그것은 동료를 통해 알게 된 직업적 기회에 관한 내용으로 2년간 캐나다로 이주해야 하는 조건을 담고 있었다. 애딜린은 다음과 같이 말했다. "흥미로운 가능성이지만 두렵고 조바심이 나기도 했어요. 그래서 제안을 그냥 무시하려던 찰나에 우울증과 회피의 개념으로 다뤄 보면 어떨까 했지요. 그리고 어쩌면 제가 두려움 때문에 TRAP(제6장 참조)에 빠진 것일지도 모른다고 생각했어요. 그렇게 계속 기회를 타진하다가 지난주에 채용이 확정되었고, 고심 끝에 기회를 받아들이기로 결정했어요. 치료가 우울증에 대항한 과정이었지만 이 결정에도 큰 도움이 됐어요.

상황을 피하지 않고 마주하며 작은 단계부터 차근히 밟아 나아갈 수 있었고, 스스로 장단점을 따져 가며 문제를 해결하려고 노력했어요. 확실하진 않겠지만 장기적 관점에서 좋은 기회이자 큰 변화라는 생각이 들었어요. 앞으로 몇 년간 토론토에서 생활하는 것도 재밌을 것 같아요." 메이는 애딜린의 변화에 뿌듯한 마음이 들었다. 함께했던 치료가 우울증 외의 다른 범주에서도 그녀를 돕고 있다는 사실에 기뻤다.

행동활성화 치료와 관련된 행동적 기법에 대한 관심이 꾸준히 늘고 있다. 우울증 치료를 위한 초창기 르윈손의 행동치료적 작업(Lewinsohn et al., 1985)은 이후 장소와 시대를 달리한 여러 임상연구를 통해 그 근거가 입증됐다. 견고한 기초를 바탕으로 최근 연구들은 행동활성화 치료 영역을 새로운 문제와 조건으로 확장하고 있다. 연구자들에겐 행동활성화 이론과 실용적 중요성을 따져 볼 수 있는 흥미로운 시간일 것이다. 임상가들에게도 환자가 가져오는 여러 가지 문제에 행동활성화 치료의 적용 가능성을 열어 주는 기쁜 소식이기도 하다. 이장에서는 행동활성화 치료를 범진단적으로 활용하는 방향에 대해 살펴볼 것이다. 이어서 행동활성화 치료의 핵심 요소를 복습하며 마무리하겠다.

행동활성화 치료의 범진단적 적용

행동활성화는 범진단적인 치료법으로 우울증 외에도 다양한 문제에 활용될 수 있다. 크래스크(Craske, 2012)에 의하면 정신치료에선 몇 가지 이유에 의해 진단을 초월한 접근법이 필요하다고 한다. 첫째, 세상엔 너무나 많은 치료법이 존재해서 바쁜 치료자가 그 모든 것을 다 학습하기가 쉽지 않다. 둘째, 여러 정신적 진단이 공존하는 경우가 많으므로 치료가 우울과 불안 증상을 모두 다룰 수 있으면 유용할 것이다. 여러 질환에서 이러한 가능성이 연구되고 있다. 회피와 반추가 우울장애와 불안장애의 기저에 깔려 있다는 것을 고려하면 행동활성화 치료는 좋은 선택이 될 것이다.

행동활성화 치료의 열 가지 핵심원칙을 우울증 외의 다른 질환으로 확장해 보자.

- **원칙 1: 사람들의 기분을 변화시키는 열쇠는 그들의 행동이 달라지도록 돕는 데 있다.** 이 간단한 명제는 우울증을 포함한 다양한 정서적 문제에도 적용이 가능하다. 사회공포증의 경우 회피하기보다 접근하는 방식으로 행동 변화를 일으키면 궁극적으로 불안을 감소시킬 수 있고, 대부분의 다른 공포증이나 두려움도 마찬가지다. 누군가 화가 났을 때 친절히 응대하면 적개심이 줄어든다. 이런 '반대 행동'적인 개념은 부적응적 수치심을 완화하는 데 활용되어 왔다(Rizvi & Linehan, 2005).

- **원칙 2: 우울증은 삶의 변화와 관련이 있고, 이에 대한 단기적인 적응법들이 의도치 않게 우울증을 지속시킬 수 있다.** 행동활성화 치료에서 고통을 지속시키는 잘못된 대응 전략과 같은 이차적 문제 행동에 초점을 두는 방식은 다른 질환의 치료에도 유용하다. 바로우와 동료들은(Barlow et al., 2017) 다양한 정서에 따른 '충동 행동(action urges)'을 논의했다. 무서우면 달리고 싶은 충동, 화나면 소리치고 싶은 충동, 슬프면 친구에게 연락하고 싶은 충동처럼 말이다. 전형적인 행동활성화 치료는 우울할 때의 충동 행동을 목표로 삼지만, 다른 문제에도 마찬가지로 충동 행동을 규명하고 목표로 적용해 볼 수 있다.

- **원칙 3: 환자에게 어떤 행동이 항우울 효과로 작용할지는 'ABC(선행인자, 행동, 행동의 결과)'에서 단서를 찾을 수 있다.** 행동의 기능적 분석에 초점을 두는 명제로, 행동의 종류를 막론하고 무엇이 특정 행동을 강화하는지 파악하는 과정은 어떠한 상황에서도 유용하다.

- **원칙 4: 기분이 아닌 계획에 의거하여 활동을 구조화하고 편성한다.** 이 또한 변증법적 행동치료(DBT; Linehan, 1993)와 같은 다른 치료법에서도 적용될 수 있는 원칙이다.

- **원칙 5: 작은 일부터 시작할 때 변화는 쉽게 일어난다.** 이 보편적 진리는 변화를

희망하는 다양한 사람에게 적용할 수 있다.

● **원칙 6: 자연히 강화될 수 있는 활동을 강조한다.** 콜른버그와 차이(Kohlenberg & Tsai, 1991)는 폭넓은 치료적 접근의 일환으로 기능분석적 정신치료(Functional Analytic Psychotherapy: FAP)를 소개하면서 우발적 상황을 기반으로 한 행동의 중요성을 이야기했다. 자연히 강화될 수 있는 활동이란 보상이 임의적인 경우보다는 결과적으로 자연스럽게 수반되는 행동을 의미한다. 자연스러운 강화의 기전은 진단이나 문제의 종류와 상관없이 활성화에 활용된다.

● **원칙 7: 자애로운 코치가 된다.** 이는 정신치료에서 모든 유형의 환자에게 강조되는 부분으로 특별히 더 언급할 내용은 없다. 행동활성화에서 '코칭'이라는 개념은 구체적으로 치료자가 '전문가'보다는 조력자로서 환자 곁에서 함께 작업한다는 지향점을 시사한다.

● **원칙 8: 문제해결을 위한 경험적 접근을 강조하고, 이에 따른 모든 결과가 유용하다는 점을 인지한다.** 이것은 희망한 대로 일이 풀리지 않아 궁지에 몰린 환자를 대하는 치료자에게 필요한 자세다. 설사 그 순간에는 치료가 고착된 것처럼 보여도, 모든 행동에 따른 결과를 주시하면 중요한 경험적 정보를 획득할 수 있다(Linehan, 1993).

● **원칙 9: 경청하고, 이해하고, 치료 목표를 향한 행동지향적 접근을 고수한다.** 경청하기는 중요하며 이해하기는 필수적이지만, 우울증과 다른 문제들을 다루는 행동활성화 치료에서는 기분과 활동을 회피하기보다 목표를 향해 참여하는 노력을 더욱 강조한다.

● **원칙 10: 활동을 방해하는 잠재적 또는 실질적 장애물을 해결하라.** 치료자는 개별적인 고민과 문제, 진단을 갖고 있는 모든 환자가 행동을 수행하는 데 있어 방해가 될 만한 잠재적 문제를 고려해서 계획을 수립하고, 환자가 실제로 장애물에 막혀 곤란을 겪고 있다면 대안이 되는 해결책을 제시한다.

행동활성화 치료의 열 가지 핵심원칙은 문제와 상관없이 좋은 행동치료의 열 가지 원칙이 된다. 여기서 소개한 여러 원칙과 전략은 우울증의 행동활성화 치료를 적용하고 싶은 치료자에게 기준을 제공한다. 하지만 이는 다른 치료 기법을 활용하는 치료자에게도 가치 있는 도구가 될 수 있다. 행동활성화는 인지치료의 핵심요소로, 인지치료자는 행동활성화를 활용해서 인지행동치료(CBT)의 완성도를 높일 수 있다. 수용전념치료(ACT)를 수행하는 치료자는 환자가 계획된 활동에 전념하도록 돕는 과정에서 행동활성화 치료의 가치를 발견할 것이다. 변증법적 행동치료(DBT)에서도 치료자는 행동 평가, 반대 행동, 문제해결과 같은 기본적인 전략의 유사성을 느낄 것이다.

지금까지의 치료는 특정 질환에 맞춰진 접근법을 기반으로 세심하게 통제된 연구에 의해 발전돼 왔다. 현재까지도 이런 표준적인 연구는 의도치 않게 연구자–임상가 사이에 간극을 만들었다. 일부 임상가들은 연구가 제시하는 결과나 지금까지 잘 수행해 왔던 접근법의 변경에 관심이 없다. 연구자들은 치료를 찾는 일반적인 환자들의 복잡한 상황(표준화된 경험적 치료법으로는 충분치 못한)을 무시하기도 한다. 이러한 상황에서 범진단적 전략들은 해법을 발견하고 근거 중심의 치료 계획을 수립하는 데 도움이 될 것이다.

치료 방침을 인도하는 범진단적 절차

치료의 범진단적 절차에 관한 연구(예: Dudley, Kuyken, & Padesky, 2011)들은 만약에 환자가 한 가지 질환을 앓고 있고, 여기에 특화된 경험적 치료법이 존재한다면(우울증의 경우 행동활성화 치료처럼), 그 치료법을 따르도록 권하고 있다. 하지만 공존 질환을 갖고 있는 사례가 많고, 진단 기준에 부합할 정도로 빈도나 강도가 심하지는 않지만 환자가 다양한 증상으로 고통받는 경우도 흔하다. 이때는 환자와 협력해서 증상을 범진단적으로 개념화한 뒤 상황에 합당한 통합적 치료 전략을 적용해야 한다. 행동활성화 치료의 구조와 형식은 범진단적 틀에서 개별적인 치료를 적용하기에 적합한 도구다.

과제는 고사하고 일상적인 활동을 완수할 시간조차 부족하다고 환자들이 호소하는 것처럼 증상과는 독립적인 문제들도 있다. 오랜 기간 여러 문제로 고민해 왔으면 치료에 대한 기대치도 낮을 것이다. 하지만 치료 성과에 대한 긍정적인 기대가 더 나은 결과를 낳는다(Constantino, Vîslă, Coyne, & Boswell, 2018). 행동활성화 치료는 원칙적으로 환자가 마주한 구체적인 문제에도 적용할 수 있을 뿐 아니라, 애딜린의 사례처럼 희망을 증진하고 유지하는 과정에도 활용이 가능하다.

치료에 환자를 맞추기보다는, 환자의 필요에 치료를 맞춰 가는 과정이 현명하다. 치료 방침이나 절차의 유용성을 부정하는 것이 아니다. 이를 충실하고 유연하게 적용하는 데 치료자의 기술과 환자의 특성을 강조한다는 의미다. 다양한 정신적 문제에서 회피와 같은 공통된 반응을 확인할 수 있다. 불안장애 환자는 공포 상황을 회피하는데, 공황장애에선 신체적 감각을, 사회공포증에선 낯선 대중을 피한다. 정상적으로는 아픈 것을 피하는 것이 합리적이다. 하지만 부정적인 경험을 회피하려는 경향은 정서적, 행동적, 관계적 문제를 악화시킨다. 활동과 참여에 집중하는 행동활성화 치료는 불안장애 및 외상 후 스트레스장애(PTSD) 환자에게로 치료 영역을 넓혔다. PTSD 환자의 사례에서 행동활성화 치료는 외상적 기억을 직접적으로 다루지 않더라도 환자들이 회피하는 상황을 마주하도록 도왔다(Wagner, Jakupcak, Kowalski, Bittinger, & Golshan, 2019). 에서턴과 팔리(Etherton & Farley, 2020)는 외상 후 스트레스장애에 행동활성화 치료를 적용한 여덟 가지 연구를 메타분석했다(3개는 환자-대조군 연구, 5개는 환자군 단독 연구). 이들은 행동활성화 치료가 외상 후 스트레스 외에도 우울과 상실, 불안의 개선에 도움이 된다고 결론지었다. 여기서 주목할 점은 PTSD 환자의 치료에 공인된 지속노출치료(Prolonged Exposure: PE) 또는 인지처리치료(Cognitive Processing Therapy: CPT)와 행동활성화 치료 효과의 비교우위를 가릴 수 없었다는 부분이다. 이 연구는 행동활성화 치료가 외상 후 스트레스장애의 여러 치료적 개입법 중 하나가 될 수 있음을 시사한다. 아직 자료가 충분하지 않지만 PTSD 환자에게 제공할 수 있는 치료적 대안이 생긴다는 점은 환영할 만하다.

불안증 및 우울증의 치료와 육체적 활동의 촉진에 행동활성화 치료를 적용한 메타분석 결과도 발표되었다(Stein, Carl, Cuijpers, Karyotaki, & Skits, 2020). 행동활성화 치료 그룹이 대조군에 비해 우울감과 불안감의 완화 및 활성화 촉진이 훨씬 수월했다고 한다. 불안증을 다루는 잘 확립된 다른 치료법들에 비해 행동활성화 치료가 더 나은 효과를 보인다는 근거는 아직 없다. 하지만 이 연구는 어떤 불안장애 환자들에겐 행동활성화 치료가 훌륭한 대안이 될 수 있음을 시사한다. 주목할 점은 육체 활동 단독으로도 우울과 불안을 치료하고 예방할 수 있다는 것이다(Carek et al., 2011). 신체적인 무력증과 회피, 활동의 저하가 간단한 운동조차 어렵게 만든다. 행동활성화 전략은 이러한 패턴을 깨고 운동을 일상의 습관으로 만드는 첫 단계를 시작하도록 돕는다. 니스트룀(Nyström, 2017) 등은 인터넷을 통해 명확한 이론적 근거가 제공되었을 경우, 우울증 치료에 신체운동의 효과가 행동활성화 치료와 동등하다는 것을 발견했다. 그러나 이론적인 바탕 없이 단순히 운동만 했을 경우에는 전자의 두 경우에 비해 덜 효과적이었다. 행동활성화 모형을 활용하는 것처럼 활동과 참여라는 과정에 이론적인 원리와 근거를 제공하는 일은 신체 활동의 정신건강적 이점을 생각하도록 돕고 동기를 부여한다.

행동활성화 치료의 핵심 절차

행동활성화 치료는 어떻게 다양한 범주의 문제에 도움이 될까? 헤이즈와 호프만(Hayes & Hofmann, 2018; Hofmann & Hayes, 2019)은 정서도식치료(Emotional Schema Therapy: EST)를 넘어서 행동을 효과적으로 변화시킬 인지적·행동적 절차에 기반한 인지행동치료(process-based CBT) 모형을 제시했다. 행동활성화 치료는 다음과 같은 중요한 이점을 제공하는 핵심 절차를 포함한다. 자기 관찰, 희망의 고취, 활성화가 바로 그것이다.

첫째, 행동활성화 치료의 전 과정에서 자기 관찰이 활용되며, 정보의 획득과 함께 환자가 자신의 기분을 헤아리는 중요한 방법이다. 자기 관찰은 정신적 질환이나 문제와 무관하게 인지행동치료적 개입법에서 활용되고 있다. 이는 환자가 감정을 들여다보고 인지하도록 돕는 정서에 초점을 둔 치료법과 유사성이 있다. 행동활성화 치료자는 환자의 자기 관찰을 기반으로 기능 분석을 수행해서 분석으로 밝혀진 회피 행동을 목표로 환자와 함께 활성화 과제를 수립한다. 한 문헌에서는 행동활성화 치료의 이와 같은 절차를 인지행동치료의 '정신역동화(psychodynamizing) 및 실존주의화(existentializing)'로 묘사했다(Shahar & Govrin, 2017). 이러한 견해는 행동활성화 치료가 범진단적일 뿐 아니라 범이론적임을 시사한다. 저자들은 인지적 실존주의 정신역동(Cognitive Existential Psychodynamic: CEP) 모형을 소개하면서 행동활성화 치료가 기여한 점을 다음과 같이 말했다. "우리는 자기 발견이 어떤 은신처에서 이뤄지는 것이 아니라 행동을 통해 세상 밖에서 이뤄진다는 사르트르(Sartre, 1970)의 견해를 충실히 따르며, 활동 기술은 관계 속에서 환자가 이를 스스로 경험해 볼 수 있는 강력한 도구라고 생각한다"(p. 268).

둘째, 치료에 대한 환자의 낙관적 희망은 긍정적인 치료 결과로 이어진다(Constantino et al., 2018). 행동활성화 치료에서 환자와 치료자는 협력적으로 움직이며, 우울증이 개인의 결함이나 결핍이 아닌 삶의 변화에 따른 적응적인 시도에서 기인했다는 관점으로 가설을 세운다. 치료자는 이러한 방식을 통해 환자에게 치료에 대한 희망과 긍정적인 기대를 고취시킨다. 문제가 당신의 '내부'에 있지 않을 때, 당신은 그것을 고치는 방법에 대해 고민할 수 있다. 그리고 상황에 적합한 행동을 환자 스스로 인식할 수 있을 때, 상황이 변함에 따라 행동을 어떻게 달리할지 객관적으로 검토할 수 있다. 행동활성화의 원칙은 환자에게 신뢰할 수 있는 이론적 근거와 객관적인 관점으로 함께 희망을 제공한다.

셋째, 회피하던 삶을 다시 마주하고 적극적으로 참여하는 자세는 문제해결에 도움이 된다. 활성화, 참여, 개입과 같은 주요 전략은 많은 질환의 치료에 유용하다. 『정신질환의 진단 및 통계 편람(Diagnostic and Statistical Manual of Mental

Disorders: DSM)』의 기준에 부합하지 않지만 심각한 증상으로 고통받거나, 여러 증상을 지닌 환자들이 많다. 이런 환자들에게 회피 양상과 반추를 인식할 수 있도록 돕고, 유의미한 활동에 참여할 수 있는 방법을 모색하는 과정은 큰 힘이 된다.

　행동활성화는 회피 행동의 변화를 촉진하며, 이것은 많은 치료기법에서 활용되는 노출(exposure)의 원칙과 유사하다. 반추 대신에 외적 경험과 현재에 집중하도록 환자를 교육하는 전략은 우울증에 대응하는 마음챙김(mindfulness)의 개념과 직접적으로 연관된다. 샤하르와 고브린(Shahar & Govrin, 2017)은 행동활성화 치료를 재구성하며 '환자'를 실존적 가치의 개념으로 묘사했다. 그들은 "때로는 활동이, 특히 그것이 목표 지향적이고 잠재적으로 즐겁고 유의미한 경우엔 성찰보다 낫다(p. 268)."라는 생각을 말했다. 또한 "행동활성화는 자유로운 초월감을 제공한다. 의미 있는 행동을 함으로써…… 환자들은 우울한 상태보다 '큰 존재'인 것이다(p. 269)."라고 이야기했다. 환자들이 활성화와 참여를 통해 초월감을 느낄지는 지켜봐야겠지만, 불리한 여건에도 불구하고 소중한 가치에 기반한 목표를 지향하며 일상에 충실한 자세는 분명히 삶을 개선시킬 것이다.

행동활성화 치료의 지역별 보급과 설정

　정신과 의사이자 세계 정신보건의 권위자인 비크람 파텔(Vikram Patel)은 2011년에 인도에서 행동활성화 치료의 보급을 목표로 저자들에게 문의했다. 그의 팀은 우울증의 여러 치료법을 모두 검토했고, 인도의 일차 진료 환경에서 행동활성화 치료가 가장 최선의 선택이 될 것이라고 결론지었다. 그들은 이 치료가 지역에서 문화적으로나 상황에 부합하게 적절히 적용될 수 있을지, 그리고 지역사회의 정신건강 인력에 의해 수행될 수 있을지 궁금해했다. 그 연락은 저자들에겐 어떤 의미에선 다소 뜬금없는 학문적 제안이었으나, 행동활성화 치료의 초석을 다진 닐 제이콥슨(Neil Jacobson)에 의해 이미 수십 년 전에 예견된 일이기도 했다. 상대적으로 비용이 저렴하며 "개입의 선택지가 단순하고 직관적인 편으로, 스스로 또는 주변의 도움을 통해 치료가 이뤄질 수 있는 치료적 대안이 될 수 있다"(p. 303). 저자들은 행동활성화 치료가 과연 그들의 목표에 부합할지는 모르겠지만 비크람이 문의한 탐험 과제에 동참하기로 했다.

저자들은 수년간 그의 팀원들과 함께 작업하면서 행동활성화 치료가 문맹자들을 위한 시각적 이미지를 포함해 다양한 언어로 지역사회의 보건종사자에게 전달되도록 노력했다. 목표의 규명, 활성화와 참여, 문제해결 같은 행동활성화 치료의 핵심 전략을 잘 보존한 채로, 치료를 6~8회기로 축약했다. 그 결과가 바로 제1장에서 소개했던 인도의 건강증진 활동 프로그램이다(Healthy Activity Program: HAP; Chowdhary et al., 2016; Patel et al., 2017). 이 모형은 인도 남서부의 고아(Goa) 지역에서 수백 명에게 적용되었고, 일반적인 치료를 받은 대조군과 비교했을 때 월등한 치료 결과를 입증했다. 행동활성화 치료는 일차 진료 환경에서 일반 보건종사자를 통해 구현이 가능했고, 임상적으로나 비용적인 측면에서 효과적이었다. 이 작업은 다른 나라로도 확장되어 연구가 진행 중이다. 조던과 그의 동료들(Jordans et al., 2020)은 다국가적인 치료 보급의 일환으로 네팔에서 우울증과 알코올의존증을 치료하기 위해 HAP를 도입해 연구했다. 그들은 일차 진료에서 심리 치료적 요소의 유무(HAP와 알코올 의존에 대한 상담)에 따른 치료 결과를 비교했는데, 우울증 환자에게 심리 치료적 개입이 동반된 경우 임상적, 기능적인 경과가 확연히 좋았다. 연구에서는 고졸 이상, 400시간의 이론 교육, 150시간의 지도 감독, 350시간의 연습, 10시간의 개별 치료를 이행한 지역사회 상담가로 같은 접근을 시도했다(Jordans et al., 2020). 그 결과 행동활성화 치료는 축약된 모형으로 다양한 언어와 문화에서 이뤄질 수 있고, 정신치료적 수련이나 높은 학력 없이도 치료자 양성이 수월함을 확인했다.

저자들은 미국에서 주산기 산모를 위한 우울증 치료에 정신건강 전문가에 의해 수행된 행동활성화 치료의 유용성을 알아봤다(Dimidjian et al., 2017). 인도에서의 작업을 발판 삼아 과거에 우울증을 앓았던 영어와 스페인어에 능통한 어머니들을 대상으로 행동활성화 치료의 핵심 기술을 교육했고, 이들에게 주산기 우울증이나 불안, 스트레스를 겪고 있는 산모를 도울 수 있도록 했다. 이 작업은 도시와 지방을 포함해서 산모의 가정이나 주민센터, 또는 전화나 영상 통화로 이뤄졌다. 영국에선 헤더 오마헨(Heather O'Mahen)과 동료들이 주산기 산모를 위해 행동활성화 치료를 스스로 수행할 수 있도록 온라인 플랫폼 형태로 보급했다. 그 외에도 여러 연구자가 다양한 사람에게 행동활성화가 적용될 수 있도록 문화적 요소를 치료에 반영했다(Benson-Flórez, Santiago-Rivera, & Nagy, 2016; Kanter, Puspitasari, Santos, & Nagy, 2014; Santiago-Rivera et al., 2008).

상기 연구들은 행동활성화 치료가 시간, 장소, 문화 그리고 제공자에 구애받지 않음을 시사한다. 이러한 흥미로운 작업은 빠른 속도로 퍼져 가고 있다. 이를 통해 행동활성화 치료의 핵심 전략과 원칙이 유연하면서도 현실적인 요구를 주어진 상황에 맞추어 충족시킬 수 있다는 것을 확인했다.

최종 정리

이 책은 행동활성화 치료의 핵심원칙과 전략을 담고 있다. 누군가 저자들에게 "이 치료에서 임상가가 기억해야 할 가장 중요한 한 가지는 무엇일까요?"라고 물으면, 우리의 대답은 다음과 같이 단순할 것이다. "바로 활성화(ACTIVATE)입니다." 이 명제는 치료 형태나 대상 및 치료자 성향을 가리지 않는다. 환자를 활성화하기 위한 치료의 핵심원칙과 전략을 쉽게 떠올릴 수 있도록 약어 'ACTIVATE'를 소개한다(간략한 참조가 가능하도록 [부록 4]와 함께 이 책의 부속 웹 사이트에도 첨부했다; 차례 하단에 위치한 박스를 참조). 각각의 알파벳은 행동활성화 치료의 필수적인 과정으로, '우울증의 원인 평가(Assess), 구조화된 활동과 효과적인 문제해결을 통해 회피에 대항(Counter avoidance with structured activation and effective problem solving), 행동의 구체화(Take time to get specific), 활동 관찰

(Include Monitoring), 환자에 대한 이해 및 타당화(Validate), 활동과제 부여(Assign activities), 장애물의 극복(Troubleshoot), 격려(Encourage)'를 의미한다. 이 전략들을 나열된 순서대로 수행할 필요는 없다. 행동활성화는 엄격하고 경직된 치료가 아니며, 전 과정에 걸쳐 열 가지 핵심원칙을 환자의 필요와 상황에 따라 적절히 적용하면 된다. 〈표 2-1〉에 열거한 핵심원칙 1부터 10까지의 순서가 'ACTIVATE'의 순서를 따르지 않고 기술된 점 또한 치료의 유연성을 보여 준다. 다음에서 각각을 살펴보도록 하자.

 ### A: 우울증의 원인을 평가

행동활성화 치료 전 과정에서 평가의 중요성은 아무리 강조해도 지나치지 않는다. 이 책의 전반에 걸쳐, 그리고 행동활성화 치료와 관련된 모든 출판물에서도 이를 강조한다(Martell et al., 2001). 평가는 치료 초반부터 활동의 빈도와 범주 및 기능에 일차적인 초점을 둔다. 우울증을 야기한 삶의 여건과 우울증에 환자가 어떻게 적응해 왔는지 이해하는 과정은 초기의 통찰을 바탕으로 치료 목표의 수립을 돕는다(핵심원칙 2, 3). 이어서 행동의 선행인자와 결과를 평가해 활성화시킬 행동을 선정한다. 특정 행동의 결과를 인식하기 시작하면서 환자는 자신을 더 잘 이해할 수 있게 된다. 때로는 환자가 '나는 도대체 왜 이렇게 나쁜 결과로 이어지는 행동을 매번 반복할까?'와 같은 의문을 품고 진료실을 찾는다. 좋은 기능적 평가는 행동을 잘 이해할 수 있도록 돕고, 이것이 변화를 촉진하는 핵심적인 열쇠로 작용한다.

C: 구조화된 활동과 효과적인 문제해결을 통해 회피에 대항

우울증은 강화 수반성을 변화시키는 부정적인 생활 사건에 대한 반응으로 긍정적 강화와 접촉이 줄어들거나 삶의 문제가 악화돼 발생한다. 회피와 위축은 단기적인 측면에서 보면 이해할 수 있는 반응이다. 정서는 자체적으로 강력한 동력을 지닌다. 부정적인 기분은 개인을 우울하게 만들 뿐만 아니라, 그 기분과 압도되는 상황을 회피하도록 만든다. 여기서 문제는 회피 행동이 장기적인 관점에서 상황을 더욱 악화시켜 부정적인 기분을 지속하고 가속화하는 데 있다. 핵심원칙 1(사람들의 기분을 변화시키는 열쇠는 그들의 행동이 달라지도록 돕는 데 있다.)을 다시 살펴보자. 핵심원칙 4(기분이 아닌 계획에 의거해 활동을 구조화하고 편성) 또한 문제를 푸는 열쇠다. 행동활성화는 구조화된 활동과 효과적인 문제해결을 통해 회피에 대항할 수 있도록 환자를 돕는다. 환자들은 자신의 회피 양상을 파악하고 삶에 접근하며 참여할 수 있도록 대응 전략을 터득한다.

　행동의 구조화가 처음에는 제약으로 느껴질 수 있는데, 이런 경우에 많은 사람은 자율성을 선호한다고 이야기한다. 따라서 우울감이나 다른 정서 상태가 강력한 힘으로 작용할 때는 밖에서부터 안으로 접근하는 방식을 실천하겠다는 결심이 필요하다. 계획한 일정을 부담 없는 작은 단계부터 밟아 나가는 과정에서 편안함을 느낄 수 있다. 회피하고 싶은 마음은 당면한 큰 부담에 압도될 때 나타난다.

🎯 T: 행동의 구체화

　행동을 구체화하는 것의 중요성은 아무리 강조해도 지나치지 않다. 행동활성화 치료자는 환자가 늘리거나 줄여야 할 구체적인 행동을 파악하도록 돕는다. 전자는 환경에서 긍정적인 강화의 접촉 빈도를 늘리는 일이며, 후자는 장기적 관점에서 환자의 삶을 어렵게 만드는 요인을 줄이는 일이다. 구체화는 치료자와 환자 모두 같은 언어로 소통하는 과정이다. 어떤 환자가 "우울해요."라고 이야기하는 경우에서 가능한 무수한 상황을 떠올려 보자. 마찬가지로 "친구를 더 많이 만나려고 해요."에는 여러 가지 뜻이 숨겨져 있다. 행동활성화 치료자는 '어떤 친구들인가?' 어떤 방식인가(대면 또는 SNS)? 더 많이는 무슨 의미인가?' 와 같이 질문함으로써 이를 구체적으로 이해하려고 노력한다. 이처럼 구체성을 부여하면 상황을 세부적으로 논의할 수 있으며, 부담스러운 상황을 달성 가능한 상황으로 변화시킬 수 있다.

I: 활동 관찰

활동 관찰은 행동활성화 치료의 중추다. 활동기록지는 환자의 활동, 상황, 기분, 정서, 강도를 관찰하는 일차 도구다. 활동 관찰은 어떤 행동이 유발될 상황적 맥락과 행동에 따른 결과를 명확히 인식하도록 돕는 필수적 요소로, 행동 양상을 규명하는 과정이 주된 초점이 된다. 관찰은 활동 계획을 수립하기 위한 정보를 제공한다. 관찰 없이 활성화를 위한 효과적인 목표는 관찰 없이 세울 수 없다. 이는 또한 치료자와 환자에게 활동 계획의 유용성 여부를 알려 주고, 효과를 최대화하기 위한 계획의 수정에 필요한 정보를 제공한다. 관찰 활동은 그 자체로 행동의 변화를 촉진하기에 치료의 전 과정에서 핵심적인 요소로 활용된다.

V: 환자에 대한 이해 및 타당화

우울증의 수렁에 빠진 환자는 탈출할 방법과 희망이 없는 어두운 공간에 갇힌 느낌을 받는다. 행동활성화 치료는 환자가 어둠의 고통에서 빠져나와 그들이 원하는 삶으로 복귀할 수 있는 길을 제시한다. 이 과정에서 치료자는 환자의 내적 경험과 변화의 어려움을 필수적으로 이해하고 공감해야 한다. 타당화라는 개념은 치료실의 맞은편에 앉아 있는 지금 이 순간 환자의 느낌과 행동을 온전히 이해하고, 이를 바탕으로 기분이 나아지기 위해서는 변화를 향한 노력이 중요함을 소통하는 과정이다. 행동활성화 치료자는 수용적이고 온화하며 협력적인 자세로 환자의 삶에서 불쾌한 결과는 줄이고 보상은 늘리는 다양한 방식의 활성화와 참여를 격려해 나간다.

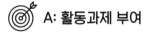

A: 활동과제 부여

활동 계획과 구조화는 행동활성화 치료의 기본적인 요소다. 활동 과제의 중요성은 행동활성화의 핵심원칙에 다양하게 녹아 있다. 핵심원칙 4(기분이 아닌 계획에 의거하여 활동을 구조화하고 편성한다.)에서 제안하는 것처럼, 활동 계획은 기분에 의거한 것보다는 명확한 행동을 가능하게 만든다. 스트레스에 대항할 기회와 세상의 여러 잠재적인 긍정 강화 요소에 접촉할 기회를 증진시킨다. 핵심원칙 5(작은 일부터 시작할 때 변화는 쉽게 일어난다.)는 활동이 세부적으로 분할될 필요성을 말하고 있다. 핵심원칙 6(자연히 강화될 수 있는 활동을 강조한다.)은 높은 보상적 가치를 지니고 자연히 강화될 수 있는, 변화를 유발할 잠재력이 큰 활동에 집중하길 권한다. 끝으로 핵심원칙 9(경청하고, 이해하고, 행동지향적 접근을 고수한다.)는 치료자에게 활성화의 핵심 요점을 상기시키며, 치료의 여정에서 환자를 돌보고 활성화에 집중하도록 강조하고 있다.

T: 장애물의 극복

대부분의 환자는 활동 계획을 실천하는 과정에서 여러 어려움에 직면하고, 장애물을 마주하며 좌절하기도 한다. 핵심원칙 10은 "활동을 방해하는 잠재적 또는 실질적 장애물을 해결"하도록 제안한다. 우울증 환자와 함께 활동 계획을 수립하고 시도하는 과정에서 여러 문제와 장애물을 극복하는 과정은 필연적이다. 어려움 앞에서 치료자는 활동 계획을 개선하고 발전시키며, 환자 스스로 문제를 풀어 갈 수 있도록 그 방법을 교육한다. 행동활성화 치료는 경험에 기반한 문제해결을 시도하는 접근법으로, 핵심원칙 8(문제해결을 위한 경험적 접근을 강조하고, 이에 따른 모든 결과가 유용하다는 점을 인지한다.)은 소중한 지침이 된다. 장애물을 극복하는 과정은 활성화를 위한 환자의 어떠한 노력이라도 최대한 활용이 가능하도록 돕고, 목표를 향한 치료적 전진을 이뤄 낸다.

E: 격려

우울증 환자는 낙담하고 의기소침한 상태로 전문적인 도움을 찾는다. 따라서 치료를 성공적으로 극대화하는 한 방법은 치료자가 희망적이고 낙관적인 시각으로 변화가 가능할 것이라는 약속을 꾸준히 제공하는 데 있다. 핵심원칙 7(자애로운 코치가 된다.)에서 강조하는 것처럼 치료자는 환자를 위한 열정적인 조력자가 되어야 하고, 특히 환자가 용기를 잃었을 때는 그들이 활동하거나 참여하고 문제를 해결하는 어떠한 표식이라도 짚어 내어 격려하고 기운을 북돋아 주어야 한다.

요약

행동활성화는 근거 있는 치료법이다. 우울증 환자에게 간단하면서도 직관적인 전략을 활용한 역사는 르윈손이 처음 '즐거운 일(pleasant event)'과 우울증에 대한 문헌을 발표한 뒤로 40년 이상이 지났다(Lewinsohn & Graf, 1973). 행동활성화 치료는 의심의 여지없이 계속해서 발전할 것이며, 미래의 연구를 통해 새로운 대상과 문제에 대한 치료적 도전을 멈추지 않을 것이다. 저자들은 행동활성화 치료가 우울증의 악순환 고리를 극복할 수 있는 강력하고 입증된 치료법이라고 믿으며 이를 자신 있게 주장한다. 그것은 행동주의 원칙에 뿌리를 두고, 오랜 시간의 시험을 거친 검증된 치료법이다.

행동주의 원칙은 삶의 여러 측면에 적용된다. 초기의 행동활성화 치료는 우울증을 대상으로 하는 연구에 집중했지만, 이후에는 다양한 질환으로 확대되어 범진단적인 적용의 근거를 쌓아 가고 있다. 행동활성화의 기저 원칙들은 우울증 외에도 다른 질환의 치료에 활용될 수 있다. 활동 관찰과 계획하기, 활동을 증진하기 위해 작은 단계부터 밟아 나가기, 회피 행동을 수정하기, 반추 다루기와 같은 여러 행동활성화의 도구들은 근거에 기반한 원칙과 전략으로, 사례 개념화와 치료 계획에 있어 단지 행동활성화만을 위한 용도로 쓰이는 것은 아니다. 우울증 환자에게 행동활성화 치료를 일차적으로 사용하는 경우에도 기능적인 맥락에 맞도록 각 환자에게 필요한 사항을 개별화해서 접근한다. 회피 행동의 교정이 행동활성화의 주된 전략이지만, 치료자가 만약 활동적이진 않아도 특별히 회피하는 경향은 없는 환자를 대하고 있다면, 이때는 활동 계획이 주된 혹은 유일한 전략이 되는 것이다. 이와 비슷하게 회피 성향이 높은 어떤 환자가 반추를 보이지 않는다면, 단지 행동활성화 치료의 전략이라서 반추를 다룰 필요는 없는 것이다. 환자에게 문제가 되는 부분을 다루면 되고, 불필요한 전략은 사용하지 않는다. 저자들이 환자의 이해를 수월히 하기 위해 'TRAP-TRAC(부록 1g] 참조)'이라는 약어를 고안한 것처럼, 치료자들 또한 자신의 환자를 위해서 약어를 사용할 수 있다. 약어 대신에 다른 비유법이나 유행어를 활용할 수도 있다. 행동활성화 치료의 목표는 환자가 다시 충실한 삶을 누릴 수 있도록 유의미한 활동에 참여하도록 돕는 데 있다. 처방전은 그런 목표를 위해 환자를 지시대로 따르게 만드는 과정이 아니라 인도하는 데 있다.

저자들은 이 책을 통해 행동활성화 치료의 열 가지 핵심원칙을 설명했고, 이러한 원칙과 기법이 임상에서 개별적인 환자의 상황에 맞춰 유연히 적용되기를 소망한다. 행동활성화 치료자는 각각의 환자가 처한 상황에 적절히 응대할 수 있어야 하고, 핵심원칙과 전략에 근거하여 활성화에 초점을 유지하도록 노력한다. 조력자 역할의 치료자와 활성화를 목표로 중요한 과제를 수행하는 환자 모두는 원칙을 따름으로 이득을 본다. 행동활성화 치료는 반드시 협력적으로 이뤄져야 하며, 치료자는 환자가 회피하거나 우울 행동을 강화할 때, 또는 환경으로부터 이탈할 때와 같이 항우울적 행동을 억제하는 경우를 인식할 수 있도록 조언하고 돕는다.

행동활성화 치료는 실용성에 바탕을 둔다. 이 책에 포함된 내용을 치료자들은 이미 일상적으로 임상에서 수행하고 있을 것이다. 그것이 이 치료의 정수를 보여 준다. 행동활성화는 우울증 환자를 대하는 많은 치료자의 임상 기법과 조화를 이루고, 간단하며, 활성화와 참여라는 목표가 치료의 전 과정에서 일관되게 유지되므로 익히기 쉽다. 우울증을 유발하는 요인과 변화를 가로막는 장애물이라는 목표를 항시 견지하고 있다면, 치료가 길을 잃고 산만해지는 것을 막을 수 있다. 초점은 환경과 행동의 변화에 있다. 우울한 환자의 활동을 증진할 수 있도록 돕는 일이 첫 단계로 그 자체만으로도 충분한 효과가 있다는 여러 근거가 있다. 지금까지 제시한 행동활성화의 원칙을 따르는 과정은 환자의 삶에서 지속될 긍정적인 변화를 만들어 내기 위한 도전이자 보람찬 노력으로, 환자와의 강한 유대감을 바탕으로 치료적 방향을 견지하는 데 도움을 줄 것이다.

◐ 핵심 요점 >>>>>>

- ◆ 행동활성화의 범진단적인 핵심원칙은 많은 환자가 겪고 있는 다양한 문제나 질환에 적용될 수 있다.

- ◆ 행동활성화는 원칙에 입각한 치료법으로 우울증 외 여러 질환의 치료에도 활용되고 있다.

- ◆ 이러한 원칙들은 수십 년간의 임상 연구에 경험적 근거를 두고 있으며, 구체적인 행동활성화 치료의 형식으로 제공하거나, 보다 큰 사례 개념화의 한 부분으로 다른 치료 전략과 함께 활용할 수 있다.

- ◆ 행동활성화 치료는 비행동주의자들이 정의한 초이론적 전략을 통합할 수 있으며, 그것을 다시 행동주의적으로 만든다.

부록

| 부록 1 |
우울증 환자를 위한 도표 및 작업 계획표

다음으로는 우울증 환자의 치료에서 유용하게 활용할 수 있는 도표를 열거했다.

[부록 1a]는 행동활성화 치료에서 개별화된 각각의 사례에 적용할 수 있는 사례 개념화의 도식이다. [부록 1b]는 활동 및 감정 기록지로 환자가 경험한 감정과 강도를 기입한다. [부록 1c]는 활동 및 기분 기록지다. 이것은 환자가 겪는 우울감의 심각도를 관찰하는 데 사용한다. [부록 1d]는 활동 모니터링이 가능한 도표로 활동이 제공한 성취감이나 즐거움의 정도를 평가한다. [부록 1e, 1f]는 계획한 활동을 기입할 수 있는 서식이다. [부록 1g]에 수록된 TRAP-TRAC 기록지는 회피 행동을 대신할 대안적 적응법을 기록할 때 사용한다. ACTION 기록지는 [부록 1h]에 제시했으며, 환자가 행동의 기능을 평가하고 활동을 계획해 선택할 수 있도록 돕는다.

| 부록 1a |
행동활성화 치료의 우울증 모형

이 모형을 활용해서 삶의 변화(1)가 보상이나 스트레스 측면에 어떤 영향을 주었는지(2), 여기에 어떤 느낌을 받았는지(3), 어떻게 대응했는지(4), 그런 행동이 당신의 삶에서 보상이나 스트레스에 어떤 영향으로 작용했는지(5) 추적할 수 있다.

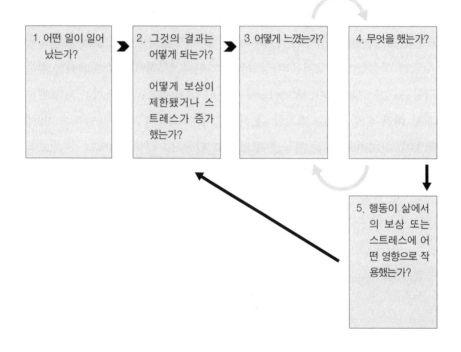

| 부록 1b |
활동기록지-활동과 감정의 관찰

지침: 활동을 시간 단위로 기록(무엇을 했는지, 누구와, 어디서 등). 각각의 활동에 따른 감정을 기록(예: 슬픔, 기쁨, 두려움, 분노, 수치심, 혐오감, 놀라움). 감정의 강도를 1~10 사이로 평가(1=전혀 없음, 10=매우 강함).

	월	화	수	목	금	토	일
05:00~06:00							
07:00							
08:00							
09:00							
10:00							
11:00							
12:00							
13:00							
14:00							
15:00							
16:00							
17:00							
18:00							
19:00							
20:00							
21:00							
22:00							
23:00~05:00							

| 부록 1c |
활동기록지-활동과 기분의 관찰

지침: 활동을 시간 단위로 기록(무엇을 했는지, 누구와, 어디서 등). 각각의 활동에 따른 기분의 강도를(예: 얼마만큼 우울했는지) 1~10 사이로 평가(1=전혀 없음, 10=매우 강함).

	월	화	수	목	금	토	일
05:00~06:00							
07:00							
08:00							
09:00							
10:00							
11:00							
12:00							
13:00							
14:00							
15:00							
16:00							
17:00							
18:00							
19:00							
20:00							
21:00							
22:00							
23:00~05:00							

| 부록 1d |
활동기록지-활동과 즐거움, 성취감의 관찰

지침: 활동을 시간 단위로 기록(무엇을 했는지, 누구와, 어디서 등). 각각의 활동에 따른 즐거움(Pleasure, 'P')과 성취감(Mastery, 'M')의 정도를 1~10 사이로 평가(1=전혀 없음, 10=매우 강함).

	월	화	수	목	금	토	일
05:00~06:00							
07:00							
08:00							
09:00							
10:00							
11:00							
12:00							
13:00							
14:00							
15:00							
16:00							
17:00							
18:00							
19:00							
20:00							
21:00							
22:00							
23:00~05:00							

| 부록 1e |
활동기록지-활동 계획(I)

지침: 이번 주에 시행하기로 계획한 활동을 기입(활동 1~4). 모든 칸을 의무적으로 채울 필요는 없음. 계획한 활동이 많아 칸이 부족하다면 새로 추가할 수도 있음. 참가했던 활동을 요일별로 체크해 표시. 마지막 줄에는 그날의 기분을 1~10 사이로 평가해 기록(1=전혀 우울하지 않음, 10=가장 심하게 우울함).

	월	화	수	목	금	토	일
활동 1:							
활동 2:							
활동 3:							
활동 4:							
매일의 기분							

| 부록 1f |
활동기록지-활동 계획(Ⅱ)

지침: 시행하기로 계획한 특정 활동을 기입. 이를 이행했으면 완료에 체크. 관련된 기분의 상태를 1~10 사이로 평가해 기록(1=전혀 우울하지 않음, 10=가장 심하게 우울함).

	활동	완료	기분
05:00~06:00			
07:00			
08:00			
09:00			
10:00			
11:00			
12:00			
13:00			
14:00			
15:00			
16:00			
17:00			
18:00			
19:00			
20:00			
21:00			
22:00			
23:00~05:00			

| 부록 1g |
TRAP-TRAC 기록지

지침: 도피나 회피를 유발했던 상황(Trigger)과 관련된 정서적 반응(Response), 여기서 벗어나기 위해 취했던 회피 양상(Avoidance Pattern)을 기입. 이것이 바로 'TRAP'이며, 'TRAC'으로 복귀할 수 있도록 같은 용지에 AP를 대신할 적응법인 AC(Alternative Coping)를 기록.

덫(TRAP)에서 탈출해서

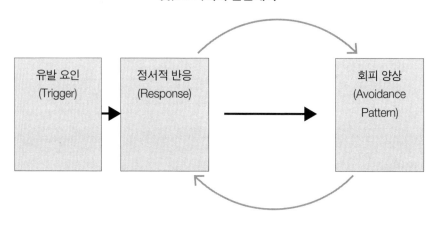

정상 궤도(TRAC)로 회귀

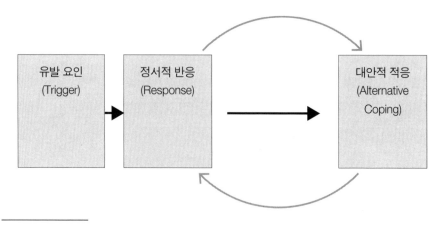

| 부록 1h |
ACTION-환자용 지침

Assess(평가): 행동의 기능을 살펴본다. 이런 행동이 어떻게 작용하고 있는가? 행동의 결과는 어떻게 되는가? 그런 행동이 우울감을 유발하는가? 장기적인 목표에 부합하지 않는가? 행동에 항우울적 효과가 있는가? 그렇다면 이는 장기적인 목표에 부합하는가?

_____

_____

_____

_____

Choose(선택): 활동을 선택한다. 어떤 활동을 선택했는가?

_____

_____

_____

_____

Try(시도): 선택한 행동을 실행으로 옮긴다. 새로운 행동을 활동으로 이행할 수 있도록 계획을 세부적으로 기록한다.

_____

_____

_____

_____

Integrate(통합): 새로운 행동을 일상에 통합시킨다. 만약에 완전히 새롭거나 기분에 반대되는 행동을 시도한다면, 유용성 여부를 논하기 전에 먼저 여러 번 노력해 봐야 한다. 이를 평범한 일상생활에 접목한다. 이것을 어떻게 수행할 것인가?

_____

_____

_____

_____

Observe(관찰): 결과를 관찰한다. 결과가 무엇인가? 선택한 활동을 수행하고 기분이 호전됐는가, 악화됐는가? 활동을 통해 당신의 목표에 더욱 다가섰는가? 새로운 일상을 계획에 통합시켰는가? 당신은 어떤 변화를 감지했는가?

_____

_____

_____

_____

Never give up(절대 포기하지 않기): 앞의 과정들을 반복한다. 새로운 활성화 습관의 형성과 참여에는 반복적인 노력이 필요하다. 시간이 갈수록 이러한 항우울적 행동들은 부정적인 기분에 압도된 와중에도 자동적으로 발현될 것이다.

_____

_____

_____

_____

이 내용은 『Behavioral Activation for Depression: A Clinician's Guide, Second Edition(Christopher R. Martell, Sona Dimidjian, Ruth Herman-Dunn)』를 출처로 Martell, Addis, Jacobson(2001, pp. 102–105)에서 발췌했습니다. 저작권은 'The Guilford Press, 2022'에게 있습니다. 이 책의 구매자는 해당 양식을 복사해서 개인적인 용도로 활용하거나 환자와 함께 사용이 가능합니다. 또한 본 양식의 확대된 사본을 다운로드 후 인쇄할 수 있습니다(차례 하단의 문구 참조).

| 부록 2 |
매주의 치료 계획 노트

이 서식은 치료 기간뿐만 아니라, 치료의 종결 후에 환자 스스로 활용할 수도 있다.

치료 회기 일자:

* 오늘 치료에서 어떤 문제들을 논의했는가?

* 자신의 기분과 자신이 참여한 활동의 연관성에 대해 무엇을 알게 됐는가?

* 자신에게 항우울제로 작용할 증진시킬 필요가 있는 행동은 무엇인가?

* 이런 행동에 언제 참여할 것인가?

* 행동을 완수하기에 충분한 단위로 나눴는가? 그렇다면 각각의 단계들은 구체적으로 어떻게 되는가?

- 몰입하기 쉬운 활동은 무엇인가?

- 도피나 회피의 기능을 갖는 활동은 없는가?

- 우울감을 악화시키고 장기적 목표에 부합하지 않는 감소시켜야 할 행동은 없는가?

- 생각 속에 갇히는 상황을 방지하기 위해 참여할 만한 활동이나 시선을 돌릴 만한 자극은 무엇인가?

- 특히 어떤 부분에서 어려움이 클 것으로 예상하는가?

- 그런 어려움에 잘 대처하기 위해서는 무엇을 해야 하는가?

| 부록 3 |
치료 이후의 계획 노트

치료가 종결된 후에도 기분과 감정을 잘 관리하고 지속적인 참여를 돕는 계획을 세우기 위해 다음의 질문에 답해 보자.

● 자신이 우울증에 특별히 취약해지는 상황은 어떤 경우인가?

● 어떤 행동이 우울증의 악순환을 지속시키고 있는가?

● 지속하고 증진시켜야 할 항우울적 행동은 무엇인가?

● 항우울적 행동을 완수할 가능성을 높이기 위해 무엇을 해야 하는가?

| 부록 4 |
ACTIVATE-치료자용 참조 서식

Assess(우울증의 원인을 평가)

- 우울증을 야기한 삶의 여건과 환자가 우울증에 대응하며 발생한 이차적인 문제 행동을 평가한다.
- 현재의 행동들을 활동 및 기분 기록지를 활용해 평가하고 분석한다.

다음의 원칙을 준수:

- 우울증은 삶의 변화와 관련되며, 이에 대한 단기적인 적응법들이 의도치 않게 우울증을 지속시킬 수 있다(원칙 2).
- 어떤 행동이 항우울 효과로 작용할지는 중요한 행동의 선후 관계에서 단서를 찾을 수 있다(원칙 3).

Counter avoidance with structured activation and effective problem solving(구조화된 활동과 효과적인 문제해결을 통해 회피에 대항)

- 우울증 환자의 행동은 일반적으로 도피와 회피의 기능을 지닌다.
- 문제해결 전략을 활용하고, 문제를 해결할 수 있도록 환자를 교육함으로써 회피에 효과적으로 대응할 수 있다.

다음의 원칙을 준수:

- 사람들의 기분을 변화시키는 열쇠는 그들의 행동이 달라지도록 돕는 데 있다(원칙 1).
- 기분이 아닌 계획에 의거하여 활동을 구조화하고 편성하라(원칙 4).

Take time to get specific(행동의 구체화)

- 행동을 명확하게 정의하고 기술한다.
- 문제를 행동적으로 규정한다.
- 구체화한다.

Include Monitoring(활동 관찰)

- 활동 및 기분 기록지를 활용해 환자의 행동과 치료 경과를 파악한다.
- 기록 또는 다른 선호되는 방법을 환자에게 활용해 자신의 행동을 관찰하도록 교육한다.

Validate(환자에 대한 이해 및 타당화)

- 행동활성화 치료자는 항상 환자의 행동과 감정을 이해하고 소통해서 환자의 내적 경험을 타당화한다.
- 행동활성화 치료자는 지속적으로 환자와 상호작용한다.
- 치료자는 비판단적으로 실무적인 상황에 집중하는 태도를 유지한다.

Assign activities(활동과제 부여)

- 활동기록지를 이용해 활동을 부과한다.
- 환자와 함께 목표를 정한다.
- 활동을 단계별로 분할한다.

다음의 원칙을 준수:

- 기분이 아닌 계획에 의거하여 활동을 구조화하고 편성한다(원칙 4).
- 작은 일부터 시작할 때 변화는 쉽게 일어난다(원칙 5).
- 자연히 강화될 수 있는 활동을 강조한다(원칙 6).
- 경청하고, 이해하고, 행동지향적 접근을 고수한다(원칙 9).

Troubleshoot(장애물의 극복)

- 변화의 여정에선 장애물을 마주하기 마련이다. 치료자는 문제해결적 접근법을 활용해 장애물을 극복할 수 있도록 돕고, 환자에게 문제해결 방법을 교육한다.

다음의 원칙을 준수:

- 문제해결을 위한 경험적 접근을 강조하고, 이에 따른 모든 결과가 유용하다는 점을 인지한다(원칙 8).
- 활동을 방해하는 잠재적 또는 실질적 장애물을 해결한다(원칙 10).

Encourage(격려)

- 행동활성화 치료자는 환자가 '밖에서부터 안으로' 변화를 시도할 수 있도록 격려한다.
- 치료자는 긍정적인 태도를 유지한다.

다음의 원칙을 준수:

- 자애로운 코치가 된다(원칙 7).

| 부록 5 |
한글판 우울증의 행동활성화 척도
(Korean version of Behavioral Activation for Depression Scale: K-BADS)

다음 문항을 잘 읽고 오늘을 포함한 지난 한 주 동안 나의 상황에 가장 잘 맞는 문구를 골라 표시하세요.

(0) 전혀 아니다	(1)	(2) 약간 그렇다	(3)	(4) 상당히 그렇다	(5)	(6) 완전히 그렇다

문항	(0) 전혀	(1)	(2) 약간	(3)	(4) 상당히	(5)	(6) 완전히
1. 할 일이 있어도 침대에 오랫동안 누워 있었다.							
2. 꼭 해야 하는데 하지 않은 일들이 있다.							
3. 내가 한 일의 종류와 양에 만족한다.							
4. 나는 광범위하고 다양한 활동에 참여했다.							
5. 나는 어떤 활동 혹은 상황에 참여할지에 대해 좋은 선택을 했다.							
6. 나는 활동적이지만 하루의 목표를 하나도 달성하지 못했다.							
7. 나는 활동적인 사람이고 내가 정한 목표를 완수했다.							
8. 내가 한 일의 대부분은 불쾌한 상황을 피하거나 벗어나기 위함이었다.							
9. 나는 슬픔이나 괴로운 감정을 피하기 위한 일들을 했다.							
10. 나는 어떤 일들은 생각하지 않으려고 노력했다.							
11. 하기 힘들더라도 장기적인 목표에 부합하는 일들은 수행했다.							
12. 어려운 일이더라도 할 가치가 있다면 수행했다.							
13. 나의 걱정거리에 대해 곱씹느라 많은 시간을 소모했다.							
14. 문제를 해결하기 위해 계속 생각했지만 해답을 찾지 못했다.							

〈계속〉

15. 나의 과거나 나에게 상처를 준 사람들, 내가 범한 실수들, 그리고 기억 속의 다른 나쁜 일들에 대해 생각하느라 자주 시간을 보낸다.					
16. 나는 내 친구들을 아무도 만나지 않았다.					
17. 나는 가까운 사람들 속에서도 고립되고 조용히 있었다.					
18. 나는 기회가 있음에도 불구하고 사교적이지 못했다.					
19. 나의 부정적인 성향 때문에 사람들과 멀어졌다.					
20. 나는 사람들과 거리를 두기 위한 일들을 했다.					
21. 단지 너무 지치거나 의욕이 나지 않아 직장/학교/일상/맡은 일들을 멈추고 쉬었다.					
22. 필요한 정도로 활동적이지 못해 직장/학교/일상/맡은 일들에 지장이 있었다.					
23. 나는 매일의 활동을 계획했다.					
24. 나는 불쾌한 감정으로부터 주의를 분산시키기 위한 활동에만 참여했다.					
25. 나는 주변 사람들이 부정적인 감정이나 경험을 얘기할 때 기분이 불쾌해지기 시작한다.					

- 활성화 세부 척도(Activation subscale): 3, 4, 5, 6, 11, 12, 23
- 회피 및 반추 세부 척도(Avoidance/Rumination subscale): 8, 9, 10, 13, 14, 15, 24, 25
- 직무 및 학업적 손실 세부 척도(Work/School Impairment subscale): 1, 2, 6, 21, 22
- 사회적 손실 세부 척도(Social Impairment subscale): 16, 17, 18, 19, 20

- 하위 항목 총점: 역으로 채점하지 않고 합산
- BADS 총점: 활성도 항목을 제외하고 역으로 채점해 합산

J Korean Neuropsychiatr Assoc 2017; 56(2): 89-97
Print ISSN 1015-4817
Online ISSN 2289-0963
www.jknpa.org

| 부록 6a |
행동활성화 치료의 질적 평가척도
(Dimidjian, Hubley, Martell, Herman-Dunn, & Dobson)

치료자: 환자:

회기 일자: 평가 일자:

회기 차수: 평가자:

평가 방식: ☐ 비디오   ☐ 오디오   ☐ 현장

지침: 이 평가지는 행동활성화 치료자 및 치료 전략의 질을 평가하기 위해 고안됨. 각 항목마다 0부터 6까지의 점수로 치료자를 평가해서 옆의 빈칸에 기입. 짝수에 해당되는 점수에 설명을 제공함. 그 사이에 해당되는 평가는 홀수를 선택(1, 3, 5).

만약 주어진 설명이 평가에 적합하지 않을 경우에는 다음의 보다 일반적인 측정 방식을 활용 가능.

0	1	2	3	4	5	6
불량	미흡	적당	만족	양호	매우 양호	훌륭함

치료자가 특정 항목에서 전형적인 본보기에 해당될 경우에 평가는 6점을 부과함.

또한 특정 항목에서 예시가 제공되는 경우(예: 빈도, 기간 등), 이러한 행동을 모두 표시할 필요는 없음. 이들 목록은 특정 항목에서 측정할 수 있는 행동 유형의 예로 제공됨.

첫 회기에서 활동과제의 검토 항목을 제외하고는 빈칸을 모두 기입. 모든 항목에 대해서 환자의 난이도를 감안하며 치료자의 역량에 집중함.

이 내용은 『Behavioral Activation for Depression: A Clinician's Guide, Second Edition(Christopher R. Martell, Sona Dimidjian, Ruth Herman-Dunn)』을 출처로 Dimidjian, Hubley, Martell, Herman-Dunn(2016)의 허가를 받아 재인쇄됐습니다. 저작권은 'The Guilford Press, 2022'에게 있습니다. 이 책의 구매자는 해당 양식을 복사해서 개인적인 용도로 활용하거나 환자와 함께 사용이 가능합니다. 또한 본 양식의 확대된 사본을 다운로드 후 인쇄할 수 있습니다(차례 하단의 문구 참조).

I. 치료의 구조와 양식

치료자가 다음의 구조와 치료적 전략을 따르며 ENLIVEN했는가?

전략	관찰	점수
1. 의제를 설정하고 이행: 환자와 협력적으로 지난 회기 이후의 경과와 현재의 상태를 확인했으며, 회기를 구조화하기 위해 구체적인 의제를 수립하고 이행했는가? 0 의제를 설정하지 않음. 2 모호하거나 불완전한 의제를 설정했고, 지난 회기 이후의 경과나 현재의 상태를 검토하지 않았으며(예: 구두 또는 자가보고식 평가척도로 환자의 기분에 대한 개선이나 악화 여부), 환자의 참여를 독려하지 못함. 4 목표가 될 구체적인 문제를(예: 직무에 대한 불안, 불만족스러운 결혼 생활) 포함한 의제를 환자와 상호적으로 설정했고, 지난 회기 이후의 경과와 현재의 상태를 확인함. 6 목표가 될 구체적인 문제를 포함한 의제를 환자와 상호적으로 설정했고, 지난 회기 이후의 경과와 현재의 상태를 확인했으며, 치료자와 환자에 의해 다뤄진 경우를 제외하고는 회기를 구조화하기 위한 의제를 이행함. **참조:** 이 항목은 의제의 내용이 아닌 의제 설정의 구조적 요소를 평가함. 목표가 부적합하다면 이는 다른 곳에서 감점(항목 12).		
2. 활성화를 장려: 치료적 평가와 개입과 관련해 회기 내내 활성화에 집중하고 이를 장려했는가? 0 치료를 구조화해서 활성화를 장려하는 노력이 없었음. 회기가 방향성을 상실했으며, 환자의 문제나 활성화 목표에 부합하지 않는 무관한 일상적 대화가 이뤄짐. 2 회기에서 부분적으로 활성화에 집중했지만, 치료자가 이를 꾸준히 이어 가는 데 심각한 어려움이 있었음. 환자의 문제나 활성화 목표와 연관이 적은 일상적 대화가 빈번했음. 4 종종 지엽적이거나 비생산적인 대화가 있었지만, 중등도의 숙련도로 환자의 문제와 활성화 목표에 부합하는 치료적 개입 및 활성화에 대한 장려가 있었음. 6 지엽적이거나 비생산적인 대화를 효과적으로 제한하면서 환자의 문제와 활성화를 목표로 치료적 평가와 개입을 적절하고도 능숙히 이행했음(치료적 관계를 유지하기 위한 짧은 여담은 적절한 것으로 판단).		

〈계속〉

참조: 이 항목은 활성화적 개입의 질적 평가가 아닌, 회기에서 활성화에 대한 집중도를 평가함.		
3. 협력적인 자세: 협력적으로 환자와의 논의에 적극적으로 임하고, 함께하는 팀 작업으로 조율을 맞추며, 환자의 회기에 대한 이해를 확인하려는 노력이 있었는가(예: 구체적인 목표나 개입법, 전반적인 행동활성화 모형, 회기의 요점 등)? 0 환자와 협력적인 관계 형성을 위한 노력을 하지 않음(예: 치료자가 회기를 독점; 극도로 수동적이거나 환자에게 반응하지 않음; 회기, 개입법, 목표, 활동과제에 대한 환자의 이해나 반응을 확인하지 않음). 2 환자와 협력하려는 노력을 기울였고, 치료에 대한 환자의 이해도나 만족도를 확인하려고 노력했지만, 이런 과정에 결점이 있었음(예: 환자의 반응에 열린 자세로 일관되게 응하지 못함, 환자에게 의견을 질문했지만 충분한 시간을 할애해 청취하지 않았음, 회기 내에서 환자의 활발한 참여 기회를 놓침, 치료의 전개가 매우 빨라서 환자가 치료를 따라가지 못했음이 분명함). 4 중등도의 숙련도로 환자와 협력했음. 환자가 보인 변화에 반응했고, 적절히 의제를 수정하고 개입함. 회기 내내 치료적 목표와 활동에 대한 환자의 이해를 돕고 의사 결정을 위해 충분히 질문하거나 필요한 정보를 제공했음. 환자와 같은 팀으로 치료의 전개가 원활했음. 6 훌륭함. 회기에서 환자의 적극적인 역할을 격려했고(예: 여러 선택지를 제공함으로써), 팀으로 작업하기 위해 환자와 함께 책임을 공유했음. 치료적 전개 또한 같은 팀으로 훌륭했음. 또한 치료자는 회기 내내 언어적, 비언어적으로 능숙하게 치료를 이끌고 반응했음(예: 회기에 대한 반응을 유도, 정기적으로 이해도를 확인, 회기의 종료 시 요점을 정리하도록 도움, 회기의 요점을 환자가 표현할 수 있도록 기회를 제공).		
4. 비판단적, 실질적 자세: 환자와의 소통에서 비판단적으로 실질적 문제에 집중했는가? 0 환자를 명백히 적대시하고 비하하거나 비판적으로 대했음. 2 비판단적, 실질적 자세가 부족했음(예: 치료적 진척이 더딘 상황에서 절망감이나 부족한 인내심을 보임, 환자가 해야만 하는 일을 권위적으로 얘기함, 환자를 비난, 활동과제의 어려움과 같은 문제들을 직접적으로 다루지 못함). 4 환자와의 소통에서 분명히 비판단적으로 실질적 문제에 집중함. 6 환자가 치료에 낙심하거나 과제의 이행 및 회기의 참석에 어려움을 보이는 도전적 상황에서도 치료자는 비판단적으로 실질적 문제에 집중했음.		

〈계속〉

5. 공감 및 타당화: 환자의 내적 경험을 이해하고, 치료자로서 충
분히 납득할 수 있음을 환자와 소통했는가?

0 환자가 명백히 얘기한 바를 이해하는 데 반복된 어려움이 있었고, 이
에 지속해서 요점을 놓침. 또는 환자에게 중요하거나 의미 있는 내용
을 축소하거나 과소평가함.

2 환자가 명백히 얘기한 바를 반영하거나 다시 언급했지만, 보다 미묘
한 소통에 있어서는 반복해서 어려움이 있음. 경청과 타당화에 대한
역량이 제한적.

4 명백한 얘기뿐만 아니라 미묘한 표현에서도 환자의 내적 경험을 치료
자가 공감하는 것처럼 보임. 적절한 수준에서 문제적 행동이 우울증의
특징으로 나타날 수 있는 바를 효과적으로 타당화했음. 경청과 타당화
에 대한 역량이 양호함.

6 환자의 내적 경험을 치료자가 전적으로 공감하며 충분히 납득됨을 소통
하는 데 능숙함. 적절한 수준에서 과제를 이행하지 못했거나 회기에 빠
지는 상황을 포함한 문제적 행동이 우울증의 특징으로 나타날 수 있는
바를 효과적으로 타당화함. 이러한 이해를 언어적, 비언어적 표현으
로 환자와 소통했음. 경청과 타당화에 대한 역량이 훌륭함.

참조: 만약 치료자가 환자와의 소통에서 분명히 타당화에 노력
을 기울였으나 그러지 못했던 경우도 공존했다면, 점수는
감점이 되어야 하나 0점이 되어서는 안 됨. 회기를 전체적
으로 평가해야 함.

6. 격려: 환자의 경과를 확인하고 격려했는가?

0 회기에서 보인 환자의 모든 보고나 변화를 무시했음.

2 환자의 경과에 대한 언어적 또는 비언어적 격려의 기회를 여러 차례
놓침.

4 환자의 보고나 변화를 언어적 또는 비언어적으로 자주 인정함(예: "대단
한 경과를 보이고 있군요." "훌륭합니다.").

6 작은 발전이나 노력 및 장애물을 마주한 상황을 포함한 거의 대부분의
경우에서 환자의 경과를 인정하고 꾸준히 격려함("당신은 이 문제를 정
말 열심히 다루고 있군요.").

7. 온화한 분위기를 조성: 환자와의 소통에서 자연스럽고도 진실
성 있는 태도로 온화한 분위기를 조성하기 위해 노력했는가?

0 환자의 경험에 성의 없거나 무관심하고 차가운 태도로 응함.

〈계속〉

2 환자의 경험에 성의 없거나 차가운 태도를 뚜렷하게 보이진 않았지만, 전반적으로 거리감이 느껴지며 환자로부터 단절된 모습을 보임.

4 환자에 대한 관심, 흥미, 진실성, 온화함을 만족할 만한 숙련도로 표현함.

6 이 회기의 환자에게 부합하는 관심, 흥미, 진실성, 온화함을 최적의 숙련도로 표현함.

II. 사례 개념화, 치료 전략, 적용

치료자가 행동활성화 모형을 활용해 환자의 활성도를 증진시키고, 핵심적인 치료 전략을 기술적으로 적용했는가?

전략	관찰	점수
8. 치료의 전반에 걸쳐 행동활성화 모형을 활용: 행동활성화 모형을 활용해 치료를 이끌고 환자의 경과나 치료적 난관에 대응했는가? 0 비행동적 모형을 활용해 치료를 이끌었음(예: 우울증의 개선을 위해 왜곡된 사고의 변화를 제안). 2 활성화 전략을 행동활성화 모형에서 벗어나 임의적으로 활용하거나(예: 활동을 제안하지만 기분의 개선을 위한 방식과는 거리가 먼), 환자의 경과에 부합한 활성화의 기회 또는 환자의 어려움에 대한 행동활성화 모형의 재조정 기회를 놓침. 4 중등도의 숙련도로 특정 환자를 위해 행동활성화 모형을 개별화하고, 구체적 개입에 활용하며, 환자의 경과와 활성도의 연결고리를 강조하고, 환자의 어려움에 행동활성화 모형을 적용해 대응함. 6 최적의 숙련도로 특정 환자를 위해 행동활성화 모형을 개별화하고, 구체적 개입에 활용하며, 환자의 경과와 활성도의 연결고리를 강조하고, 환자의 어려움에 행동활성화 모형을 적용해 대응함. **참조:** "4" 또는 "6"으로 평가할 때는 행동활성화 원리의 활용이 명시적이거나 강하게 내포됐어야 함. 예를 들어, 치료자와 환자가 이전 회기에서 반추사고를 줄이기 위한 원리를 논의한 뒤 현재의 회기에서 언급했다면, 이는 행동활성화의 원리를 활용해 치료를 이끌었다는 근거로 볼 수 있음.		
9. 활동과제 검토: 환자에게 부여한 이전의 과제를 검토하고 활용했는가? 0 이전의 과제를 검토하지 않았음. 2 이전의 과제를 적절히 검토하지 못했음(과제와 관련된 환자의 경험을 꼼꼼히 확인하지 못했거나, 미완의 과제를 다루지 못함). 과제에 대해 질문했지만 혼란스러운 모습으로 구체적인 사항을 기억하지 못했음. 4 필요한 경우 문제의 해결을 포함해 중등도의 수준으로 이전의 과제를 상세히 검토했고, 이를 활용해서 현 회기를 안내함.		

〈계속〉

6 필요한 경우 문제의 해결을 포함해 최적의 수준으로 이전의 과제를 상세히 검토했고, 이를 활용해서 현 회기를 안내했으며, 구체적인 활성화 목표에 연결했음(예: 기분과 활동의 연결, 그 양상 등).

참조: 여기서 '활동과제'란 치료에서 주어진 읽기 자료나 자가 관찰 업무, 구체적 활동 모두를 포함. 꼭 '활동과제'라는 용어를 사용할 필요는 없음. 만약에 이전의 회기에서 치료자와 환자가 이행하기로 논의한 사항이 있다면, 이것은 활동과제가 될 수 있음. 또한 이 항목은 첫 회기의 평가에선 적용하지 않음.

10. 문제를 행동적인 관점에서 규명하고 평가: 행동의 위상과 기능에 집중하며 개입의 목표가 될 문제를 규명하고 평가하도록 환자를 도왔는가?

0 행동을 규명하거나 원인 및 결과를 평가하기 위한 질문을 하지 않았음(예: 기분의 변화, 문제적 상황의 악화). 문제를 모호한 용어나 기질적으로 정의함. 명백한 문제를 처리하지 못했음(예: 자살위험, 오남용, 폭력).

2 핵심적인 문제에서 이탈했거나 부적합한 행동의 규명에 집중했음. 행동의 원인과 결과를 평가하기보단 추정했음.

4 문제에 부합하는 주요 행동을 규명하고 치료적 개입을 인도하기 위한 노력으로 문제에 대한 세부 사항(예: 빈도, 기간 등)과 관계적 수반성(예: 행동, 맥락, 정서 등)을 충분히 알 수 있도록 중등도의 숙련도로 질문, 요약했거나 의견을 이끌었음.

6 문제에 부합하는 주요 행동을 규명하고 치료적 개입을 인도하기 위한 노력으로 문제에 대한 세부 사항(예: 빈도, 기간 등)과 관계적 수반성(예: 행동, 맥락, 정서 등) 및 시간과 장소에 따른 행동 양상을 충분히 알 수 있도록 최적의 숙련도로 질문, 요약했거나 의견을 이끌었음.

11. 변화의 가능성이 높은 목표를 선정: 치료에서 긍정적인 변화를 (활성도, 참여도를 높이거나 비적응적, 회피성 행동 양상을 낮추는) 이끌어 낼 가능성이 있는 목표를 선택했는가?

0 회기에서 목표로 삼을 행동을 정하지 않았음.

2 목표 행동을 수립했으나 심각한 결점이 있었음(예: 너무 많은 행동을 목표로 삼거나 무작위적으로 선정, 긍정적인 변화를 이끌어 낼 가능성이 거의 없는 많은 행동을 선택, 변화의 가능성이 높았던 행동을 목표로 삼을 많은 기회를 놓침).

〈계속〉

4 적당한 긍정적인 변화의 가능성이 있는 목표를 선택했음.

6 높은 긍정적인 변화의 가능성이 있는 목표를 선택했음.

참조: 변화의 가능성이 높다는 것은 개별화된 환자의 우울증 행동 모형에서 적용한 사례 개념화를 기반으로 목표를 선택했음을 의미. 변화의 가능성이 높은 목표는 환자가 처한 현재의 상황에서 시작해 활성화를 촉진해 가는 방식을 의미함.

12. 상황에 부합한 전략적 선택: 본 사례의 환자에게 부합하는 활성화 전략을 선택했는가?

0 활성화 전략을 활용하지 않았거나, 행동활성화 모형에 어긋나는 전략을 이용했음.

2 성화 전략을 선택했지만 환자의 문제와 목표에서 이탈했거나, 모호하고 임의적이었음. 활성화 전략은 변화를 유발하기에 전반적으로 부적합했음.

4 환자의 문제나 목표에 부합한 활성화 전략을 선택했음. 전략은 전반적으로 일관되고 변화를 일으키는 데 적합해 보였음.

6 환자의 문제나 목표에 매우 부합된 변화의 가능성이 높은 활성화 전략을 선택했음. 전략은 전반적으로 매우 일관되고 변화의 가능성을 극대화했음.

참조: 이 항목에선 환자의 실질적인 변화 유무나 전략이 얼마나 기술적으로 적용됐는지 평가하는 것이 아닌(항목 14), 변화를 위한 전략적 선택의 질에 집중. 회기에서 보인 전략 외에도 추가로 다른 전략을 선택해서 회기를 강화했는지 여부를 평가에 포함해야 함.

적용된 전략을 이하에서 모두 체크(각각의 정의는 p.289 참조):

__ (a) 목표를 규명하거나 선정

__ (b) 성취감/즐거움과 목표 지향적 행동을 증진하거나, 회피/기분 의존적 행동을 감소하려는 논의

__ (c) 성취감/즐거움과 목표 지향적 행동을 증진하거나, 회피/기분 의존적 행동을 감소하려는 활동의 평가 및 선택

__ (d) 활동을 구조화(예: 과제를 분할, 세분화된 과제를 순차적으로 배열)

__ (e) 활동을 계획

__ (f) 자가 모니터링 과제 부여

〈계속〉

___ (g) 우발적 상황을 관리(환자가 수행할 계획을 포함)

___ (h) 회기에서 새로운 행동을 연습하도록 유도

___ (i) 반추사고를 완화할 대안적 행동을 교육(예: 체감에 집중하기, 마음챙김, 주의분산)

___ (j) 일상 습관의 재정립 또는 정립

___ (k) 기술적 교육

___ (l) 학습을 제공

___ (m) 활동 계획의 장애물을 해결(새로운 과제에서 마주할 잠재적인 문제를 예견하거나, 이전의 과제에서 확인된 문제의 해결책을 찾음)

___ (n) 재발을 방지하기 위해 습득한 바를 공고히 다지고 정리

___ (o) 기타:

13. 활동과제 부여: 환자가 회기 사이에 수행할 하나 이상의 과제를 만들었는가?

0 행동활성화에 관련된 어떠한 과제도 부여할 시도를 하지 않았음.

2 과제를 부여하는 데 큰 어려움이 있었음(예: 과제를 충분히 자세하게 설명하지 못함, 구체적인 시간을 지정하지 않음, 부적합한 활동과제를 부여).

4 행동활성화 과제를 구체적으로 명확히 부여했고(예: 환자가 과제에 할애할 횟수를 포함), 이는 회기에서 논리적으로 상의한 내용에 바탕을 둠.

6 행동활성화 과제를 회기에서 논리적으로 상의한 내용 또는 분명하고도 특정한 근거를 바탕으로 구체적으로 명확히 부여했음. 또한 예견된 장애물을 마주할 경우 어떻게 극복할지 계획했으며, 과제를 적절히 분할하는 데 주의를 기울였음.

참조: 이 항목에서 평가의 초점은 전략적 선택이 아닌, 제시된 특정한 전략을 기반으로 과제를 잘 할당했는지 여부에 둬야 함. 예를 들어, 활동과제가 명확히 부여되지 못했다면, 가능한 활동 목록을 논의하는 과정은(본 항목의 문제해결에 포함될 수 있어도) 여기서 평가에 포함될 수 없음.

14. 치료 전략의 능숙한 적용: 활성화 전략을 기술적으로 잘 적용했는가?

0 어떠한 활성화 전략도 이용하지 못했거나(예: 조용하거나 수동적인 모

〈계속〉

습, 행동적이지 않은 기술의 적용), 활성화 전략을 활용하는 데 치료적
이지 못한 모습이었음(예: 경시, 경멸, 부정, 지시적 태도).

2 활성화 전략을 활용했지만, 그 방식에 중대한 결점이 있었음(예: 부적절
하고 모호함, 과제를 적당히 분할하지 못했음, 경직된 기계적인 접근).

4 중등도의 숙련도로 활성화 전략을 적용했음(예: 활동과제를 세심히 구
조화하고 계획).

6 매우 능숙하고 풍부히 활성화 전략을 적용했음(예: 변화의 과정에서 장
애물을 마주하면서도 꾸준히 효과적으로 활성화를 위해 노력하고, 전
략을 가다듬으며 우발적 상황을 관리하는 것을 포함해, 주어진 상황과
환자의 변수를 고려해서 적응적으로 전략을 활용).

참조: 이 항목에선 치료 전략이 목표에 적합했는지 또는 실제로
변화를 유발했는지가 아닌, 얼마나 기술적으로 적용됐는지
여부를 평가함.

총점: _____

III. 추가적 고려 사항 및 요약 평가

1. (a) 치료 회기에서 어떤 특수한 문제가 발생했는가? (예: 활동과제의 불이행, 치료자와
환자 사이의 관계 문제, 치료에 대한 절망감, 자살 위험, 우울증의 재발)

☐ 예   ☐ 아니요

   (b) '예'라고 답한 경우:

      0 치료자가 문제에 적절히 대응하지 못했음.

      2 대응은 적절했으나, 행동활성화 치료의 전략과 개념에 부합하지 못했음.

      4 중등도의 숙련도로 행동활성화의 구조적 틀을 활용해 문제에 대응하려고 노력했음.

      6 매우 숙련된 자세로 행동활성화의 구조적 틀을 활용해 문제를 다뤘음.

2. 전형적인 행동활성화 치료자의 태도를 견지하기 어려웠던 어떤 특수한 요인이 있었
는가?

☐ 예   ☐ 아니요

   '예'라고 답한 경우는 해당 상황을 기입:

   _____

   _____

3. 이 사례의 환자는 함께 작업하기에 얼마나 어려운 경우에 해당되는가?

0	1	2	3	4	5	6
어렵지 않음/매우 수용적			중등도의 어려움			매우 어려움

4. 행동활성화 치료자로서 본 임상가를 전반적으로 평가한다면 어디에 해당되는가?

0	1	2	3	4	5	6
불량	미흡	적당	만족	양호	매우 양호	훌륭함

5. 치료자의 발전을 위한 의견 및 제안:

(a) 목표를 규명하거나 선정	환자가 원하는 행동적 변화를 규명하고, 활성화를 위한 구체적 목표의 수립을 도왔는가?
(b) 성취감/즐거움과 목표 지향적 행동을 증진하거나, 회피/기분 의존적 행동을 감소하려는 논의	환자와 함께 다음의 (1), (2), (3)을 유발할 활동을 논의했는가? (1) 성취감 및 즐거움을 제공 (2) 참여를 늘리거나 목표 지향적인 행동 (3) 회피 및 기분 의존적 행동의 감소
(c) 성취감/즐거움과 목표 지향적 행동을 증진하거나, 회피/기분 의존적 행동을 감소하려는 활동의 평가 및 선택	환자를 도와 성취감 및 즐거움을 증진하고, 목표 지향적 행동을 늘리며, 회피 및 기분 의존적 행동을 감소시킬 활동을 평가하고 선택했는가? 이는 구체적인 활동의 득/실과 함께 활동의 잠재적 장/단기 결과를 파악하는 것을 포함함.
(d) 활동을 구조화(예: 과제를 분할, 세분화된 과제를 순차적으로 배열)	과제를 더 쉽게 만들거나, 환자가 활동에 참여할 가능성을 높이기 위해 활동의 구조화를 도왔는가?
(e) 활동을 계획	다음 회기에 앞서 특정한 시간(또는 제한된 시간대)에 구체적인 활동을 계획하도록 환자를 도왔는가?
(f) 자가 모니터링 과제 부여	환자에게 상황, 활동, 기분을 관찰해 보도록 권장했는가?
(g) 우발적 상황을 관리(환자가 수행할 계획을 포함)	행동의 촉진을 위한 개입 또는 결과를 변경하는 방식으로써 환자의 행동적 유발을 하나 이상 증진하거나 감소하는 데 도움을 주었는가?
(h) 회기에서 새로운 행동을 연습하도록 유도	활동과제의 참여를 높이거나 치료 목표를 향한 진전을 위해 환자와 함께 외현적인 행동을 연습했는가?

〈계속〉

(i) 반추사고를 완화할 대안적 행동을 교육(예: 체감에 집중하기, 마음챙김, 주의분산)	반추사고를 줄이기 위해 체감에 집중하기, 마음챙김, 주의분산과 같은 행동을 환자에게 교육했는가? 본 평가를 받기 위해서는 이러한 연습이 반추사고를 목표로 이뤄져야 함.
(j) 일상 습관의 재정립 또는 정립	활동을 일상적인 습관으로 통합 또는 재통합할 수 있도록 환자에게 도움을 주었는가? 본 평가를 받기 위해서는 일상의 활동 습관(예: 규칙적 식사 등)을 정립하도록, 또는 새로운 양상의 활성화(예: 매달 독서 모임에 참여)를 이뤄 내도록 환자에게 최소한 1회 이상 격려해야 함.
(k) 기술적 교육	환자에게 자기주장 훈련, 이완 기법, 기타 과제에 적합한 기술 등을 교육했는가(예: 이력서 작성, 금전 관리, 가사 업무, 아이를 대하는 방법 등)?
(l) 학습을 제공	행동적인 변화의 노력과 기분/정서적인 문제에 부합하는 기본적인 활성화 원칙에 대한 정보를 제공했는가? 이 항목은 회기에서 치료자의 적극적인 교육 자세를 내포함. 또한 행동활성화 모형에 기반하고, 기본적인 활성화 원칙을 논의하며, 환자의 이해나 문제의 해결을 돕는 자료를 읽도록 권하는 사항을 포함할 수 있음.
(m) 활동 계획의 장애물을 해결(새로운 과제에서 마주할 잠재적인 문제를 예견하거나, 이전의 과제에서 확인된 문제의 해결책을 찾음)	과제를 수행하거나 장단기 목표를 성취하는 과정에서 환자가 마주할 장애물을 해결했는가? 치료자는 해결책을 실행하는 과정의 잠재적 위험 요인을 강조하고, 그러한 잠재적 장애물을 고려할 수 있도록 환자를 도움. 환자에게 선택된 활동을 상상으로 미리 연습해 보도록, 예견되는 난관을 떠올려 보도록 권할 수 있음. 치료자는 환자가 책무를 이행하고 해결책을 적용하기 위해 장애물을 극복하는 방법을 찾도록 도움. 또한 아직 문제해결의 대상이 되지 않은 미래의 상황을 예측할 수 있도록 환자를 도움.
(n) 재발을 방지하기 위해 습득한 바를 공고히 다지고 정리	우울증의 재발을 최소화하거나 방지하기 위한 계획이나 준비를 할 수 있도록 환자를 도왔는가? 여기서는 회기에서 논의하고 연습한 새로운 행동을 다양한 상황, 설정, 사람, 기분 상태를 포함해 치료 외부의 모든 실제 환경에서 일반화하는 데 중점을 둠.
(o) 기타	환자의 변화를 돕기 위해 치료자가 앞에 언급된 사항 이외의 행동활성화 모형에 부합한 다른 전략을 선택했는가?

| 부록 6b |
행동활성화 치료의 질적 평가척도-약식
(Dimidjian, Hubley, Martell, Herman-Dunn, & Dobson)

치료자: 환자:

회기 일자: 평가 일자:

회기 차수: 평가자:

평가 방식: ☐ 비디오 ☐ 오디오 ☐ 현장

I. 치료의 구조와 양식

1. 의제를 설정하고 이행	0	1	2	3	4	5	6
2. 활성화를 장려	0	1	2	3	4	5	6
3. 협력적인 자세	0	1	2	3	4	5	6
4. 비판단적 자세	0	1	2	3	4	5	6
5. 공감 및 타당화	0	1	2	3	4	5	6
6. 격려	0	1	2	3	4	5	6
7. 온화한 분위기를 조성	0	1	2	3	4	5	6

II. 사례 개념화, 치료 전략, 적용

8. 행동활성화 모형을 활용	0	1	2	3	4	5	6
9. 활동과제 검토	0	1	2	3	4	5	6
10. 문제를 규명하고 평가	0	1	2	3	4	5	6
11. 변화의 가능성이 높은 목표 선정	0	1	2	3	4	5	6

12. 상황에 부합한 전략적 선택	0	1	2	3	4	5	6
13. 활동과제 부여	0	1	2	3	4	5	6
14. 치료 전략의 능숙한 적용	0	1	2	3	4	5	6

총점: _____

III. 추가적 고려 사항 및 요약 평가

1. (a) 치료 회기에서 어떤 특수한 문제가 발생했는가? (예: 활동과제의 불이행, 치료자와 환자 사이의 관계 문제, 치료에 대한 절망감, 자살 위험, 우울증의 재발)

    ☐ 예   ☐ 아니요

    (b) '예'라고 답한 경우:

    　　0 치료자가 문제에 적절히 대응하지 못했음.

    　　2 대응은 적절했으나, 행동활성화 치료의 전략과 개념에 부합하지 못했음.

    　　4 중등도의 숙련도로 행동활성화의 구조적 틀을 활용해 문제에 대응하려고 노력했음.

    　　6 매우 숙련된 자세로 행동활성화의 구조적 틀을 활용해 문제를 다뤘음.

2. 전형적인 행동활성화 치료자의 태도를 견지하기 어려웠던 어떤 특수한 요인이 있었는가?

    ☐ 예   ☐ 아니요

    '예'라고 답한 경우는 해당 상황을 기입:

    _____

    _____

3. 이 사례의 환자는 함께 작업하기에 얼마나 어려운 경우에 해당되는가?

0	1	2	3	4	5	6
어렵지 않음/매우 수용적			중등도의 어려움			매우 어려움

4. 행동활성화 치료자로서 본 임상가를 전반적으로 평가한다면 어디에 해당되는가?

0	1	2	3	4	5	6
불량	미흡	적당	만족	양호	매우 양호	훌륭함

5. 치료자의 발전을 위한 의견 및 제안:

| 부록 7 |
회기 후 충실도 체크리스트
(Dimidjian, Hubley, Herman-Dunn, & Martell)

1. 회기의 구조화	
＿＿ 의제를 설정했는가?	
＿＿ 활성화에 초점을 유지했는가?	
＿＿ 우울증 평가척도를 적용하고 검토했는가?	
＿＿ 지난 한 주의 상황에 병행되고 있는 다른 치료는 무엇인가?	
＿＿ 필요한 경우 지난 회기의 요점을 검토했는가?	
＿＿ 지난 활동과제를 검토했는가?	
＿＿ 새 활동과제를 부여했는가?	
＿＿ 환자에게 치료를 잘 설명했는가? (일반적인 치료 과정이나 구체적인 개입법과 같은)	
＿＿ 환자의 염려나 질문을 확인하고 회기의 요점을 정리해 설명했는가?	
2. 관계적 측면	
＿＿ 환자의 경험을 충분히 이해하고 타당화했는가?	
＿＿ 언어적, 비언어적 소통 모두의 경우에서 비판단적으로 실무에 집중했는가?	
＿＿ 언어적, 비언어적 소통 모두의 경우에서 온화함, 관심, 진심을 표현했는가?	
＿＿ 협력적인 관계를 촉진하면서 환자의 적극적인 참여를 북돋았는가?	
3. 평가	
＿＿ 치료적 평가와 개입을 위해 행동적인 사례 개념화를 이뤘는가?	
＿＿ 개입이 필요한 문제를 행동적으로 정의하고 평가했는가?	

〈계속〉

4. 개입	
____ 환자에게 구체적으로 명확하고 분명한 목표를 안내했는가?	
____ 치료 목표로 삼을 활동 목록의 개발을 인도했는가?	
____ 자기 관찰을 활용하고 학습하도록 안내했는가?	
____ 활동의 구조화를 설명했는가?	
____ 활동 계획에 대해 교육했는가?	
____ 회피에 대항할 수 있도록 인도했는가?	
____ 문제해결에 관한 논의가 있었는가? (일반적인 해결책이나 장단점을 따져 보며 해법을 찾아가는 과정과 같은)	
____ 기분 증진과 목표를 향한 여정에서 우발적 상황에 대한 대책을 안내하는가?	
____ 환자에게 반추를 완화할 수 있는 방법을 교육했는가?	
____ 상황에 적절한 새로운 기술을 교육했는가? (자기주장 훈련이나 양육법과 같은)	
____ 우울증에 대한 전반적인 교육을 제공했는가?	
____ 재발 방지를 목표로 환자 스스로 관리할 수 있는 방법의 개발을 이끌었는가?	
____ 활동과제를 부여하면서 장애물을 예상했는가?	
____ 활동과제의 완수를 방해하는 장애물을 해결했는가?	

참고 문헌

Addis, M. E., & Martell, C. R. (2004). *Overcoming depression one step at a time: The new behavioral activation treatment to getting your life back*. Oakland, CA: New Harbinger.

American Psychiatric Association Workgroup on Major Depressive Disorder. (2000). *Practice guideline for the treatment of patients with major depressive disorder*. Washington, DC: American Psychiatric Association. Available at www.psych.org/psych_pract/treatg/pg/Depression2e.book.cfm.

Antony, M. M., Orsillo, S. M., & Roemer, L. (2001). *Practitioner's guide to empirically based measures of anxiety*. New York: Kluwer Academic/Plenum Press.

Bandura, A., & Schunk, D. H. (1981). Cultivating competence, self-efficacy, and intrinsic interest through proximal self-motivation. *Journal of Personality and Social Psychology, 41*(3), 586-598.

Barlow, D. H., Allen, L. B., & Choate, M. L (2004). Toward a unified treatment of Emotional disorders. *Behavior Therapy, 35*, 205-230.

Barlow, D. H., Farchone, T. J., Sauer-Zavala, S., Murray Latin, H., Ellard, K., Bullis, J. R., et al. (2017). *Unified protocol for transdiagnostic treatment of emotional disorders: Therapist's guide* (2nd ed.). Oxford, UK: Oxford University Press.

Beck, A. T., Epstein, N., Brown, G., & Steer, R. A. (1988). An inventory for measuring clinical anxiety. *Journal of Consulting and Clinical Psychology, 56*, 893-897.

Beck, A. T., Rush, A. J., Shaw, B. F., & Emery, G. (1979). *Cognitive therapy of depression*. New York: Guilford Press.

Beck, A. T., & Steer, R. A. (1987). *Beck Depression Inventory: Manual*. San Antonio, TX: Psychological Corporation.

Beck, J. S. (2021). *Cognitive behavior therapy: Basics and beyond* (3rd ed.). New York: Guilford Press.

Benson-Flórez, G., Santiago-Rivera, A., & Nagy, G. (2016). Culturally adapted behavioral activation: A treatment approach for a Latino family. *Clinical Case Studies, 16*, 9-24.

Biglan, A., & Dow, M. G. (1981). Toward a second-generation model: A Problem-specific approach. In L. P. Rehm (Ed.), *Behavior therapy for depression: Present status and future directions* (pp. 97-121). New York: Academic Press.

Blustein, D. L. (2008). The role of work in psychological health and well-being. *American Psychologist, 63*, 228-240.

Bongar, B. (2002). *The suicidal patient: Clinical and legal standards of care* (2nd ed.). Washington, DC: American Psychological Association.

Bonow, J. T., & Folette, W. C. (2009). Beyond values clarification: Addressing client values in clinical behavior analysis. *The Behavior Analyst, 32*, 69-84.

Borkovec, T. D., Alcaine, O. M., & Behar, E. (2004). Avoidance theory of worry and generalized anxiety disorder. In R. G. Heimberg, C. L. Turk, & D. S. Mennin (Eds.), *Generalized anxiety disorder: Advances in research and practice* (pp. 77-108). New York: Guilford Press.

Boswell, J. F., Kraus, D. R., Miller, S. D., & Lambert, M. J. (2015). Implementing routine outcome monitoring in clinical practice: Benefits, challenges, and solutions. *Psychotherapy Research, 25*, 6-19.

Brown, W. J., Ford, J. H., Burton, N. W., Marshall, A. L., & Dobson, A. J. (2005). Prospective study of physical activity and depressive symptoms in middle-aged women. *American Journal of Preventive Medicine, 29*(14), 265-272.

Caldwell, L. L. (2005). Leisure and health: Why is leisure therapeutic? British *Journal of Guidance and Counselling, 33*(1), 7-26.

Carek, P. J., Laibstain, S. E., & Carek, S. M. (2011). Exercise for the treatment of depression and anxiety. *International Journal of Psychiatry in Medicine, 4*(1), 14-28.

Castonguay, L. G., Goldfried, M. R., Wiser, S., Raue, P. J., & Hayes, A. M. (1996). Predicting the effect of cognitive therapy for depression: A study of unique and common factors. *Journal of Consulting and Clinical Psychology, 64*, 497-504.

Chomsky, N. (1959). A review of B. F. Skinner's Verbal Behavior. *Language, 35*, 26-58.

Chowdhary, N., Arpita, A., Dimidjian, S., Shinde, S., Weobong, B., Balaji, M., et al. (2016). The Healthy Activity Program lay counsellor delivered treatment for severe depression in India: Systematic development and randomized evaluation. *British Journal of Psychiatry, 208*(4), 381-388.

Chung, J. C. C. (2004). Activity participation and well-being of people with dementia in long-term-care settings. *OTJR: Occupation, Participation, and Health, 24*(1), 22-31.

Clark, D. A, & Beck, A. T. (2010). Cognitive theory and therapy of anxiety and depression: Convergence with neurobiological findings. *Trends in Cognitive Sciences, 14*(9), 418-424.

Constantino, M. J., Bosswell, J. F., Bernecker, S. L., & Castonguay, L. G. (2013). Context-responsive psychotherapy integration as a framework for a unified clinical science: Conceptual and empirical considerations. *Journal of Unified Psychotherapy and Clinical Science, 2*, 1-20.

Constantino, M. J., Vîslă, A., Coyne, A. E., & Boswell, J. F. (2018). A meta-analysis of the association between patients' early treatment outcome expectation and their posttreatment outcomes. *Psychotherapy, 55*, 473-485.

Craske, M. G. (2012). Transdiagnostic treatment for anxiety and depression. *Depression and Anxiety, 29*, 749-753.

Cuijpers, P., Berking, M., Andersson, G., Quigley, L., Kleiboer, A., & Dobson, K. S. (2013).

A meta-analysis of cognitive behavioural therapy for adult depression, alone and in comparison with other treatments. *Canadian Journal of Psychiatry, 58*(7), 376-385.

Dahl, J. C., Plumb, J. C., Stewart, I., & Lundgren, T. (2009). The art and science of valuing in psychotherapy: *Helping clients discover, explore, and commit to valued action using acceptance and commitment therapy*. Oakland, CA: New Harbinger.

Dahne, J., Kustanowitz, J., & Lejuez, C. W. (2018). Development and preliminary feasibility study of a brief behavioral activation mobile application (behavioral apptivation) to be used in conjunction with ongoing therapy. *Cognitive and Behavioral Practice, 25*, 44-56.

DeRubeis, R. J., Hollon, S. D., Amsterdam, J. D., Shelton, R. C., Young, P. R., Salomon, R. M., et al. (2005). Cognitive therapy vs. medications in the treatment of moderate to severe depression. *Archives of General Psychiatry, 62*, 409-416.

DeRubeis, R. J., Siegle, G. J., & Hollon, S. D. (2008). Cognitive therapy versus medication for depression: Treatment outcomes and neural mechanisms. *Nature Reviews Neuroscience, 9*, Article 10. Retrieved from www.nature.com/nrn/ journal/v9/n10/index.html.

Dichter, G. S., Felder, J. N., & Smoski, M. J. (2010). The effects of brief behavioral activation therapy for depression on cognitive control in affective contexts: An fMRI investigation. *Journal of Affective Disorders, 126*(1-2), 236-244.

Dichter, G. S., Gibbs, D., & Smoski, M. J. (2015). A systematic review of relations between resting-state functional-MRI and treatment response in major depressive disorder. *Journal of Affective Disorders, 172*, 8-17.

Dimidjian, S. (2000, June 2). Skepticism, compassion, and the treatment of depression. *Prevention and Treatment, 3*, Article 26. Retrieved from journals.apa.org/pt/ prevention/volume3/pre0030026c.html.

Dimidjian, S., Goodman, S. H., Sherwood, N. E., Simon, G. E., Ludman, E., Gallop, R., et al. (2017). A pragmatic randomized clinical trial of behavioral activation for depressed pregnant women. *Journal of Consulting and Clinical Psychology, 85*(1),

26-36.

Dimidjian, S., Hollon, S. D., Dobson, K. S., Schmaling, K. B., Kohlenberg, R. J., Addis, M. E., et al. (2006). Randomized trial of behavioral activation, cognitive therapy, and antidepressant medication in the acute treatment of adults with major depression. *Journal of Consulting and Clinical Psychology, 74*(4), 658-670.

Dimidjian, S., Hubley, S., Martell, C. R., & Herman-Dunn, R. (2016). *Quality of Behavioral Activation Scale.* Unpublished manuscript, University of Colorado, Boulder.

Dimidjian, S., Martell, C. R., Addis, M. E., & Herman-Dunn, R. (2008). Behavioral activation for depression. In D. H. Barlow (Ed.), *Clinical handbook of psychological disorders: A step-by-step treatment manual* (4th ed., pp. 328-364). New York: Guilford Press.

Dishman, R. K., Berthoud, H.-R., Booth, F. W., Cotman, C. W., Edgerton, V. R., Fleshner, M. R., et al. (2006). *Neurobiology of exercise. Obesity, 14,* 345-356.

Dobson, K. S., Hollon, S. D., Dimidjian, S., Schmaling, K. B., Kohlenberg, R. J., Gallop, R. J., et al. (2008). Randomized trial of behavioral activation, cognitive therapy, and antidepressant medication in the prevention of relapse and recurrence in major depression. *Journal of Consulting and Clinical Psychology, 76*(3), 468-477.

Dollard, J., & Miller, N. E. (1950). Personality and psychotherapy: *An analysis in terms of learning, thinking, and culture.* New York: McGraw-Hill.

Drisko, J. W. (2004). Common factors in psychotherapy outcome: Meta-analytic findings and their implications for practice and research. *Families in Society, 85,* 81-90.

Dudley R., Kuyken, W., & Padesky, C. A. (2011). Disorder specific and trans-diagnostic case conceptualization. *Clinical Psychology Review, 31,* 213-224.

Dunn, A. L., Trivedi, M. H., Kampert, J. B., Clark, C. G., & Chambliss, H. O. (2005). Exercise treatment for depression: Efficacy and dose-response. *American Journal of Preventive Medicine, 28*(1), 1-8.

D'Zurilla, T. J., & Goldfried, M. R. (1971). Problem solving and behavior modification. *Journal of Abnormal Psychology, 78*, 107-128.

D'Zurilla, T. J., & Nezu, A. M. (1982). Social problem solving in adults. In P. C. Kendall (Ed.), *Advances in cognitive-behavioral research and therapy* (Vol. 1, pp. 201-274). New York: Academic Press.

D'Zurilla, T. J., & Nezu, A. M. (1999). Problem-solving therapy: *A social competence approach to clinical intervention* (2nd ed.). New York: Springer.

Ekers, D., Webster, L, Van Straten, A., Cuijpers, P., Richards, D., & Gilbody, S. (2014). Behavioural activation for depressioin: An update of meta-analysis of effectiveness and sub group analysis. *PLoS One, 9*(6), e100100.

Elkin, I., Shea, T., Watkins, J. T., Imber, S. C., Sotsky, S. M., Collins, J. F., et al. (1989). NIMH Treatment of Depression Collaborative Research Program. *Archives of General Psychiatry, 46*, 971-982.

Ellsworth, J. R., Lambert, M. J., & Johnson, J. (2006). A comparison of the Outcome Questionnaire-45 and Outcome Questionnair-30 in classification and prediction of treatment outcome. *Clinical Psychology and Psychotherapy, 13*, 380-191.

Etherton, J. L., & Farley, R. (2020). Behavioral Activation for PTSD: A meta-analysis. *Psychological Trauma: Theory, Research, Practice, and Policy*. Advance online publication.

Ferster, C. B. (1973). A functional analysis of depression. *American Psychologist, 28*, 857-870.

Ferster, C. B. (1974). Behavioral approaches to depression. In R. J. Friedman & M. M. Katz (Eds.), *The psychology of depression: Contemporary theory and research* (pp. 29-45). Washington, DC: New Hemisphere.

Fuchs, C. Z., & Rehm, L. P. (1977). A self-control behavior therapy program for depression. *Journal of Consulting and Clinical Psychology, 45*, 206-215.

Furmark, T., Tillfors, M., Marteinsdottir, I., Fischer, H., Pissiota, A., Lågströ, B., & Fredrikson, M. (2002). Common changes in cerebral blood flow in patients with social phobia treated with citalopram or cognitive-behavioral therapy. *Archives of General Psychiatry, 59*, 425-433.

Goldapple, K., Segal, Z., Garson, C., Lau, M., Bieling, P., Kennedy, H., et al. (2004). Modulation of cortical-limbic pathways in major depression. *Archives of General Psychiatry, 61*, 34-41.

Gollwitzer, P. M. (1999). Implementation intentions: Strong effects of simple plans. *American Psychologist, 54*, 493-503.

Gollwitzer, P. M., & Brandstätter, V. (1997). Implementation intentions and effective goal pursuit. *Journal of Personality and Social Psychology, 73*, 186-199.

Gortner, E. T., Gollan, J. K., Dobson, K. S., & Jacobson, N. S. (1998). Cognitive-behavioral treatment for depression: Relapse prevention. *Journal of Consulting and Clinical Psychology, 66*(2), 377-384.

Gotlib, I. H., & Asarnow, R. F. (1979). Interpersonal and impersonal problem-solving skills in mildly and clinically depressed university students. *Journal of Consulting and Clinical Psychology, 47*, 86-95.

Hames, J. L., Hagan, C. R., & Joiner, T E. (2013). Interpersonal processes in depression. *Annual Review of Clinical Psychology, 9*, 355-377.

Hayes, S. C., Barnes-Holmes, D., & Roche, B. (2001). *Relational frame theory: A post-Skinnerian account of human language and cognition*. New York: Kluwer Academic/Plenum Press.

Hayes, S. C., & Brownstein, A. J. (1986). Mentalism, behavior-behavior relations, and a behavior-analytic view of the purposes of science. *The Behavior Analyst, 9*, 175-190.

Hayes, S. C., & Hofmann, S. G. (Eds.). (2018). *Process-based CBT: The science and core clinical competencies ofcognitive behavioral therapy*. Oakland, CA: New Harbinger.

Hayes, S. C., Luoma, J. B., Bond, F. W., Masuda, A., & Lillis, J. (2006). Acceptance and commitment therapy: Model, process and outcomes. *Behaviour Research and*

Therapy, 44, 1-25.

Hayes, S. C., Strosahl, K. D., & Wilson, K. G. (2011). *Acceptance and commitment therapy: The process and practice of mindful change* (2nd ed.). New York: Guilford Press.

Hofmann, S. G., & Hayes, S. C. (2019). The future of intervention science: Process-based therapy. *Clinical Psychological Science, 7*, 37-50.

Hollon, S. D., Jarrett, R. B., Nierenberg, A. A., Thase, M. E., Trivedi, M., & Rush, A. J. (2005). Psychotherapy and medication in the treatment of adult and geriatric depression: Which monotherapy or combined treatment? *Journal of Clinical Psychiatry, 66*, 455-468.

Hollon, S. D., Stewart, M. O., & Strunk, D. (2006). Enduring effects of cognitive behavior therapy in the treatment of depression and anxiety. *Annual Review of Psychiatry, 57*, 285-315.

Hollon, S. D., Thase, M. E., & Markowitz, J. C. (2002). Treatment and prevention of depression. *Psychological Science in the Public Interest, 3*, 39-77.

Hopko, D. R., Armento, M. E. A., Roberston, S. M. C., Ryba, M. M., Carvalho, J. P., Colman, L. K., et al. (2011). Brief behavioral activation and problem-solving therapy for depressed breast cancer patients: Randomized trial. *Journal of Consulting and Clinical Psychology, 79*(6), 834-849.

Hopko, D. R., & Lejuez, C. W. (2007). *A cancer patient's guide to overcoming depression and anxiety: Getting through treatment and getting back to your life.* Oakland, CA: New Harbinger.

Hopko, D. R., Lejuez, C. W., Ruggiero, K. J., & Eifert, G. H. (2003). Contemporary behavioral activation treatments for depression: Procedures, principles, and progress. *Clinical Psychology Review, 23*, 699-717.

Huguet, A., Rao, S., McGrath, P. J., Wozney, L., Wheaton, M., Conrod, J., et al. (2016). A systematic review of cognitive behavioral therapy and behavioral activation apps for depression. *PLoS One, 11*(5), e0154248.

Jacobson, N. S., Dobson, K. S., Truax, P. A., Addis, M. E., Koerner, K., Gollan, J. K., et al.

(1996). A component analysis of cognitive-behavioral therapy for depression. *Journal of Consulting and Clinical Psychology, 64*(2), 295-304.

Jacobson, N. S., & Gortner, E. T. (2000). Can depression be de-medicalized in the 21st century: Scientific revolutions, counter-revolutions and the magnetic field of normal science. *Behaviour Research and Therapy, 38*, 103-117.

Jacobson, N. S., & Margolin, G. (1979). *Marital therapy: Strategies based on social learning and behavior exchange principles.* New York: Brunner/Mazel.

Jacobson, N. S., Martell, C. R., & Dimidjian, S. (2001). Behavioral activation treatment for depression: Returning to contextual roots. *Clinical Psychology: Science and Practice, 8*(3), 255-270.

Jarrett, R. B., Vittengl, J. R., & Clark, L. A. (2008). Preventing recurrent depression. In M. A. Whisman (Ed.), *Adapting cognitive therapy for depression: Managing complexity and comorbidity* (pp. 132-156). New York: Guilford Press.

Jobes, D. A. (2006). *Managing suicidal risk: A collaborative approach.* New York: Guilford Press.

Jordans, M. J. D., Garman, E. C., Luitel, N. P., Kohrt, B. A., Lund, C., Patel, V., & Tomlinson, M. (2020). Impact of integrated district level mental health care on clinical and functioning outcomes of people with depression and alcohol use disorder in Nepal: A non-randomised controlled study. *BMC Psychiatry, 20*, 451.

Kabat-Zinn, J. (1994). *Wherever you go, there you are: Mindfulness meditation in everyday life.* New York: Hyperion.

Kanfer, F. H. (1970). Self-regulation: Research issues and speculations. In C. Neuringer & J. L. Michael (Eds.), Behavior modification in clinical psychology (pp. 178-220). New York: Appleton-Century-Crofts. As cited in Rehm, L. P. (1977). *A self-control model of depression. Behavior Therapy, 8*, 787-804.

Kanter, J. W., Mulick, P. S., Busch, A. M., Berlin, K. S., & Martell, C.R. (2007). The Behavioral Activation for Depression Scale (BADS): Psychometric properties and factor structure. *Journal of Psychopathology and Behavioral Assessment, 29*(3), 191-

202.

Kanter, J. W., Puspitasari, A. J., Santos, M. M., & Nagy, G. A. (2014). Social work and behavioral activation. In M. Boone (Ed.), *Mindfulness and acceptance in social work* (pp. 101-122). Oakland, CA: New Harbinger.

Kelly, G. A. (1955). *The psychology of personal constructs* (Vol. 2). New York: Norton.

Kohlenberg, R. J., & Tsai, M. (1991). *Functional analytic psychotherapy: A guide for creating intense and curative therapeutic relationships*. New York: Plenum Press.

Kroenke, K., Spitzer, R. L., & Williams, J. B. W. (2001). The PHQ-9: Validity of a brief depression severity measure. *Journal of General Internal Medicine, 16*(9), 606-613.

Lambert, M. J., Burlingame, G. M., Umphress, V., Hansen, N. B., Vermeersch, D. A., Cluse, G. C., & Yanchar, S. C. (1996). The reliability and validity of the outcome questionnaire. *Clinical Psychology and Psychotherapy, 3*, 249-258.

Lejuez, C. W., Hopko, D. R., Acierno, R., Daughters, S. B., & Pagoto, S. L. (2011). Ten year revision of the brief behavioral activation treatment for depression: Revised treatment manual. *Behavior Modification, 35*(2), 111-162.

Lewinsohn, P. M. (1974). A behavioral approach to depression. In R. M. Friedman & M. M. Katz (Eds.), *The psychology of depression: Contemporary theory and research* (pp. 157-185). New York: Wiley.

Lewinsohn, P. M. (2001). Lewinsohn's model of depression. In W. E. Craighead & C. B. Nemeroff (Eds.), *The Corsini encyclopedia of psychology and behavioral science* (3rd ed., pp. 442-444). New York: Wiley.

Lewinsohn, P. M., Biglan, A., & Zeiss, A. S. (1976). Behavioral treatment of depression. In P. O. Davidson (Ed.), *The behavioral management of anxiety, depression and pain* (pp. 91-146). New York: Brunner/Mazel.

Lewinsohn, P. M., & Graf, M. (1973). Pleasant activities and depression. *Journal of Consulting and Clinical Psychology, 41*, 261-268.

Lewinsohn, P. M., Hoberman, H. M., Teri, L., & Hautzinger, M. (1985). An integrative theory of unipolar depression. In S. Reiss & R. R. Bootzin (Eds.), *Theoretical issues in behavioral therapy* (pp. 313–359). New York: Academic Press.

Lewinsohn, P. M., & Libet, J. (1972). Pleasant events, activity schedules and depressions. *Journal of Abnormal Psychology, 79,* 291–295.

Linehan, M. M. (1993). *Cognitive-behavioral treatment of borderline personality disorder.* New York: Guilford Press.

Linehan, M. M. (2006). Foreword. In A. M. Levinthal & C. R. Martell, *The myth of depression as disease: Limitations and alternatives to drugs* (pp. ix–xi). New York: Praeger.

Locke, E. A., & Latham, G. P. (1990). *A theory of goal setting and task performance.* Englewood Cliffs, NJ: Prentice-Hall.

Lucas, R. E., Clark, A. E., Georgellis, Y., & Diener, E. (2004). Unemployment alters the set-point for life satisfaction. *Psychological Science, 39,* 8–13.

Lundahl, B., & Burke, B. L. (2009). The effectiveness and applicability of moti-vational interviewing: A practice-friendly review of four meta-analyses. *Journal of Clinical Psychology, 65,* 1232–1245.

Mace, F. C., & Kratochwill, T. R. (1985). Theories of reactivity in self-monitoring. *Behavior Modification, 9,* 323–343.

MacPhillamy, D. J., & Lewinsohn, P. M. (1982). The pleasant events schedule: Studies in reliability, validity, and scale intercorrelation. *Journal of Consulting and Clinical Psychology, 50,* 363–380.

Magidson, J. F., Roberts, B. W., Collado-Rodriguez, A., & Lejuez, C. W. (2014). Theory-driven intervention for changing personality: Expectancy value theory, behavioral activation, and conscientiousness. *Developmental Psychology, 50,* 1442–1450.

Mallinckrodt, B., & Bennet, J. (1992). Social support and the impact of job loss in dislocated blue-collar workers. *Journal of Counseling Psychology, 39,* 482–489.

Manos, R., C., Kanter, J. W., & Luo, W. (2011). The Behavioral Activation for Depression Scale-Short Form: Development and validation. *Behavior Therapy, 42*(4), 726–739.

Marlatt, G. A., & Gordon, J. R. (1985). *Relapse prevention: Maintenance strategies in the treatment of addictive behaviors*. New York: Guilford Press.

Martell, C. R. (1988). Assessment of relevant stimuli affecting generalization in social skills training for retarded adults. *Dissertation Abstracts International, 49*(5-A), 1098.

Martell, C. R., Addis, M. E., & Jacobson, N. S. (2001). *Depression in context: Strategies for guided action*. New York: Norton.

Mather, A. S., Rodriguez, C., Guthrie, M. F., McHarg, A. M., Reid, I. C., & McMurdo, M. T. (2002). Effects of exercise on depressive symptoms in older adults with poor responsive depressive disorder: Randomized controlled trial. *British Journal of Psychiatry, 180*, 411-415.

Miller, W. R., & Rollnick, S. (2013). *Motivational interviewing: Helping people change* (3rd ed.). New York: Guilford Press.

Moradveisi, L., Huibers, M. J., Renner, F., Arasteh, M., & Arntz, A. (2013). Behavioral activation v. antidepressant medication for treating depression in Iran: Randomized trial. *British Journal of Psychiatry, 202*(3), 204-211.

Mynors-Wallis, L. M., Gath, D., Davies, I., Gray, A., & Barbour, F. (1997). A randomized controlled trial and cost analysis of problem-solving treatment given by community nurses for emotional disorders in primary care. *British Journal of Psychiatry, 170*, 113-119.

Naar, S., & Safren, S. E. (2017). *Motivational interviewing and CBT: Combining strategies for maximum effectiveness*. New York: Guilford Press.

Nakatani, E., Nakgawa, A., Ohara, Y., Goto, S., Uozumi, N., Iwakiri, M., et al. (2003). Effects of behavior therapy on regional cerebral blood flow in obsessive-compulsive disorder. *Psychiatry Research: Neuroimaging, 124*, 113-120.

Nezu, A. M. (1987). A problem-solving formulation of depression: A literature review and proposal of a pluralistic model. *Clinical Psychology Review, 7*, 122-144.

Nezu, A. M. (2004). Problem solving and behavior therapy revisited. *Behavior Therapy, 35*, 1-33.

Nezu, A. M., & Nezu, C. M. (2019). *Emotion-centered problem-solving therapy: Treatment guidelines.* New York: Springer.

Nezu, A. M., Nezu, C. M., & Gerber, H. R. (2019). (Emotion-centered) problem-solving therapy: An update. *Australian Psychologist, 2019,* 1-11.

Nezu, A. M., Ronan, G. F., Meadows, E. A., & McClure, K. S. (2000). *Practitioner's guide to empirically based measures of depression.* New York: Kluwer Academic/Plenum Press.

Nolen-Hoeksem a, S. (2000). The role of rumination in depressive disorders and mixed anxiety/depressive symptoms. *Journal of Abnormal Psychology, 109,* 504-511.

Nolen-Hoeksema, S., Morrow, J., & Fredrickson, B. L. (1993). Response styles and the duration of episodes of depressed mood. *Journal of Abnormal Psychology, 102,* 20-28.

Nolen-Hoeksema, S., Parker, L., & Larson, J. (1994). Ruminative coping with depressed mood following a loss. *Journal of Personality and Social Psychology, 67,* 92-104.

Nyström, M. B. T., Stenling, A., Sjötrö, E., Neeley, G., Lindners, P., Hassmé, P., et al. (2017). Behavioral activation versus physical activity via the Internet: A randomized controlled trial. *Journal of Affective Disorders, 215,* 85-93.

Patel, V., Weobong, B., Weiss, H. A., Anand, A., Bhat, B., Katti, B., et al. (2017). The Heatlhy Activity Program (HAP), a lay counsellor-delivered brief psychological treatment for severe depression, in primary care in India: A randomized controlled trial. *Lancet, 389,* 176-185.

Pavlov, I. (1927). *Conditioned reflexes.* (G. V. Anrep, Trans.). London: Oxford University Press.

Persons, J. B. (2008). *The case formulation approach to cognitive-behavior therapy.* New York: Guilford Press.

Plumb, J. C., Stewart, I., Dahl, J., & Lundgren, T. (2009). In search of meaning: Values in modern clinical behavior analysis. *The Behavior Analyst, 32*(1), 85-103.

Premack, D. (1959). Toward empirical behavior laws: I. Positive reinforcement.

Psychological Review, 66, 219-233.

Rehm, L. P. (1977). A self-control model of depression. *Behavior Therapy, 8*, 787-804.

Richards, D. A., Rhodes, S., Ekers, D., McMillan, D., Taylor, R. S., Byford, S., et al. (2017). Cost and outcome of BehaviouRal Activation (COBRA): A randomized controlled trial of behavioural activation versus cognitive-behavioural therapy for depression. *Health Technology Assessment, 21*(46), 1-366.

Rizvi, S. L., & Linehan, M. M. (2005). The treatment of maladaptive shame in borderline personality disorder: A pilot study of "opposite action." *Behavior Therapy, 12*(4), 437-447.

Santiago-Rivera, A., Kanter, J., Benson, G., Derose, T., Illes, R., & Reyes, W. (2008). Behavioral activation as an alternative treatment approach for Latinos with depression. *Psychotherapy Research, Theory, Practice, Training, 45*(2), 173-185.

Sartre, J. P. (1970). Intentionality: A fundamental idea of Husserl's phenomenology. (J. P. Fell, Trans.). *Journal of the British Society for Phenomenology, 1*, 4-5. As cited in Shahar, G., & Govrin, A. (2017). Psychodynamizing and existentializing cognitive-behavioral interventions: The case of behavioral activation. *Psychotherapy, 54*(3), 267-272.

Schoeppe, S., Alley, S., Van Lippevelde, W., Bray, N. A., Williams, S. L., Duncan, M. J., et al. (2016). Efficacy of interventions that use apps to improve diet, physical activity and sedentary behavior: A systematic review. *International Journal of Behavioral Nutrition and Physical Activity, 13*(1), 127.

Schuch, F. B., Stubbs, B., Meyer, J., Heissel, A., Zech, P., Vancampfort, D., et al. (2019). Physical activity protects from incident anxiety: A meta-analysis of prospective cohort. *Depression and Anxiety, 36*(9), 846-858.

Schwartz, J. M., Stoessel, P. W., Baxter, L. R., Jr., Martin, K. M., & Phelps, M. E. (1996). Systematic changes in cerebral glucose metabolic rate after successful behavior modification treatment of obsessive-compulsive disorder. *Archives of General Psychiatry, 53*, 109-113.

Scogin, F., Jamison, C., & Gochneaur, K. (1989). Comparative efficacy of cognitive and behavioral bibliotherapy for mildly and moderately depressed older adults. *Journal of Consulting and Clinical Psychology, 57*, 403-407.

Segal, Z. V., Williams, J. M. G., & Teasdale, J. D. (2013). *Mindfulness-based cognitive therapy for depression* (2nd ed.). New York: Guilford Press.

Seminowicz, D. A., Mayberg, B. S., McIntosh, A. R., Goldapple, K., Kennedy, S., Segal, Z., et al. (2004). Limbic-frontal circuitry in major depression: A path modeling meta-analysis. *NeuroImage, 22*, 409-418.

Shahar, G., & Govrin, A. (2017). Psychodynamizing and existentializing cognitive-behavioral interventions: The case of behavioral activation. *Psychotherapy, 54*(3), 267-272.

Shen, G. H. C., Alloy, L. B., Abramson, L. Y., & Sylvia, L. G. (2008). Social rhythm regularity and the onset of affective episodes in bipolar spectrum individuals. *Bipolar Disorders, 10*, 520-529.

Singla, D., R., Hollon, S. D., Fairburn, C. G., Dimidjian, S., & Patel, V. (2019). The roles of early response and sudden gains on depression outcomes: Findings from a randomized controlled trial of behavioral activation in Goa, India. *Clinical Psychological Science, 7*(4), 768-777.

Skinner, B. F. (1957). *Verbal behavior.* New York: Appleton-Century-Crofts.

Skinner, B. F. (1974). *About behaviorism.* New York: Knopf.

Spitzer, R. L., Kroenke, K., Williams, J. B. W., & Löwe, B. (2006). A brief measure for assessing generalized anxiety disorder: The GAD-7. *Archives of Internal Medicine, 166*(10), 1092-1097.

Stein, A. T., Carl, E., Cuijpers, P., Karyotaki, E., & Skits, J. A. J. (2020). Looking beyond depression: A meta-analysis of the effect of behavioral activation on depression, anxiety, and activation. *Psychological Medicine.* Advance online publication.

Stokes, T. F., & Baer, D. M. (1977). An implicit technology of generalization. *Journal of Applied Behavior Analysis, 10*, 349-367.

Sulzer-Azaroff, B., & Mayer, G. R. (1991). *Behavior analysis for lasting change*. New York: Holt, Rinehart & Winston.

Sutherland, A. (2008). What Shamu taught me about life, love, and marriage: *Lessons for people from animals and their trainers*. New York: Random House.

Treynor, W., Gonzalez, R., & Nolen-Hoeksema, S. (2003). Rumination reconsidered: A psychometric analysis. *Cognitive Therapy and Research, 27*(3), 247-259.

Töneke, N. (2010). *Learning RFT: An introduction to relational frame theory and its clinical application*. Oakland, CA: New Harbinger.

Valenstein, E. S. (1998). *Blaming the brain*. New York: Free Press.

Wagner, A. W., Jakupcak, M., Kowalski, H. M., Bittinger, J. N., & Golshan, S. (2019). Behavioral activation as a treatment for Posttraumatic stress disorder among returning veterans: A randomized trial. *Psychiatric Services, 70*(10), 867-873.

Warwar, S. H., Links, P. S., Greenberg, L., & Bergmans, Y. (2008). Emotion-focused principles for working with borderline personality disorder. *Journal of Psychiatric Practice, 14*, 94-104.

Watkins, E. R. (2016). *Rumination-focused cognitive-behavioral therapy for depression*. New York: Guilford Press.

Watkins, E. R., Scott, J., Wingrove, J., Rimes, K. A., Bathurst, N., Steiner, H., et al. (2008). Rumination-focused cognitive behaviour therapy for residual depression: A case series. *Behaviour Research and Therapy, 45*, 2144-2154.

Watson, D. L., & Tharp, R. G. (2002). *Self-directed behavior: Self-modification for personal adjustment*. Belmont, CA: Wadsworth.

Watson, J., & Raynor, R. (1920). Conditioned emotional reactions. *Journal of Experimental Psychology, 3*, 1-14.

Watts, J. E. (1999). The vision of Adler: An introduction. In J. E. Watts & J. Carlson (Eds.). *Interventions and strategies in counseling and psychotherapy* (pp. 1-13). Philadelphia: Taylor & Francis.

Williams, J. M. G., Teasdale, J. D., Segal, Z. V., & Kabat-Zinn, J. (2007). *The mindful *way through depression: Freeing yourself from chronic unhappiness*. New York: Guilford Press.

Wilson, P. H. (1992). Depression. In P. H. Wilson (Ed.), *Principles and practice of relapse prevention* (pp. 128-156). New York: Guilford Press.

Wolpe, J. (1958). *Psychotherapy by reciprocal inhibition*. Stanford, CA: Stanford University Press.

Zeiss, A. M., Lewinsohn, P. M., & Muñz, R. F. (1979). Nonspecific improvement effects in depression using interpersonal skills training, pleasant activity schedules, or cognitive training. *Journal of Consulting and Clinical Psychology, 47*, 427-439.

Zettle, R. D., & Hayes, S. C. (1987). A component and process analysis of cognitive therapy. *Psychological Reports, 61*, 939-953.

Zettle, R. D., & Rains, J. C. (1989). Group cognitive and contextual therapies in treatment of depression. *Journal of Clinical Psychology, 45*(3), 436-445.

찾아보기

| 저자 소개 |

Christopher R. Martell, PhD, ABPP

미국 매사추세츠 애머스트대학교(University of Massachusetts-Amherst)의 심리학센터 임상 책임자로 심리학 및 신경과학 교수로 재직 중이다. 미국전문심리학위원회(American Board of Professional Psychology: ABPP)에서 임상심리학과 인지행동 심리학 과정을 수료했다. 전 세계에서 행동활성화 및 기타 주제에 관련된 워크숍을 이끌었고, 미국심리학회(American Psychological Association)와 인지행동치료협회(Association for Behavioral and Cognitive Therapies)의 선임 연구원이기도 하다. 교육자이자 임상에서 지도감독자로서 그 명예를 인정받았고, 미국 워싱턴주 심리학회는 그의 탁월함을 기려 영예상을 수여했다. Martell 박사는 지난 24년간 꾸준히 임상가로 활동하면서 교육, 지도감독, 연구에 헌신했다.

Sona Dimidjian, PhD

임상심리학자로 르네왕립건강연구소(Renée Crown Wellness Institute)의 기관장이자 미국 콜로라도 볼더대학교(University of Colorado Boulder)의 심리학 및 신경과학 교수다. 여성의 정신건강, 마음챙김 명상의 임상적 적용, 인지행동치료적 개입법과 같은 여러 분야에서 널리 인정받고 있는 전문가로, 지역사회의 정신건강과 복지 증진을 위한 효과적인 예방 및 치료 프로그램을 개발했다. Dimidjian 박사는 학술적으로도 여러 수상 경력이 있고, 널리 인용되는 문헌의 저자이기도 하다. 그녀의 최근 저서로는 독자가 스스로 활용할 수 있는 『Expecting Mindfully』 및 정신건강 전문가를 위한 『Evidence-Based Practice in Action』 등이 있다.

Ruth Herman-Dunn, PhD

미국 시애틀에서 개인 클리닉을 운영하고 있으며, 워싱턴대학교(University of Washington)의 심리학과 임상 부교수로서 대학원생을 지도감독하고 있다. 그녀는 행동활성화 및 변증법적 행동치료와 같은 행동 기법을 활용한 대규모 임상시험의 연구자이자 치료자였고, 미국과 캐나다 전역에서 관련된 워크숍을 이끌었다. 또한 행동치료법의 보급 연구에 자문을 제공하고 행동활성화 전문가 그룹의 핵심 일원으로서 수련 및 치료법 개발을 함께하고 있다.

| 역자 소개 |

김병수(Kim, Byung Su)

정신건강의학과 전문의, 의학 박사
전 서울아산병원 정신건강의학과 교수
현 김병수 정신건강의학과 원장

노승선(Rho, Seung Sun)

정신건강의학과 전문의
현 성모힐 정신건강의학과 원장

서호준(Seo, Ho Jun)

정신건강의학과 전문의, 의학 박사
현 가톨릭대학교 성빈센트병원 정신건강의학과 교수

우울증의 행동활성화 치료(원서 2판)
-치료자를 위한 가이드북-

Behavioral Activation for Depression: A Clinician's Guide, Second Edition

2024년 4월 25일 1판 1쇄 인쇄
2024년 4월 30일 1판 1쇄 발행

지은이 • Christopher R. Martell · Sona Dimidjian · Ruth Herman-Dunn
옮긴이 • 김병수 · 노승선 · 서호준
펴낸이 • 김진환
펴낸곳 • ㈜ 학지사

　　　　　04031 서울특별시 마포구 양화로 15길 20 마인드월드빌딩
대표전화 • 02)330-5114　　　　팩스 • 02)324-2345
등록번호 • 제313-2006-000265호

홈페이지 • http://www.hakjisa.co.kr
인스타그램 • https://www.instagram.com/hakjisabook/

ISBN 978-89-997-3114-3 93180

정가 22,000원

출판미디어기업 학지사

간호보건의학출판 **학지사메디컬** www.hakjisamd.co.kr
심리검사연구소 **인싸이트** www.inpsyt.co.kr
학술논문서비스 **뉴논문** www.newnonmun.com
교육연수원 **카운피아** www.counpia.com
대학교재전자책플랫폼 **캠퍼스북** www.campusbook.co.kr